中国航空运输协会民航专业系列培训教材

民航危险品运输基础知识

（第二版）

陈彦华　主编

中国民航出版社有限公司

图书在版编目（CIP）数据

民航危险品运输基础知识/陈彦华主编．—2版．
—北京：中国民航出版社有限公司，2021.5
中国航空运输协会民航专业系列培训教材
ISBN 978-7-5128-0955-0

Ⅰ.①民…　Ⅱ.①陈…　Ⅲ.①民用航空–危险货物运
输–技术培训–教材　Ⅳ.①F560.84

中国版本图书馆CIP数据核字（2021）第085440号

民航危险品运输基础知识（第二版）

陈彦华　主编

责任编辑	邢　璐	
出　　版	中国民航出版社有限公司	（010）64279457
地　　址	北京市朝阳区光熙门北里甲31号楼（100028）	
排　　版	中国民航出版社有限公司录排室	
印　　刷	北京京师印务有限公司	
发　　行	中国民航出版社有限公司（010）64297307　64290477	
开　　本	787×1092　1/16	
印　　张	16	
字　　数	392千字	
版 印 次	2021年5月第2版　2021年5月第1次印刷	

书　　号	ISBN 978-7-5128-0955-0
定　　价	48.00元
官方微博	http://weibo.com/phcaac
淘宝网店	https://shop142257812.taobao.com
电子邮箱	phcaac@sina.com

"中国航空运输协会民航专业系列培训教材"
编 辑 部

名誉主编：潘亿新

主　　编：刘丽娟

执行主编：(按姓氏笔画排序)

　　　　　于爱慧　陆　东　陈　芳　陈彦华　张国丽

　　　　　竺志奇　贺　敏

编辑部成员：(按姓氏笔画排序)

　　　　　毛　锦　田　慧　吕　岚　林　虹　张　辉

　　　　　张　椋　赵易苗　杨省贵　粟　颖　彭　巍

序

Foreword

中国民航的高质量发展和建设民航强国对行业人才提出了更高的标准。为贯彻落实国家大力推进职业教育改革与发展的部署和民航局加强相关专业人才的岗位培训和继续教育的要求，根据提升民航从业人员素质和专业岗位技能的需要，中国航空运输协会对第一版9本系列培训教材进行了重新修订，同时编写了新教材。

中国航协要求重新修订和新编的民航专业系列培训教材具有实用性、权威性，能够满足行业发展的切实需要。这次出版的系列培训教材涵盖了民航客运、货运、空中服务、地面服务和航空运输销售代理业务的基本内容，具有如下特点：

（一）容量丰富、内容更新。即在原有教材的基础上汲取精华、去旧添新，根据相关专业的工作特点，以国际间通行的业务准则为基本依据，增加了实践中普遍运用的新规定、新技术和新方法，在"质"与"量"上都有突破。

（二）操作性强、实用性高。本教材突出从业人员应知应掌握的内容，并增加案例分析等实用内容，做到理论与实践相结合，规定与应用相接轨。

（三）教学结合，良性互动。该教材作为中国航空运输协会授权培训与考核的指定教材，教员可以此为依据，编写讲义，并作为考核评定标准；学员可将其作为学习用书，又可作为业务查阅手册；教材在民航院校相关专业教学中，还可以作为辅助、参考用书。

本系列培训教材是中国航空运输协会组织中国民航大学、中国民航管理干部学院、中国民航飞行学院、上海民航职业技术学院、广州民航职业技术学院、中国国际航空股份有限公司、中国东方航空股份有限公司、中国南方航空股份有限公司、海南航空股份有限公司、中国国际货运航空有限公司等单位具有较高理论素养和丰富实践经验的教授、专家精心编写而成。

　　本系列教材在编写过程中参考了 IATA 的国际通用标准和各大航空公司及院校的现有教材，编写完成后经过民航业内专家顾问的审阅和评定；在出版过程中得到了民航有关方面的支持和帮助，在此表示诚挚感谢。

　　由于民航发展迅猛，知识更新加快，本系列教材在日后的教学使用中仍然要不断修改完善，衷心希望读者不吝赐教，以便改进提高。

中国航空运输协会

2021 年 3 月 28 日

前言

Preface

  航空货运是国家重要的战略性资源，具有承运货物附加值高、快捷高效等特点，在应急处突、抢险救灾、军事保障等方面具有重要作用。随着我国经济由高速增长阶段转向高质量发展阶段，电子商务和快递物流业持续快速增长，航空快件比例上升，企业经营模式由货物运输为主向全产业链延伸，传统航空货运企业逐步向提供全流程服务的航空物流企业转变，新兴的航空物流企业不断涌现，迅速成长。

  随着航空货物运输量的增加，尤其是快递包裹、冷链生鲜等新型航空运输业务的发展，危险品货物运输也得到快速的增长。快递包裹内可能会含有各种各样的危险品，特别是含有锂电池的电子产品；冷链生鲜中可能会含有干冰等危险品；在全球新冠肺炎防控期间运输的防疫物资中，也含有不同种类的危险品，特别是各种消毒物品。这些危险品如果在没有被识别的情况下，通过货物、邮件或旅客、行李带入飞机，可能会造成人员伤亡、财产损坏或者破坏环境、起火、破损、溢出、液体渗漏、放射性渗漏或者包装物未能保持完整的其他情况。

  为提高货运销售代理相关人员危险品安全运输意识、正确识别危险品货物、预防普货中夹带危险品货物或未申报危险品，根据现行有效的《民用航空危险品运输管理规定》（交通部令 2016 年第 42 号）以及国际民航组织《危险物品安全航空运输技术细则》（Doc 9284 AN/905，以下简称《技术细则》）2021—2022 版的相关内容，国际航空运输协会《危险品规则》（62 版）及其他相关法律、法规要求对《民用航空危险品运输基础知识》相关内容进行了修订，删除或更新了相关知识。

  本教材除适用于非危险品货物收运的销售代理人员外，还适用于承担承运人或其地面代理的非危险品收运检查、搬运、存储、装载、安检等职责的人员。

　　由于在危险品航空运输过程中，从货物托运人到参与接收、处理和装载货物的工作人员，从旅客售票、值机到行李运输的工作人员，旅客和货物安检人员，飞行机组人员等，有许多人员都参与到了"运输链"中。如果"运输链"中的每个人都知道什么是危险品，掌握危险品航空运输基础知识，了解相关法律法规，履行各自职能或职责，严守诚信红线，筑牢规章底线，才能为危险品航空安全运输保驾护航。

　　尽管编者秉承严谨规范的态度，由于航空运输业的快速发展，特别是危险品运输知识更新快、变动快等特点，加之编写时间仓促，工作量大，涉及的专业知识和操作技能较多，编写工作难免有一定的局限性，如有不足之处，敬请指正。

编　者

2021 年 3 月

目录

Contents

第一章 危险品航空运输概述

第一节 危险品运输法律法规

一、典型案例

案例 1 泛美航空公司波士顿坠机

(Fatal crash of a B707 freighter in Boston in late 1973)

1973 年 11 月 3 日，美国泛美航空公司一架从纽约起飞的货包机在空中起火，在波士顿机场迫降时飞机坠毁，3 名机组人员全部遇难，此次空难的原因是飞机上装有未如实申报的危险品"硝酸"发生泄漏。

事情经过：

加利福尼亚一家电子厂将一批由零件、设备和化工产品组成的货物运往其在苏格兰的工厂，一部分货物来自加利福尼亚，另一部分货物包括 160 个装有硝酸的木箱来自于新泽西，这两部分货物在纽约组成一票货物，名称为"电子设备"。这票货物，托运人没有填写"危险品申报单"，也没有遇到任何质疑。

在集装货物组装时，由于无法适合飞机的轮廓，于是拼板监管人员建议工人将一些包装件倒置，而忽略了某些包装件上的向上标签。因为有些外包装上根本没有向上标签，并且外包装上也没有任何表明是危险品的标记，同时也没有危险品申报单，因此拼板监管人员没有理由不同意把它们倒置。

拼板完成 5 小时后装上了飞机。装机时，也没有发现有任何泄漏和不正常现象。

另外，有一些危险品填写了"危险品申报单"，但是机长通知单被卷在了一个手提箱的把手上，并放在了飞机的厨房里，机长并没有在上面签字，当然也不知道飞机上有危险品。

飞机到达巡航高度不久，机组人员闻到了烟味，他们认为是飞机的电器设备发生了问题并试图去隔离它，并向机场的地面指挥系统进行报告："机上发生异常状况，机舱内起火。"同时机组决定返航。但此时的烟雾越来越大已无法返航，于是他们决定在波士顿机场紧急迫降，就在降落的时候飞机撞到地面，3 名机组人员全部遇难，飞机坠毁，货物抛洒在波士顿湾。如图 1.1 所示。

图 1.1　波士顿空难

调查研究表明，命中注定的事情，早晚会发生。

货主说知道应填写危险品申报单，于是他在一张空白单上签了字，并把它交给了纽约的货运代理，化工厂用卡车将化学物品送到货运代理，由于化工厂不是将此货物运往苏格兰的货主，所以没有被要求填写危险品申报单。

货运代理将此化学物品交给包装代理，包装代理不知道硝酸应怎样包装，但知道木屑可以作为酒精的吸附材料，所以认为用于硝酸也可以。于是每个木箱中装了 5 升硝酸，并用木屑作为吸附材料。包装代理的一些员工没有在外包装上正确做标记和标签，且危险品的运输文件在整个过程中不知丢失在什么地方。

事后进行了实验。取一个装有硝酸的木箱，将硝酸的瓶口松开并放倒，8 分钟后木箱开始冒烟，16 分钟后，在箱子上可看到火焰；22 分钟时，整个木箱起火；32 分钟后，整个木箱化为灰烬。

内装硝酸的包装件，没有粘贴向上标签，到达巡航高度时，倒置的瓶子因内外压差，造成瓶帽松弛，硝酸流出与木屑接触后起火。本案例中实际起火的木箱最多只有两个，但它导致了整架飞机的坠毁。

当有人问起"将来如何防止这种事故"时，答案又是响亮而清晰的：培训。

如果托运人得到适当的培训，他就会准备一份托运人申报单，航空公司就会知道此票货物中存在硝酸。

如果包装人员经过培训，他们就会知道木屑不能与硝酸一起使用。

如果航空公司的工作人员得到了适当的培训，他们就会知道包装件上"向上标签"的含义。他们就会知道，当危险品货物装上飞机上时，就必须通知机长。

如果飞行员接受了更好的培训，他们可能会考虑检查货舱内的货物。

这也就是我们多年来坚持进行危险品培训的意义所在。

案例2　*瓦卢杰空难*（The Valujet crash）

瓦卢杰航空（ValuJet Airlines）是成立于 1992 年的廉价航空公司，主要特点便是票价低廉，其机队中的客机均是从其他航空公司购买的二手飞机。由于瓦卢杰航空大力削减成本导致专业培训力量薄弱，公司虽然一度拥有56架客机的规模，但是在1995年的时候，美国军方就因为安全方面的担忧取消了和瓦卢杰航空的业务合作。

1996年5月11日，瓦卢杰航空公司一架麦道DC-9型客机从迈阿密国际机场飞往亚特兰大哈兹菲尔德-杰克逊国际机场，飞机起飞10分钟后，坠毁在佛罗里达州大沼泽地中，事故造成105名乘客和5名机组人员全部死亡的惨剧。如图1.2~1.5所示。

图1.2 瓦卢杰航空涂装的DC-9型客机

图1.3 VJ592航班坠入佛罗里达大沼泽的瞬间

图1.4 大沼泽中VJ592号航班客机残骸

图 1.5　VJ592 航班坠入佛罗里达大沼泽后的搜救现场

事情经过：

5 月 11 日下午，迈阿密机场的 592 号航班由于机械问题，导致延迟 1 小时 4 分钟后才从 G2 登机口推出。在当天的第一航段中，飞机的自动驾驶仪和机上广播系统又失效了。迈阿密的工程师维修好广播系统后，机组成员决定将故障的自动驾驶仪带回亚特兰大维修中心。

592 号航班起飞 6 分钟后，客舱中突然传来一声异响，紧接着客机的电池电力迅速被耗尽，这导致飞机的电气设备失灵，库贝克机长当即决定返航。客舱内的乘客也闻到了烟味，大火迅速蔓延，很快便烧穿了客舱地板，十万火急之际 592 号航班必须立即落地才能躲过此劫。

飞机的客舱环境如同炼狱一般，火势温度高达 1000℃，更为恐怖的是客舱内还弥散着毒烟，高温和毒气的环境让乘客陷入绝望之中。乘务员急忙跑进驾驶舱，告诉飞行员客舱着火的情况，毒烟通过开门的间隙进入了驾驶舱，客机的状况急转直下，副驾驶何森和塔台联系后要求备降。随后，592 号航班便再无音讯。这架 DC-9 客机以每小时 700 千米的速度扎到佛罗里达州的沼泽地中。

空难发生不久后美国国家运输安全委员会（NTSB）就派调查员和当地的警员一起调查取证，他们必须搞清楚飞机失事的原因。

调查员研究飞机究竟运载了哪些货物，货邮舱单上显示飞机搭载了 3 个飞机轮胎和 5 箱（144 瓶）空的氧气瓶。空难现场搜救员发现里面有数十个小金属钢瓶，而这些并不是 DC-9 型客机上配置的，调查员这才发现里面的是化学氧气发生器。

通过调查和残骸中的证据表明，前下货舱发生了强烈的火灾，其中包括作为公司物资运输的过期的 144 个化学氧气发生器和 3 个飞机轮胎。NTSB 确定，在这些物资装上飞机和飞机起飞之间，一个或多个氧气发生器启动，引发火灾，最终导致飞机降落。

化学氧气发生器是一种小型装置，被安装在某些航班乘客座椅的上方，它们和氧气面罩相连，当机舱压力下降时，氧气面罩会自动脱落，此时拉下面罩会牵动一条绳索，安全针脱落后就会发生化学反应并产生必要的氧气。

由于该航空公司向其他公司购买了 3 架客机，瓦卢杰航空随后将之拆解，并查询了氧气发生器的制造日期。氧气发生器有保存时效，为了达到联邦安全的标准，航空公司必须定期更换失效的设备，这些工作都外包给赛博科技（Sabretech）公司。赛博科技公司拆下了 144 具氧气发生器，虽然有多半都已经过了时效，但里面仍然是满的。手册上严格规定了应该如何安全地拆解和运送氧气发生器，其中一项安全预防规则就是必须为发生器装上保护盖以免意外启动。维修工程师明白这个工序的重要性，但是当他们向上级主管反映安全盖的问题时却得到了否定的答复。维修工程师只能自行处理，将绳子不断缠绕在氧气发生器上。有几个工程师甚至觉得多此一举，连绳索这个程序也取消了，这导致安全针在发生器内随意移动。工程师还特意在标签上注明了"Expired"（失效的）。

一般情况下，航空公司将这些失效的氧气发生器当作危险品废弃物处理掉就行了。但是这 144 瓶氧气发生器怎么会进入了 592 号航班的货舱？调查员询问了赛博科技的工作人员之后得知，这些氧气发生器在车间躺了好几周时间。这时有新客户拜访赛博科技公司，维修工程师就想办法处理这些东西，他们认为这些是瓦卢杰航空公司的资产，需要还给他们，而造成误会的恰巧是标签上的标注。货运单上用"OXY"表示氧气发生器，后面标注"Empty"（空的），但实际上某些氧气瓶并不是空瓶。负责处理这些废弃物的人员并不清楚里面到底是什么情况。

1995 年 5 月 11 日，货运员将这些隐形"炸弹"搬上了 592 号航班货舱。DC-9 型客机的货舱经过特殊设计为封闭时，这时即使着火也因缺乏足够的氧气从而抑制火势，但是如果这些是氧气发生器就不一样了，就像火上浇油一样，让火灾一发不可收拾。

调查员完全模拟空难时的包装进行了试验，试验结果让人大吃一惊，氧气发生器很快便自燃起来。火势燃烧 10 分钟后，试验用的货柜天花板温度高达 1093℃，11 分钟后温度甚至超过了监测仪器的上限。

NTSB 也得出结论，货舱内有 144 个氧气发生器（隐瞒申报），没有妥善准备、包装和识别未用完的化学氧气发生器，是造成瓦卢杰航空 592 号航班空难的主要原因。即使放置在密闭的货舱中，火势也有可能造成不可挽回的灾难。根据驾驶舱语音记录仪的信息，突然的异响就是引发轮胎爆炸导致的。

发生灾难性事故的主要因素：没有进行危险品培训，未能遵循必要的程序，对化学氧气发生器错误的包装和处理。

如果赛博科技公司能按照维修手册正确操作，如果能对维修工程师进行危险品知识培训，正确识别危险品货物，就会对化学氧气发生器进行正确的包装和装载，也就不会发生造成 110 名人员死亡的惨剧。

此次事故的恶劣程度也引发了一系列连锁反应，其中美国交通部长、美国联邦航空局（FAA）局长相继辞职。

迈阿密先驱报对于此次空难的报道如图 1.6 所示。

图 1.6　迈阿密先驱报头版报道 592 号航班空难新闻

案例3　UPS 航空 6 号班机空难

　　美国联合包裹运输公司（以下简称 UPS）6 号班机，是一架由阿联酋迪拜飞往德国科隆的货运班机。2010 年 9 月 3 日，该航班由一架波音 747-400F 执飞，起飞不久后货舱起火，失去控制坠毁。机组 2 名成员全部死亡。如图 1.7 所示。

图 1.7　UPS 航空 6 号班机空难

事情经过：

UPS 航空 6 号班机是从香港国际机场经迪拜国际机场飞往科隆/波恩机场的定期班机。

2010 年 9 月 3 日，该班机从迪拜起飞后不久即因货舱失火而坠毁。正副机长（也是机上唯一两名机组人员）丧生。飞机在两条高速路之间的一处无人区坠毁后即燃起大火，并造成几辆汽车起火。UPS 当天也在其网站上证实，机上两名机组人员全部丧生。

事故调查组也在外围现场有了意外发现，他们在灌木丛中找到了一粒烧焦并炸开的锂电池，这个物证让整个调查取得突破性进展。货邮舱单显示 UPS 航空 6 号航班搭载了许多锂电池或含有锂电子的电子产品（多达 81000 粒）。高附加值的电子产品是航空货运的主要运载对象，这对锂电池的需求也达到了新的高度。锂电池是电子产品不可或缺配件之一，相比碱性电池而言能提供更长的电力支持，但是锂电池具有易燃的特点，尤其在受到冲击的时候更是容易引发火灾。

调查人员发现，在飞行途中，货舱中所搭载的 81000 粒锂电池起火，导致飞机操作困难，机组人员只能用自动驾驶维持平衡。机长打算返回迪拜，但烟雾慢慢笼罩了驾驶舱，使机组人员看不清仪表盘。大火迅速蔓延，使得机长的氧气罩无法提供氧气，机长在摸索备用氧气罩的过程中，被浓烟呛倒，失去意识。

此时，仅剩副驾驶独自驾驶飞机，驾驶舱的烟雾太浓，使其无法更改通信频率。在飞出巴林的雷达信号后，巴林的航管员只得获取阿布扎比的航管员提供的飞行数据，然后通过另一架飞机转告。

尽管如此，飞机最后还是在迪拜的一个军事基地附近坠毁，两名机组人员死亡，但是副驾驶在最后时刻避开了迪拜的居民区，避免了更大伤亡。如图 1.8 所示。

图 1.8 一片狼藉的事发现场

本次事故导致美国政府对航空货运实行新的限制措施，并实行锂电池包装新方法。该措施将包括对锂电池包装的新要求及对锂电池和电子产品运输的限制。UPS 在事后不仅设计了一款全新的货柜，能够抵挡住更加剧烈的大火，而且引进了全罩式氧气面罩（单手戴上只需要三秒）以及视景增强保护系统（Enhanced Vision Assurance System-EVAS，这套系统会提供一个全密闭的气囊，即使驾驶舱被浓烟笼罩也可以看清仪表及窗外）。

2010 年 10 月，FAA（美国联邦航空管理局）发布了一份安全警告，其中对于客机携带大量锂电池产品做出了限制。同期，波音也修改了飞行员留意火灾发生的程序，这也避免了烟雾对驾驶舱的影响。

案例结论：

上述三个案例只是危险品航空运输事件中的典型代表，类似的案例还有很多。

有许多人员参与到了"运输链"中，从托运人到参与接受、处理和装载货物的工作人员，以及飞行机组人员。如果"链条"中的每个人都知道什么是危险品，理解并遵守危险品运输规则，那么安全就会有保障。

在航空运输每一条规则的背后都有血的教训。我们作为危险品运输链条上的一员，应积极参加危险品相关培训和安全教育，掌握危险品航空运输基础知识，了解相关法律法规，履行各自职能或职责，严守诚信红线，筑牢规章底线，为危险品航空安全运输保驾护航。

二、危险品航空运输简介

随着民用航空事业 70 多年的发展，不仅航空旅客的数量有所增加，而且空运货物的数量与种类也有增无减，这些货物中包含大量危险品。

1953 年，国际航空运输协会（IATA）意识到：为了安全，一些危险品的运输应受到极严格的限制。

1956 年，IATA 印发了一部规章手册，名为"限制物品规则"（Restricted Articles Regulations），为航空可接收的危险品、包装、标签和文件等方面提供了标准。

"限制物品规则"当时被所有 IATA 成员航空公司广泛应用，被普遍接受而成为国际上危险品运输的通用标准。

国际民航组织（ICAO）是联合国的组织之一，于 1944 年《芝加哥公约》签订后成立，拟定了《国际民用航空公约》附件 18，并补充了许多具体规定，制定了《危险物品航空安全运输技术细则》（中文简称《技术细则》，英文缩写为 TI）。《技术细则》于 1983 年 1 月 1 日生效。

在国际民航组织发布《技术细则》的同时，国际航空运输协会也颁布了一个新的规则，即《危险品规则》（简称 DGR），这一规则在《技术细则》的基础上，以国际航空运输协会的附加要求和有关文件的细节作为补充。

我国危险品的航空运输可以追溯到 20 世纪 50 年代。当时，航空运输的危险品主要是农药和极少量的放射性同位素，中国民航局为此先后拟定了《危险品载运暂行规定》和《放射性物质运输的规定》。20 世纪 60 年代初期，中国民航仅通航苏联、缅甸、越南、蒙古和朝鲜等周边国家，国际国内货物运输量都非常有限。1961 年后，为确保航空运输的安全，根据上级指示，规定民航客货班机一律不载运化工危险品和放射性同位素。此后的十余年间，随着我国对外交往的日趋活跃和对外贸易的不断发展，巴航、法航相继开航中国。中国民航也开辟了北京—莫斯科、北京—上海—大阪—东京、北京—卡拉奇—巴黎和北京—德黑兰—布加勒斯特—地拉那航线，进口化学危险品的空运需求不断增多。国内航线上虽不能载运危险品，但越来越多的化学工业品走进人们的生活，民航运输部门不得不面对如何确定托运人所托运的货物是否属于危险品，是否可以收运的问题。而外航承运到达中国的货物中也常包含有危险品，且最终目的地通常为航班终点站以外的其他城市。把这些危险品如何转运到其最终目的地，社会需求的大增促使政府解除禁令。

1974 年 4 月，经中国政府批准，中国民航国际航线及其国内航段联运危险货物，均参照国际航空运输协会的统一规定承运。1976 年 1 月起，又恢复承运放射性同位素，并拟定了《航空运输放射性同位素的规定》。1979 年 9 月，中国民航局下发实行《化学物品运输规定》，对化学物品的空运做了比较完整的规定。

2004 年 7 月 24 日中国民用航空总局颁布了《中国民用航空危险品运输管理规定》（民航总局令第 121 号），简称 CCAR-276 部，是一部旨在规范我国危险品航空运输管理领域活动的一部十分重要的基础性规章，它包含了《国际民用航空公约》附件 18 和《技术细则》的要求。它的颁布，为我国民用航空危险品运输管理确立了规章依据。CCAR-276 部共有 12 章 329 条及附录 A，自 2004 年 9 月 1 日起施行。

经过近十年的探索与实践后，为适应危险品航空运输的新发展和民航主管部门的监督管理需求，促进危险品航空运输有序发展，确保民用航空安全，中国民用航空局对 CCAR-276 部进行了修订。《民用航空危险品运输管理规定》（交通运输部令 2016 年第 42 号），是由交通运输部部委会议通过，并于 2016 年 5 月 14 日起实施。

为坚持放管结合总思路，建立符合通航运行规律的规章体系和监管机制，民航局将危险品运输管理适用范围确定为"公共航空危险品运输管理"，不再包含涉及通用航空危险品运输管理。同时，也改变了对货运销售代理人的管理模式，加大了对托运人及托运人代理人的管理力度，使危险品航空运输的监管更加精准。

对《民用航空危险品运输管理规定》内容进行了修订，名称更改为《公共航空危险品运输管理规定》，将在近期颁布。

《公共航空危险品运输管理规定》适用于国内公共航空运输企业（简称国内承运人）、地面服务代理人以及其他单位和个人开展的与危险品公共航空运输有关的活动。

《公共航空危险品运输管理规定》也适用于港澳台地区公共航空运输企业、外国公共航空运输企业（简称港澳台地区承运人、外国承运人）在港澳台地区或者外国地点与中华人民共和国境内地点间开展地区运输或者国际运输时，与危险品公共航空运输有关的活动。

所以，危险品航空运输应当遵守国际、国内法律法规等所有与之相关的管理规定。

三、国际危险品运输相关机构及其法规

国际危险品航空运输的法律法规体系由联合国危险品运输专家委员会、国际原子能机构颁布的建议措施与标准、国际民航组织发布的国际公约与法规文件等组成。

国际航空运输协会等民间机构制定的《危险品规则》与训练手册等是这一法规体系的重要支持性程序文件。

国际危险品航空运输的法律法规体系示意图，如图1.9所示。

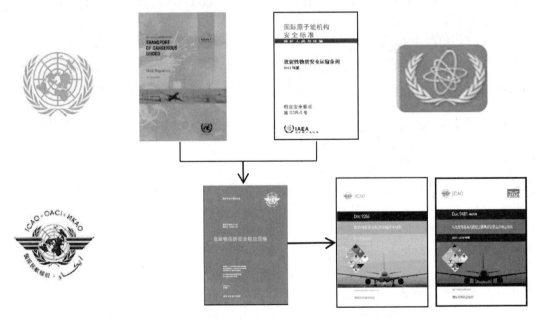

图1.9 国际危险品航空运输法律法规体系示意图

1.《关于危险货物运输的建议书——规章范本》

《关于危险货物运输的建议书——规章范本》（Recommendations on the Transport of

Dangerous Goods, Model Regulations), 简称《规章范本》, 是联合国经济与社会理事会危险品运输专家分委会 [UN Subcommittee of Experts on the Transport of DangerousGoods (SCoETDG)] 根据现代危险货物运输发展的技术要求, 特别是为了确保人身、财产和环境安全的需要编写的具有指导意义的有关国际危险品运输的各项建议性措施。这些建议措施适用于海、陆、空等各种运输形式。由于该《规章范本》的封面是橘黄色的, 所以又称为橙皮书或橘皮书, 该书于 1956 年首次公开出版。

该书主要内容包括危险品货物的分类, 危险货物一览表, 包件和便携式罐体的使用、制造、试验和批准, 以及托运程序, 如标识、标签和单据等。

为适应技术的发展、新物质和材料的出现、现代运输系统的要求和使用者不断变化的需要及管理部门对安全的要求, 联合国危险品运输专家委员会对《规章范本》进行定期修订和增补。《规章范本》(第二十一次修订版) 封面如图 1.10 所示。

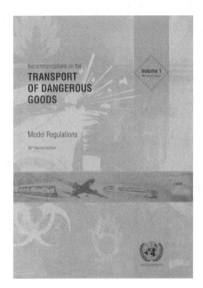

图 1.10 《规章范本》封面

2. 《关于危险货物运输的建议书——试验与标准手册》

《关于危险货物运输的建议书——试验与标准手册》 (Recommendations on the Transport of Dangerous Goods, Manual of Tests and Critetia), 简称《实验与标准手册》, 是《关于危险货物运输的建议书——规章范本》的补充。该手册目前由危险货物运输和全球化学品统一分类和标签制度问题专家委员会负责编写与修订, 它由概述及第一、二、三、四部分和附录六个方面的内容, 主要包括联合国对某些类别危险货物的分类方法及其作出适当分类的试验方法和程序。

手册中所载的各项标准、试验方法和程序, 适用于根据《规章范本》相应部分的规定, 对危险货物进行的分类。

《试验与标准手册》(第七修订版), 最新英文版封面如图 1.11 左图所示。

图 1.11　《试验与标准手册》封面

3. 《放射性物质安全运输条例》

《放射性物质安全运输条例》（Regulations for the Safe Transport of Radioactive Material of Dangerous Goods），是国际原子能机构（International Atomic Energy Agency，IAEA）根据放射性物品运输的有关安全要求制定的对于放射性物品运输的建议性规则。IAEA 制定该规则的目的，是建立一套安全标准，把与放射性物品运输有关的人员、财产和环境受到的辐射危害、临界危害和热危害控制在可接受的水平。

该建议性规则包括了放射性物质包装的设计、制造和维护，货包的准备、托运、装卸、运载（中途储存）和最终目的地的验收等各方面的相关要求，且适用于海、陆、空等各种运输形式。

IAEA 应联合国经济和社会委员会请求，1961 年以来一直定期颁布咨询型《放射性物质安全运输条例》，并以 IAEA "安全丛书"（No.6 修订 1）形式出版。这些规则已被公认为该领域内国家和国际运输安全要求的统一基础。为适应最新的辐射防护原则和不断发展的运输技术，IAEA 大约每隔 10 年进行修改并颁布修订结果。封面如图 1.12 所示。

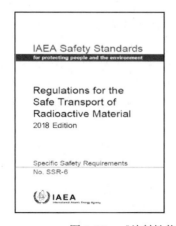

图 1.12　《放射性物质安全运输条例》封面

4. 《国际民用航空公约》附件18

《国际民用航空公约》附件18《危险物品的安全航空运输》 （Convention on International Civil Aviation—the Safe Transport of Dangerous Goods by Air），简称附件18（Annex18），是国际民航组织（International Civil Aviation Organization，ICAO）为了满足各缔约国关于制定国际上统一的危险品安全航空运输管理规定的要求，依据联合国危险品运输专家委员会《关于危险货物运输的建议书——规章范本》和国际原子能机构关于《放射性物质安全运输条例》，制定并发布的且各缔约国在进行航空运输危险品时必须遵守的国际性标准。附件18是个纲领性的文件，是管理危险品国际航空运输的概括性的规定，分别有中文、阿文、英文、法文、俄文和西班牙文几个版本，各缔约国可以在此基础上制定适合本国情况的更加严格的法律法规。

《国际民用航空公约》附件18封面如图1.13所示。

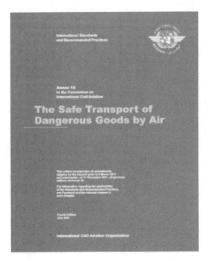

图1.13 《国际民用航空公约》附件18

5. 《危险物品安全航空运输技术细则》及其补篇

《危险物品安全航空运输技术细则》（Technical Instructions for the Safe Transport of Dangerous Goods），简称《技术细则》（TI），是国际民航组织定期发布的文件。该文件以详细的技术资料作支持，对各类别危险品安全空运给予了具体说明，提供了一整套完备的国际规定，以支持附件18中各项标准和建议措施的相关要求。

为了符合各国的特殊需要，使某些通常禁运的危险品（见《技术细则》表3-1中特殊规定A-1、A-2或A-109）经各国国家当局的许可后有可能得到特殊空运授权，国际民航组织还以《技术细则》补篇的形式为各国提供了处理此类许可和豁免事宜的信息。

国际民航组织可定期对《技术细则》及其补篇进行修改。该文件分别有中文、英文、法文、俄文和西班牙文几个版本，每两年更新发布一次。

《技术细则》封面如图1.14所示。

图 1.14　《技术细则》封面

《技术细则》与附件 18 的关系：

附件 18　包含了管理危险品国际航空运输的总原则；

《技术细则》详述了附件 18 的基本规定，包含了危险品国际安全航空运输必需的所有详细要求。《技术细则》的详细要求被认为对各国具有约束力，除非缔约国不能接收技术细则的约束具有其差异。

缔约国与《技术细则》不同的规定，通知国际民用航空组织。各国已通报的差异条款，连同承运人通报的差异条款列于附录 3。

6.《与危险物品有关的航空器事故征候应急响应指南》

《与危险物品有关的航空器事故征候应急响应指南》（Doc 9482-AN/928）（Technical Instructions for the Safe Transport of Dangerous Goods），也是国际民航组织（ICAO）定期发布的建议性指导文件之一。该文件是根据附件 18 及 TI 中有关向机组成员提供危险品运输紧急情况下的应急行动指南的要求编制的，目的是指导各国和承运人，制定处理航空器上危险品事故征候的政策和程序。该文件以检查单的形式为飞行机组和客舱机组提供机上应急响应指导建议，旨在能够与承运人飞行手册中现有的应急处置程序一起使用。承运人可以此文件为基础编制自己的危险品运输机上应急处置手册，也可以将此文件全部或者部分内容纳入自己的飞行运行手册，或者在对机组成员进行危险品训练时结合使用。

该文件与《技术细则》一样，每两年发布一次。由于该文件的封面曾为红色的，所以又称为红皮书。

《与危险物品有关的航空器事故征候应急响应指南》封面如图 1.15 所示。

图 1.15　红皮书封面

四、《危险品规则》

《危险品规则》（Dangerous Goods Regulations，简称 DGR），是国际航空运输协会在国际民航组织颁布的《技术细则》基础上，以国际航空运输协会的附加要求和有关文件的细节作为补充，基于运营和行业标准实践方面的考虑，制定的比《技术细则》更具操作性的危险品航空运输参考程序手册。

由于《危险品规则》使用方便，可操作性强，且与《技术细则》保持一致，也就满足了《技术细则》的要求，因此在世界航空运输领域中作为操作性文件被广泛使用。

《危险品规则》比《技术细则》的颁发版次频繁，该文件手册每年更新发行一次，同时发行中文、英文、法文、德文、西班牙文等多种语言的版本。

新版本有效期为每年 1 月 1 日—12 月 31 日。2021 年的《危险品规则》如图 1.16 所示。

附件 18 和《技术细则》与《危险品规则》适用范围不同。

附件 18 和《技术细则》适用于运进、运出或经过 ICAO 成员国。

《危险品规则》适用于所有国际航空运输协会会员、准会员航空公司，所有签订 IATA 货运多边协议的航空公司，以及向这些航空公司交运危险品的托运人和代理人。

备注：

如果未全部遵守适用的《危险品规则》，则可能会触犯有关法律，受到法律制裁。

在没有特别说明的情况下，本教材后续内容主要参考 IATA 的 62 版《危险品规则》。

在本教材使用过程中，如与危险品规则发生冲突或规则发生变化，请以最新内容为准。

图 1.16 《危险品规则》封面

《危险品规则》一共包括 10 章内容（见表 1-1）和 8 个附录（见表 1-2）。

表 1-1 危险品规则章节中英文对照表

章（单元）	英文目录	中文目录
第一章	APPLICABILITY	适用范围
第二章	LIMITATION	限制
第三章	CLASSIFICATION	分类
第四章	IDENTIFICATION	识别
第五章	PACKING	包装
第六章	PACKAGING SPECIFICATION AND PERFORMANCE TESTS	包装规格和性能试验
第七章	MARKING AND LABELLING	标记和标签
第八章	DOCUMENTATION	文件
第九章	HANDLING	操作
第十章	RADIOACTIVE MATERIAL	放射性物品

表 1-2 《危险品规则》附录中英文对照表

附录	英文名称	中文名称
附录 A	GLOSSARY	术语
附录 B	NOMENCLATURE	专有名词
附录 C	CURRENTLY ASSIGNED SUBSTANCES	现行指定的物质
附录 D	COMPETENT AUTHORITIES	主管当局
附录 E	PACKAGING TESTING FACILITIES, MANUFACTURERS AND SUPPLIERS	包装测试机构、制造厂商和供应商
附录 F	RELATED SERVICES	有关服务
附录 G	IATA SAFETY STANDARDS PROGRAMMES	IATA 安全标准计划
附录 H	TRAINING PROVISIONS UNDER THE COMPETENCY-BASED TRAINING AND ASSESSMENT APPROACH	危险品培训指南-基于胜任能力的培训方式下的培训规定

五、国内危险品运输相关法规、标准及规范文件

国内危险品航空运输的法律法规体系由全国人大颁布的法律、国务院发布的法规、民航局等部委公布的规章等组成。

国家、行业内部统一制定的国家标准、行业标准及民航局运输司等相关部门以管理程序、咨询通告、红头文件、明传电报和工作手册等形式制定的管理文件、程序手册等规范性文件是这一法规体系的重要支持性文件及参考资料。

1. 《中华人民共和国民用航空法》等相关法律及法规

《中华人民共和国民用航空法》（简称《民用航空法》）是第八届全国人民代表大会常务委员会第十六次会议于 1995 年 10 月 30 日通过的一部旨在规范民用航空领域活动的国家法律。《民用航空法》共有 16 章 214 条，自 1996 年 3 月 1 日起施行。自实施至今已进行了 5 次修正。其中的第一百零一条、一百零二条、一百一十七条、一百九十三条及一百九十四条等主要列明了公共航空运输企业运输危险品应当遵守的国家规定。如图 1.17 所示。

图 1.17 《民用航空法》

与危险品有关内容如下：

第一百零一条 公共航空运输企业运输危险品，应当遵守国家有关规定。

禁止以非危险品品名托运危险品。

禁止旅客随身携带危险品乘坐民用航空器。除因执行公务并按照国家规定经过批准外，禁止旅客携带枪支、管制刀具乘坐民用航空器。禁止违反国务院民用航空主管部门的规定将危险品作为行李托运。

危险品品名由国务院民用航空主管部门规定并公布。

第一百零二条 公共航空运输企业不得运输拒绝接受安全检查的旅客，不得违反国家规定运输未经安全检查的行李。

公共航空运输企业必须按照国务院民用航空主管部门的规定，对承运的货物进行安全检查或者采取其他保证安全的措施。

第一百一十七条 托运人应当对航空货运单上所填关于货物的说明和声明的正确性负责。

因航空货运单上所填的说明和声明不符合规定、不正确或者不完全，给承运人或者承运人对之负责的其他人造成损失的，托运人应当承担赔偿责任。

第一百九十三条 违反本法规定，隐匿携带炸药、雷管或者其他危险品乘坐民用航空器，或者以非危险品品名托运危险品的，依照刑法有关规定追究刑事责任。

企业事业单位犯前款罪的，判处罚金，并对直接负责的主管人员和其他直接责任人员依照前款规定追究刑事责任。

隐匿携带枪支子弹、管制刀具乘坐民用航空器的，依照刑法有关规定追究刑事责任。

第一百九十四条　公共航空运输企业违反本法第一百零一条的规定运输危险品的，由国务院民用航空主管部门没收违法所得，可以并处违法所得一倍以下的罚款。

公共航空运输企业有前款行为，导致发生重大事故的，没收违法所得，判处罚金；并对直接负责的主管人员和其他直接责任人员依照刑法有关规定追究刑事责任。

除了《民用航空法》以外，危险品航空运输还应当遵守我国其他一些相关法律和法规的规定。这些国家法律主要包括《中华人民共和国安全生产法》《中华人民共和国治安管理处罚法》《中华人民共和国刑法》《中华人民共和国行政许可法》《中华人民共和国行政处罚法》及《中华人民共和国行政强制法》等；这些国家法规主要包括《中华人民共和国民用航空安全保卫条例》《危险化学品安全管理条例》《民用机场管理条例》及《国务院关于特大安全事故行政责任追究的规定》等。

2. 民用航空危险品运输管理规定

1）《民用航空危险品运输管理规定》

《民用航空危险品运输管理规定》，交通运输部令 2016 年第 42 号（简称交通部 42 号令），是由交通运输部部委会议通过，并于 2016 年 5 月 14 日起实施。

图 1.18　交通部 42 号令

交通部 42 号令将原《中国民用航空危险品运输管理规定》修订为《民用航空危险品运输管理规定》，该法规为了加强危险品航空运输管理，促进危险品航空运输发展，保证航空运输安全，根据《中华人民共和国民用航空法》和有关法律法规，而制定的部门规章。主要内容包括总则、危险品航空运输的限制和豁免、危险品航空运输许可程序、危险品航空运输手册、危险品航空运输的准备、托运人的责任、承运人及其代理人的责任、危险品航空运输信息、培训、其他要求、监督管理、法律责任、附则共 13 章 145 条。交通部 42 号令信息如图 1.18 所示。

2）配套的相关文件

为了配合 CCAR-276-R1 部新规章的具体实施，民航局运输司先后制定了一系列管理程序、咨询通告及工作手册等作为与其实施相配套的规范性文件。见表 1-3。

表 1-3　CCAR-276-R1 配套相关文件

文件类型	文件名称	文件编号
咨询通告	《地面服务代理人危险品航空运输备案管理办法》	AC-276-TR-2016-04
	《危险品航空运输培训管理办法》	AC-276-TR-2016-02
	《货物航空运输条件鉴定机构管理办法》	AC-276-TR-2016-03
	《危险品航空运输数据报送管理办法》	AC-276-TR-2016-01-R1
	《危险品航空运输事件判定和报告管理办法》	AC-276-TR-2016-05
	《危险品货物航空运输存储管理办法》	AC-276-TR-2018-01
管理程序	《公共航空运输承运人危险品航空运输许可管理程序》	AP-276-TR-2016-01
	《危险品航空运输违规行为举报管理办法》	AP-276-TR-2016-0
管理文件	《中国民航危险品监察员培训管理办法》	MD-TR-2016-02
	《危险品航空运输安全管理体系建设指南》	MD-TR-2016-01
工作手册	《危险品监察员手册》	WM-276-TR-2014-01

3）其他相关规章

除了 CCAR-276-R1 部规章以外，危险品航空运输还应当遵守我国民航局及其他一些国家管理职能部门制定的相关规章的要求。这些规章主要有：《中国民用航空安全检查规则》（CCAR-339SB）、《民用航空行政检查工作规则》（CCAR-13）、《民用航空行政许可工作规则》（CCAR-15）及《民用航空器事故和飞行事故征候调查规定》（CCAR-395-R1）等。

4）《危险品航空运输手册》

国内承运人、地面服务代理人应当制定《危险品航空运输手册》，并采取措施保持手册的实用性和有效性。

国内承运人、地面服务代理人的危险品航空运输手册应当至少包括以下内容：

（1）危险品公共航空运输的总政策；

（2）危险品公共航空运输管理和监督机构及其职责；

（3）按照相关规定开展法定自查及对地面服务代理人进行检查的要求；

（4）人员的培训要求；

（5）旅客、机组人员携带危险品的限制及向旅客、机长通报信息的要求；

（6）托运人及托运人代理人的信用管理要求；

（7）行李、货物、邮件中隐含危险品的识别及防止隐含危险品的措施；

（8）危险品公共航空运输应急响应方案及应急处置演练的要求；

（9）危险品航空运输事件的报告程序。

从事危险品货物、邮件公共航空运输的国内承运人、地面服务代理人，危险品航空运输手册还应当包括以下内容：

（1）危险品货物、邮件公共航空运输的技术要求及操作程序；

（2）重大、紧急或者其他特殊情况下危险品航空运输预案。

危险品航空运输手册的内容可以单独成册，也可以按照专业类别编入企业运行、地面服务和客货运输业务等其他手册中。

承运人、地面服务代理人应当确保危险品的操作和运输按照危险品航空运输手册中规定的程序和要求实施。

第二节　危险品运输基础知识

一、危险品定义

危险品是指能危害健康、危及安全、造成财产损失或环境污染，且在《危险品规则》危险品表中列明，或依据《危险品规则》分类的物品或物质。

例如，酒精含量体积百分比为 73% 某酒精饮料，在《危险品规则》品名表中列出了其信息，UN 编号为 3065，运输专用名称为 "Aloholic beverages"，第 3 类易燃液体，包装等级为 II 级。如图 1.19 所示。

UN/ID no.	Proper Shipping Name/Description	Class or Div. (Sub Hazard)	Hazard Label(s)	PG	EQ see 2.6	Passenger and Cargo Aircraft Ltd Qty Pkg Inst	Max Net Qty/Pkg	Pkg Inst	Max Net Qty/Pkg	Cargo Aircraft Only Pkg Inst	Max Net Qty/Pkg	S.P. see 4.4	ERG Code
A	B	C	D	E	F	G	H	I	J	K	L	M	N
3065	Alcoholic beverages containing more than 70% alcohol by volume	3	Flamm. liquid	II	E2	Y341	1 L	353	5 L	364	60 L		3L
	Alcoholic beverages, containing 24% or less alcohol by volume					Not Restricted		Not Restricted		Not Restricted			
	Alcohol, industrial, see **Alcohols, flammable, toxic, n.o.s.** ★ (UN 1986) or **Alcohols, n.o.s.** ★ (UN 1987)												
1987	**Alcohols, n.o.s.** ★	3	Flamm. liquid	II III	E2 E1	Y341 Y344	1 L 10 L	353 355	5 L 60 L	364 366	60 L 220 L	A3 A180	3L 3L
1986	**Alcohols, flammable, toxic, n.o.s.** ★	3 (6.1)	Flamm. liquid & Toxic	I II III	E0 E2 E1	Forbidden Y341 Y343	1 L 2 L	Forbidden 352 355	1 L 60 L	361 364 366	30 L 60 L 220 L	A3	3HP 3HP 3P

图 1.19　危险品表节选

再如 n-Propoxypropanol amyl 是一种醇，闪点 58℃，初始沸点 87℃，在《危险品规则》品名表中没有直接列出其信息，需要按照《危险品规则》第三章分类标准（如图 1.20 所示）确定是否属于危险品。由于其包装等级为 III 级，达到第 3 类分类标准，属于危险品。

TABLE 3.3.A
Class 3—Packing Group Assignment (3.3.2.2)

Packing Group	Flash Point (closed-cup)	Initial Boiling Point
I	—	≤ 35℃
II	< 23℃	> 35℃
III	≥ 23℃ but ≤ 60℃	

图 1.20　第 3 类危险品包装等级标准

从危险品定义我们可以发现危险品具有如下特征：

（1）危险品具有爆炸性、易燃、有毒、腐蚀、放射性等性质，在航空运输中是发生火灾、爆炸、中毒、辐射等事故或事件的内在因素。

（2）危险品易造成人员伤亡和财产损失。当受到温度、湿度、压力变化或摩擦、震动、接触火源、日光暴晒等外界影响时，危险品容易发生化学或物理变化，引起燃烧、爆炸、中毒、烧伤、腐蚀、辐射等人员伤亡或使财产损毁的危险。

（3）对危险品货物需要特殊防护。在航空运输中，对危险品货物需要轻拿轻放外，还特别需要根据危险品本身的特性而采取防护措施，如避免阳光直射、控制温度和湿度、添加稀释剂等。

因此，我们有必要知道不同危险品的性质，在航空运输中采取不同的防护措施，避免造成人员伤亡和财产损失。

从航空运输角度看，锂电池被装入飞机，共有四种途径：行李（随身及托运）或机供品、货物、邮件和飞机的部件，如图 1.21 所示。

货物　　　　承运人资产

行李/机供品　　　　邮件

图 1.21　锂电池被装入飞机的四种途径

二、危险品安全运输原则

在航空运输中，只有严格遵守危险品运输规则，才能将其安全运输。主要包括如下方面。

1. 分类

危险品是根据联合国危险品运输专家委员会确定的标准进行分类的。这种分类决定了航空运输的物品和物质的可接受性，以及它们运输的条件。货物托运人有责任判断其物品和物质是否属于危险品。如果属于危险品，应确定其类别或项别。

2. 禁运

某些危险品由于其危险性太大，在任何情况下都禁止航空运输；另外一些危险品在正常情况下禁止运输，但经过有关国家当局的特殊批准下可以运输；还有一些危险品只能用货机运输；然而，大多数危险品在满足特定要求的情况下，可以由客机运输。

3. 培训

一个安全高效的航空运输体系，依赖于一支具有胜任能力的员工队伍。为实现这一目标，可以通过采取基于胜任能力的做法，对员工进行培训和评估。按照要求，雇主必须制定和维护危险品培训大纲，确保员工在履行其职能之前，能够胜任其负责的职能。

4. 包装

包装是安全运输危险品的一个重要环节。《危险品规则》为所有可以空运的危险品提供了包装说明。包装说明对组合包装（含内包装、外包装）和单一包装提供了众多选择。

包装说明通常需要使用经过联合国性能测试的规格包装，但当危险品根据有限数量"Y"包装说明的规定运输时，这些是不需要的。为便于在危险品航空运输事件发生时最大限度地减少风险，在危险品包装说明中对内包装和外包装允许的最大数量有严格限制。

5. 标记和标签

为了在紧急情况下，不依赖于有关文件就能识别其危险性，必须在危险品外包装上对其进行标记，并粘贴相应危险性标签和操作标签。

6. 文件

托运人对危险品进行正确申报，可以确保运输链中的所有人都知道正在运输的危险品。同时，这也确保了危险品被正确地收运、处理和装载。如果发生危险品航空运输事件，无论是在飞行中还是在地面上，应采取的应对措施。

7. 机长通知单

机长必须知道飞机上装有哪些危险品，才能适当地评估和处理可能发生的任何紧急情况。机长还必须在可能的情况下向空管部门传达这一信息，以帮助应对任何飞行事故或事件的处置。

8. 避免潜在的危险

有关"隐含危险品"的信息也必须传递给旅客和托运人，以协助他们识别哪些是不允许作为随身行李、托运行李或作为货物运输的危险品，而且可能不易被识别的危险品。

9. 危险品航空运输事件报告

为便于有关当局进行调查，确定原因，并采取正确的措施，危险品航空运输事件必须进行报告。此外，如果这些调查的结果是规定所要求的，应立即采取适当的措施并被落实。

10. 人为因素

为确保危险品安全运输，在危险品运输的各个环节都应考虑人为因素。

"人的因素是指环境、组织和工作因素以及影响工作中行为的人的和个人的特征，其方式可能影响健康和安全。看待人的因素的一个简单方法是思考三个方面：工作、个人和

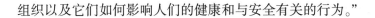

组织以及它们如何影响人们的健康和与安全有关的行为。"

三、危险品运输责任划分

1. 托运人责任

（1）托运人应当确保办理危险品货物托运手续和签署危险品航空运输相关文件的人员符合相关要求。

（2）托运人将危险品货物提交航空运输前，应当按照规定，确保该危险品不属于禁止航空运输的危险品，并正确地进行分类、识别、包装、加标记、贴标签、提供真实准确完整的危险品航空运输相关文件。托运国家法律、法规限制运输的危险品货物，应当符合相关法律、法规的要求。

（3）禁止在普通货物中夹带危险品或者将危险品匿报、谎报为普通货物进行托运。

（4）凡将危险品货物提交航空运输的托运人，应当提供正确填写并签字的危险品运输文件，文件中应当包括《技术细则》所要求的内容，《技术细则》另有规定的除外。危险品运输文件中应当有经托运人签字的声明，表明按照运输专用名称对危险品进行完整、准确地描述和该危险品是按照《技术细则》的规定进行分类、包装、加标记和贴标签，并符合航空运输的条件。危险品运输文件使用的文字应当符合相关规定的要求。

（5）承运人认为必要时，托运人应当提供所托运危险品货物正确的应急处置方法。承运人认为必要时，托运人应当提供所托运危险品货物符合航空运输条件的相关证明材料。

（6）托运人应当确保航空货运单、危险品运输文件及相关证明材料中所列货物与其实际托运的货物保持一致。

（7）托运人应当保存一份危险品航空运输相关文件至少36个月。上述文件包括危险品运输文件、航空货运单以及相关法规要求的补充资料和文件等。

（8）托运人代理人从事危险品货物航空运输活动的，应当持有托运人的授权书，并适用有关托运人责任的规定。

2. 承运人责任

（1）国内承运人应当遵守国内危险品航空运输法规、《国际民用航空公约》附件18及《技术细则》的相关要求，建立危险品航空运输安全管理体系，并确保体系持续有效运行。

（2）持有危险品航空运输许可的国内承运人应当设置适当的机构，配置专职人员对危险品公共航空运输活动进行管理。其他国内承运人应当设置适当的机构，配置专职或者兼职人员对危险品公共航空运输活动进行管理。持有危险品航空运输许可的港澳台地区承运人、外国承运人应当指定专人负责对危险品公共航空运输活动进行管理。

（3）承运人应当按照危险品航空运输许可的要求开展危险品货物、邮件航空运输活动。运输国家法律、法规限制运输的危险品，应当符合相关法律、法规的要求。

（4）承运人接收危险品货物、邮件进行航空运输至少应当符合下列要求：

①附有完整的危险品航空运输相关文件，《技术细则》另有要求的除外；

②按照《技术细则》的要求对危险品货物、邮件进行检查；

③确认办理托运手续和签署危险品航空运输相关文件的人员符合国内危险品航空运输法规、《技术细则》及危险品航空运输手册相关规定的要求。

（5）承运人应当确保危险品货物、邮件的收运、存放、装载、固定及分离和隔离符合国内危险品航空运输法规、《国际民用航空公约》附件18及《技术细则》的相关要求。

（6）承运人应当确保危险品货物、邮件的损坏泄漏检查及污染清除符合国内危险品航空运输法规、《国际民用航空公约》附件18及《技术细则》的相关要求。

（7）承运人应当确保危险品货物、邮件的存储符合国内危险品航空运输法规和《技术细则》的相关要求。承运人应当采取适当措施防止危险品货物、邮件被盗或者不正当使用。从事高危危险品货物航空运输的承运人应当制定安保计划，并及时修订。

（8）承运人应当在载运危险品货物、邮件的飞行终止后，将危险品航空运输相关文件，如收运检查单、危险品运输文件、航空货运单和机长通知单等，至少保存36个月。

（9）承运人委托地面服务代理人代表其从事危险品货物、邮件航空运输地面服务的，应当同符合本规定要求的地面服务代理人签订包括危险品货物、邮件航空运输内容的地面服务代理协议。

（10）承运人应当对运输的货物、邮件、行李进行收运检查，并采取措施防止隐含危险品。承运人认为必要时，可采取开箱检查的方式。

（11）国内承运人应当对地面服务代理人进行定期检查。

四、危险品培训管理

1. 制定和维护危险品培训大纲

承运人的危险品培训大纲必须由承运人所在国的主管当局按照规定进行审查和批准。承运人和制定邮政承运人以外的其他实体的危险品培训大纲，应按照国家主管当局的规定进行批准或备案。

2. 危险品培训目标

雇主必须确保人员在履行其所负责的职能前，具有胜任能力。这必须通过与其所负责的职能相称的培训和评估来实现。培训必须包括如下三个方面的内容：

（1）一般熟悉培训，必须熟悉一般性规定；

（2）具体职能培训，必须按该人员所负责的职能要求，提供详细的培训；

（3）安全培训，培训内容必须包括危险品所具有的危险性、安全操作和应急处置程序。

培训课程应当适当地包含关于旅客及机组人员携带危险品的规定。

对于已经接收过培训但被委派新职能的人员，必须进行评估以确定他们对新职能的胜任能力。如果胜任能力得不到证实，必须提供适当的补充培训。

3. 复训和评估

参加过初始培训的人员，必须在前一次培训和评估后的24个月内接收复训和评估，以确保胜任能力得到保持。但是，如果在复训和评估是在前一次培训和评估的最后3个月

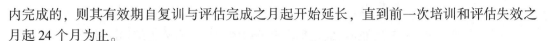

内完成的，则其有效期自复训与评估完成之月起开始延长，直到前一次培训和评估失效之月起 24 个月为止。

例如，某员工在 2021 年 1 月 16 日参加了初训课程，培训的有效期到 2023 年 1 月 31 日。此员工可以在 2022 年 11 月 1 日至 2023 年 1 月 31 日的任意时间参加危险品复训课程，下次复训时间为 2025 年 1 月 31 日。如果在 2022 年 10 月进行了复训，由于超过了 2023 年 1 月底有效期的三个月，则下次复训时间为 2024 年 10 月 31 日。

4. 培训和评估记录

雇主必须为其人员保持培训和评估记录。培训和评估记录必须由雇主自最新一次培训和评估完成的月份至少保存 36 个月，当需要时必须提供给雇员或国家主管当局。

五、锂电池第Ⅱ部分运输的适当指导

锂电池包装说明 965-970 第Ⅱ部分包含一条要求：任何准备或者交运锂电池的人员，必须得到与其职责相称的充分指导，但包装说明中并没有定义或者描述充分指导的具体要求。

雇主至少应将以下几点作为适当指导：

（1）锂电池航空运输分类；

（2）适用于锂电池航空运输的程序性文件；

（3）说明工作指导或其他文件，包括自动控制说明；

（4）根据工作职能对程序性文件的审查和理解；

（5）包括日期的员工指导记录；

（6）每两年至少提供一次复习指导，或当指导文件修订或规则改变时提供复习指导；

（7）逆向物流，包括运输模式和适用的禁令。

六、危险品安保

1. 危险品安保

从事危险品航空运输的承运人及其地面服务代理人、货运销售代理人、托运人及其代理人，应当采取适当措施防止危险品被盗或者不正当使用而使人员或者财产受到损害。

所有参与危险品运输的人员，负有《国际民用航空公约》附件 17 中《防止对民用航空的非法干扰行为的安全手册》所赋予的有关责任。

危险品安保要求，是为了补充附件 17 的要求，和尽量减少偷盗或滥用可能危害人员或财产安全的危险品的情况而采取的措施。

危险品安保是指航空运输危险品的托运人、承运人及其双方的代理人，为了将由于盗窃或滥用危险品危及人员和财产安全减少到最低，而采取的措施或预防措施，特别是对我国公安部所规定的剧毒品、爆炸品、放射品以及《技术细则》中规定的爆炸品、毒气、毒害品、感染性物质以及放射性物质的安保控制。

2. 危险品安保培训

从事危险品运输的所有人员，都应考虑与其责任相称的对危险品的安全要求。应使雇员了解其就业地点的现行安全计划及其与这些计划有关的个人责任。

各类人员的危险品安全培训，应包括安全意识内容。安全意识培训应涉及安全风险的性质、对安全风险的认识、应对和减少此类风险的方法，以及在发生安全违约时应采取的行动。它应包括与个人责任相称的安全计划常识（如适用），以及个人在执行安全计划中所起的作用。

雇主应保存所有危险品安全培训记录，并应要求提供给雇员或国家有关当局。

3. 高危危险品

高危危险品是指那些有可能在恐怖主义事件中被滥用，因而可能造成严重后果的危险品。例如造成大量伤亡或者大规模破坏或特别针对放射性物品的大规模社会经济的中断等。

从事高危危险品航空运输的托运人和承运人应当制定保安计划，并及时修订其保安计划，以保持其保安计划的实用性和有效性。

4. 高危危险品清单

高危危险品包括如下类（项）别的危险品：

第1类　1.1项　爆炸品；

第1类　1.2项　爆炸品；

第1类　1.3项　C 配装组 爆炸品；

第1类　1.4项　UN0104，UN0237，UN0255，UN0267，UN0289，UN0361，UN0365，UN0366，UN0440，UN0441，UN0455，UN0456，UN0500，UN0512，UN0513；

第1类　1.5项；

第1类　1.6项；

第2.3项　毒性气体（不包括气溶胶）；

第3类　减敏的液体爆炸品；

第4.1项　减敏的固体爆炸品；

第6.1项　包装等级Ⅰ级的物质，按例外数量危险品运输的除外；

第6.2项　A级感染性物质（UN2814 和 UN2900）和医疗废弃物A级（UN3549）；

第7类　放射性物品，单个包装件活度不低于运输安全临界值 $3000A_2$ 或 DGR 表1.7.B 中规定的特定放射性核素。

七、信息提供

1. 提供给员工的信息

在承运人的运行手册或其他相应手册中，承运人必须向其雇员提供信息，以便机组人员和其他雇员在运输危险品时能够履行其负责的职能。在适用的情况下，还必须向地勤人员提供这一信息。这些信息必须包括：

（1）旅客地面服务人员和客舱机组人员应按照程序，告诫旅客某些危险品禁止放入交运行李中，例如备用锂电池，必须从交运行李中取出；

（2）危险品紧急情况下应采取的措施；

（3）货舱位置和标识描述；

（4）每个货舱允许的干冰最大数量；

（5）如果要运载放射性物品，应指导此类危险品的装卸。

2. 提供给货运收运区域的信息

承运人及其地面操作代理人，必须确保在货物收运区域的明显地点，提供足够的显著的警示标识，以提醒托运人或其代理人，货物中可能含有的危险品。如图 1.22 所示。

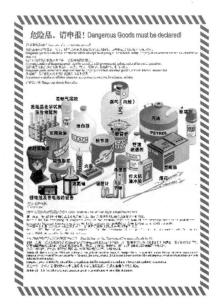

图 1.22 货运收运区域的信息提供

八、危险品航空运输事件报告

除承运人以外的实体，在危险品航空运输事件发生时，或危险品航空事件被发现时，应遵循《危险品规则》9.6.1 节的报告要求。除承运人以外的实体发现未申报或错误申报的危险品，应遵循《危险品规则》9.6.2 节的报告要求。这些实体应包括但并不限于货运代理、海关和安检部门。

在我国还应遵守《危险品航空运输事件判定和报告管理办法》，具体内容见本教材第六章。

■ 章节练习题

1. 《危险物品安全航空运输技术细则》是_____组织出版发行的文件。

2. 《危险品规则》简称_____，是_____组织在《技术细则》基础上，制定的更具操作性的危险品航空运输参考程序手册。

3. 为适应危险品航空运输的新发展和民航主管部门的监督管理需求，中国民用航空局对_____进行了修订，《_____》即交通部令 2016 年第 42 号（简称交通部 42 号令）。

4. 为保证知识更新，复训一般在初训后的_____个日历月内进行。

5. 培训和评估记录必须由雇主自最新一次培训和评估完成的月份至少保存_____，当需要时必须提供给雇员或国家主管当局。

6. 各类人员的危险品安全培训，应包括_____内容。

第二章 危险品分类、识别、包装、标记、标签和文件

第一节 危险品分类

一、危险品类别和项别

根据联合国分类方法，危险品分为 9 大类，其中第 1、2、4、5 和 6 类危险品因包含的范围比较广又被细分为若干项。危险品类别用一个数字表示，例如第 6 类。项别用两个数字表示，第一个数字是类别，第二个数字是项别，例如 6.1 项表示第 6 类的第 1 项。

第 1 至第 9 类危险品的编号顺序仅仅是为了使用方便，并非表明其相对危险程度。

许多危险品不只具有一种危险性，这些物质或物品就被赋予一种或多种次要危险性。

国际航空运输协会还给予每一类（项）的危险品一个联运电文代码（简称 IMP 代码），在航空货物运输行业广泛使用，如货邮舱单、机长通知单和特种货物装载电报等。

表 2-1 为危险品类别和项别中英文汇总表，阴影部分为类别，其他部分为项别。

表 2-1　危险品类别、项别表

类 Class	项 Division	说明　Explication
Class 1 第 1 类		Explosives 爆炸品
	Division 1.1 1.1 项	Articles and substances having a mass explosion hazard 具有整体爆炸危险性的物质或物品
	Division 1.2 1.2 项	Articles and substances having a projection hazard but not a mass explosion hazard 具有喷射危险性而无整体爆炸危险性的物质或物品
	Division 1.3 1.3 项	Articles and substances having a fire hazard, a minor blast hazard and/or a minor projection hazard but not a mass explosion hazard. 具有起火危险性和轻微的爆炸危险性或轻微的喷射危险性，或两者兼而有之，但无整体爆炸危险性的物质和物品。
	Division 1.4 1.4 项	Articles and substances presenting no significant hazard 无显著危险的物质和物品
	Division 1.5 1.5 项	Very insensitive substances having a mass explosion hazard 具有整体爆炸危险的非常不敏感物质

类 Class	项 Division	说明　Explication
	Division 1.6 1.6 项	Extremely insensitive articles which do not have a mass explosion hazard 无整体爆炸危险的极不敏感物品
Class 2 第 2 类		Gas 气体
	Division 2.1 2.1 项	Flammable Gas. 易燃气体
	Division 2.2 2.2 项	Non-flammable, non-toxic Gas 非易燃无毒气体
	Division 2.3 2.3 项	Toxic Gas. 毒性气体
Class3 第 3 类		Flammable liquids 易燃液体
	无分项	
Class 4 第 4 类		Flammable Solids; Substances Liable to Spontaneous Combustion; Substances Which, in Contact with Water, Emit Flammable Gases 易燃固体；易于自燃的物质；遇水放出易燃气体的物质
	Division 4.1 4.1 项	Flammable solids, self-reactive substances, polymerizing substances and solid desensitized explosives 易燃固体，自反应物质，聚合物质和固态减敏爆炸品
	Division 4.2 4.2 项	Substances liable to spontaneous combustion 易于自燃的物质
	Division 4.3 4.3 项	Substances which, in contact with water, emit flammable gases. 遇水放出易燃气体的物质
Class 5 第 5 类		Oxidizing Substances and Organic Peroxide 氧化性物质和有机过氧化物
	Division 5.1 5.1 项	Oxidizing 氧化性物质
	Division 5.2 5.2 项	Organic Peroxides. 有机过氧化物
Class 6 第 6 类		Toxic and Infectious Substances 毒性物质和感染性物质
	Division 6.1 6.1 项	Toxic substances. 毒性物质
	Division 6.2 6.2 项	Infectious Substances. 感染性物质

续表

类 Class	项 Division	说明 Explication
Class 7 第 7 类		Radioactive Material 放射性物品
	无分项	
Class 8 第 8 类		Corrosive 腐蚀性物质
	无分项	
Class 9 第 9 类		Miscellaneous Dangerous Substances and Articles, Including Environmentally Hazardous Substances 杂项危险物质和物品，包括环境危害物质
	无分项	

二、包装等级

处于包装目的，物质按照其危险程度划分为三个包装等级，分别用罗马数字表示，Ⅰ级代表高度危险，Ⅱ级代表中度危险，Ⅲ级代表低度危险。

现已对第 3 类、第 4 类、5.1 项、6.1 项和第 8 类物质制定了包装等级标准。第 9 类中的一些物质、5.1 项中的液体和 6.2 项中的废弃物，是根据经验而非按照任何技术标准划分的包装等级。

除非另有规定，UN 规格包装必须符合指定物质相应包装等级的性能试验要求。

物品不划分包装等级。出于包装的目的，特殊包装性能水平的任何要求在适用的包装说明中进行了说明。

三、第 1 类爆炸品

1. 定义

第 1 类爆炸品包括如下物质或物品：

（1）爆炸性物质（物质本身不是爆炸品，但能形成气体、蒸汽或粉尘爆炸环境者，不列入第 1 类），不包括那些太危险以致不能运输或那些主要危险性符合其他类别的物质。

（2）爆炸性物品，不包括某些装置，该装置内含有爆炸性物质，但是由于其含量和性质的原因，在运输过程中被意外或偶然点燃或引发时，该装置的外部不出现抛射、起火、冒烟、放热或发出声响等情况。

（3）上述未提到的，为产生爆炸或烟火实用效果而制造的物质和物品。

爆炸性物质是固体或液体（或混合物），其自身能够通过化学反应产生气体，并使温度、压力和速度高到能对周围造成破坏。烟火物质即使不产生气体，也包括在爆炸性物质中。

烟火物质是用来产生热、光、电、气或烟的效果的一种物质或物质混合物。

爆炸性物品是指含有一种或一种以上的爆炸性物质的物品。

爆炸品在外界的作用下，敏感度越高，危险性越大。敏感度及爆炸能力过强的物品是不能运输的。

减敏的爆炸品是指将一种物质（或减敏剂）加入爆炸物中，以增加操作和运输过程安全。减敏剂可消除或减少爆炸物对热、震动、冲击、撞击及摩擦的敏感性。典型的减敏剂包括但不限于纸、石蜡、水、聚合物（如氯氟聚合物），醇类和油（如凡士林油）等。

2. 分项

爆炸品按其危险程度的不同分为6项。

1.1项，具有整体爆炸性危险的物品和物质。

1.2项，具有喷射危险性，但无整体爆炸危险性的物品和物质。

1.3项，具有起火危险性和轻微的爆炸危险或轻微的喷射危险，或两者兼而有之，但无整体爆炸危险的物品和物质。

本项包括：

可产生大量的辐射热的物品和物质；

相继燃烧，产生轻微爆炸和（或）喷射效应。

1.4项，不存在显著危险性的物品和物质。

此项物品或物质在运输过程中被引燃或引发时无显著危险性（仅有轻微危险性），其影响基本被限制在包装件内，不会在较大范围内发生碎片的抛射，外部明火不会引起包装件内所装物品的瞬间爆炸。

1.5项，具有整体爆炸危险性而敏感度极低的物质。

此项物质在正常运输条件下极不敏感，被火引爆的可能性极小。

1.6项，无整体爆炸危险性且敏感度极低的物品。

此项物品只包括敏感度极低的爆轰炸药。经验证，其被意外引爆或传播爆炸的可能性极小。本项物品的危险性只限于单一物品的爆炸。

3. 配装组

爆炸品根据其具有的危险性类型，划分13个配装组（A，B，C，D，E，F，G，H，J，K，L，N，S），每一项内的不同爆炸品被指定为其中一个配装组。被认为可以相容的各种爆炸性物品或物质列入同一个配装组。

例如1.4S代表1.4项S配装组，1.3G代表1.3项G配装组，以此类推。在第一类爆炸品的危险性标签、文件上等均以项别和配装组形式表示。

爆炸品13个配装组：

A 配装组（1.1A），初级炸药。

B 配装组（1.1B、1.2B、1.4B），含有初级炸药，未安装有两个或两个以上有效保险装置的制品。

C 配装组（1.1C、1.2C、1.3C、1.4C），发射药或其他爆燃性物质，或含有这些物质的制品。

D 配装组（1.1D、1.2D、1.4D、1.5D），次级爆轰炸药或黑火药，或含次级爆轰炸

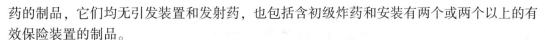

药的制品，它们均无引发装置和发射药，也包括含初级炸药和安装有两个或两个以上的有效保险装置的制品。

E 配装组（1.1E、1.2E、1.4E），含有次级爆轰炸药的制品，无引发装置，含发射药的制品（含易燃液体或凝胶的制品以及含自燃液体的制品除外）。

F 配装组（1.1F、1.2F、1.3F、1.4F），含有次级爆轰炸药的制品，带有自身的引发装置，含发射药（含易燃液体或凝胶的制品以及含自燃液体的制品除外）或不含发射药的制品。

G 配装组（1.1G、1.2G、1.3G、1.4G），烟火药或烟火制品，或装有炸药和照明剂、燃烧剂、催泪剂或烟雾剂的制品（遇水活化制品或含白磷、磷化物、易燃液体或凝胶的制品以及含自燃液体的制品除外）。

H 配装组（1.2H、1.3H），含有炸药和白磷的制品。

J 配装组（1.1J、1.2J、1.3J），含有炸药和易燃液体或凝胶的制品。

K 装配组（1.2K、1.3K），含有炸药和化学毒剂的制品。

L 配装组（1.1L、1.2L、1.3L），含有炸药和具有特殊危险性，如遇水活化，或含自燃液体、磷化物或自燃物质而需要隔离的爆炸性物质或爆炸性制品。

N 配装组（1.6N），只含有敏感度极低的爆轰炸药的制品。

S 配装组（1.4S），包装与设计具备如下条件的物质或制品，即该爆炸品发生事故时只要包装件未被烧坏就可以把任何危险都限制在包装件内。该爆炸品的爆炸与喷射影响范围很小，不会严重妨碍在附近采取消防或其他应急措施。

S 配装组的字母"S"是英文"Safety（安全）"的意思。

爆炸性物品和爆炸性物质被划分为 6 个项别中一项和 13 个配装组中的一个。不是所有的项别中包含所有的配装组。

由于第 1 类爆炸品的包装类型可能对发生的危险起决定性作用，因此将不同的包装归为特定配装组。

与各配装组有关的可能危险性项别与配装组的组合见表 2-2。

表 2-2 爆炸品分类表，危险性项别与配装组的组合

危险性	配装组													A-SΣ
	A	B	C	D	E	F	G	H	J	K	L	N	S	
1.1	1.1A	1.1B	1.1C	1.1D	1.1E	1.1F	1.1G		1.1J		1.1L			9
1.2		1.2B	1.2C	1.2D	1.2E	1.2F	1.2G	1.2H	1.2J	1.2K	1.2L			10
1.3			1.3C			1.3F	1.3G	1.3H	1.3J	1.3K	1.3L			7
1.4		1.4B	1.4C	1.4D	1.4E	1.4F	1.4G						1.4S	7
1.5				1.5D										1
1.6												1.6N		1
1.1-1.6Σ	1	3	4	4	3	4	4	2	3	2	3	1	1	35

4. 第 1 类爆炸品的描述和举例

第 1 类爆炸品的描述和举例见表 2-3。

表 2-3　第 1 类爆炸品的描述和举例

危险性标签	名称/项别 货运 IMP 代码	描述	注释和/或例子
	爆炸品 1.1 项 REX	具有整体爆炸危险性的物质和物品	
	爆炸品 1.2 项 REX	具有喷射危险性的物质和物品	
	爆炸品 1.3 项 {REX RCX 当允许时 RGX	具有起火危险性和轻微的爆炸危险性或轻微的喷射危险性或两者兼而有之的物质和物品	这些爆炸品通常禁止空运 例如 TNT，炸药或鱼雷等
	爆炸品 1.4 项 REX	无显著危险性的物质和物品	
	爆炸品 1.5 项 REX	具有整体爆炸危险性的非常不敏感物质	
	爆炸品 1.6 项 REX	无整体爆炸危险性的极不敏感物品	
	爆炸品 RXB RXC RXD RXE RXG	根据 DGR 表 3.1.A 确定配装组	遇难信号、油井射孔弹、点火器等
	爆炸品 RXS	无显著危险性的物质和物品。发生意外时其影响基本被限制在包装件之内。	轻武器弹药，信号弹，安全引信，某些类型的烟花等

通常情况下，第 1 类爆炸品被禁止航空运输。1.1 项、1.2 项、1.4 F、1.5 项、1.6 项航空禁止运输。1.3 项和 1.4 项其他能航空运输的，也只能仅限货机运输。满足条件的 1.4S 爆炸品可以客机运输。

备注：

所有新型爆炸性物品和物质，在提交运输之前，必须经过合适的分类。

有关当局可以根据实验结果和第1类的定义把某物品或物质从第1类中排除。

爆炸性物品或物质在没有得到美国有关当局批准之前不得运进美国（国家差异）。

四、第2类气体

1. 定义

气体是指在50℃（122℉）时蒸气压大于300 kPa的物质，或在20℃（68℉）时101.3 kPa标准大气压下完全是气态的物质。

2. 几种不同物理状态的气体

气体的运输状态可以依据其物理状态确定，一般分为压缩气体、液化气体、冷冻液化气体、溶解气体和吸附气体五种状态。

1）压缩气体

温度在-50℃下，加压包装供运输时，完全呈现气态的气体。包括临界温度低于或等于-50℃的所有气体，如氧、氮或天然气等。

2）液化气体

温度高于-50℃，加压包装供运输时，部分地呈现气态的气体，如丙烷、丁烷、液化石油气及二氧化碳等。液化气体又可分为以下两种：

（1）高压液化气体：临界温度在-50℃与+65℃之间的所有气体。

（2）低压液化气体：临界温度在+65℃以上的所有气体。

使物质由气态变为液态的最高温度叫临界温度。

每种物质都有一个特定的温度，在这个温度以上，无论怎样增大压强，气态物质都不会液化，这个温度就是临界温度。因此要使物质液化，首先要设法达到它自身的临界温度。

有些物质如氨、二氧化碳等，它们的临界温度高于或接近室温，对这样的物质在常温下很容易压缩成液体。有些物质如氧、氮、氢、氦等的临界温度很低，其中氮气的临界温度为-147℃、氦气的临界温度为-268℃。要使这些气体液化，必须相应地要有一定的低温技术，以使能达到它们各自的临界温度，然后再用增大压强的方法使它液化。

3）深冷液化气体

由于自身的低温而在运输包装内部分呈现液态的气体，也称为冷冻液化气体。如液态氦和液态氮等。

4）溶解气体

在运输包装内溶解于某种溶剂中的压缩气体，如乙炔气、氨气等。

5）吸附气体

在包装交付运输时，吸附到固体多孔材料导致内部容器压力在20℃时低于101.3 kPa和在50℃时低于300 kPa的气体，如磷化氢。

除具有放射性的气体外，所有气体无论其危险性如何，都被划为第 2 类危险品。

第 2 类危险品气体包含压缩气体、液化气体、深冷液化气体、溶解气体、一种或几种气体与一种或多种其他类别物质的蒸气的混合物、充气制品和气溶胶。

3. 分项

根据运输中气体的主要危险性，第 2 类气体可分为三项：2.1 项易燃气体，2.2 项非易燃无毒气体，2.3 项毒性气体。

4. 易燃气体（2.1 项）

2.1 项易燃气体是指在 20℃和标准大气压（101.3 kPa）下：

（1）与空气混合，其体积百分比不超过 13% 时可点燃的气体；或

（2）与空气混合，燃烧范围不小于 12% 的气体，不论燃烧下限如何。

气体只要满足以上标准中的任一条款，均被划分为 2.1 项易燃气体。

5. 非易燃无毒气体（2.2 项）

2.2 项非易燃无毒气体，是指在 20℃压力不低于 280 kPa 的条件下运输、或以深冷液化状态运输的气体，并具有如下性质：

（1）有窒息性，在正常大气压中稀释或取代正常含量的氧气的窒息性气体；或

（2）有氧化性，该气体一般能够提供氧气，其助燃能力高于空气。或

（3）不包括在第 2 类其他项别中的气体。

非易燃无毒气体的非易燃只是相对的，有些气体在高温条件下遇到明火也会燃烧，只是此类气体不符合 2.1 项易燃气体的条件限制。

非易燃无毒气体主要包括惰性气体、氟氯烷类的制冷剂和灭火剂。

这类气体直接吸入人体，无毒、无刺激性、无腐蚀性，但浓度高时有窒息作用。

6. 毒性气体（2.3 项）

2.3 项有毒性气体是指已知其毒性或腐蚀性有害于人体健康的气体；或，根据 LC_{50}（半数致死浓度）的数值小于或等于 5000 ml/m³的气体。

有些气体因其腐蚀性而符合上述标准的气体，主要危险性是 2.3 项毒性气体，次要危险性为第 8 类腐蚀性。

2.3 项毒性气体泄漏时，对人畜有强烈的毒害、窒息、灼伤、刺激等作用，其中有些可能还具有易燃性或氧化性，储运时还要遵守第 6 类毒性物质的有关规定。

7. 气体混合物

气体混合物（包括其他类危险品的蒸气）项别的确定，必须遵循有关气体混合物易燃性、毒性、腐蚀性、氧化性指标测定和计算的相关原则。

具有两个项别以上危险性的气体和气体混合物，其危险性的主次顺序如下：2.3 项优先于 2.1 项和 2.2 项；2.1 项优先于 2.2 项。

8. 气溶胶制品

气溶胶是指装有压缩气体、液化气体或加压溶解气体的一次性使用的金属、玻璃或塑

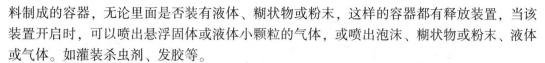

料制成的容器，无论里面是否装有液体、糊状物或粉末，这样的容器都有释放装置，当该装置开启时，可以喷出悬浮固体或液体小颗粒的气体，或喷出泡沫、糊状物或粉末、液体或气体。如灌装杀虫剂、发胶等。

气溶胶所含的易燃成分在 85%（重量）以上，化学燃烧热量大于或等于 30 kJ/g，该气溶胶应归入 2.1 项。

气溶胶所含的易燃成分在 1%（重量）以下，化学燃烧热量小于 20 kJ/g，该气溶胶应归入 2.2 项。

不符合上述要求的气溶胶，必须根据《联合国实验和标准手册》第Ⅲ部分列明的实验结果进行分类。极度易燃与易燃的气溶胶必须归入 2.1 项；不可燃的气溶胶归入 2.2 项。

2.3 项的气体不可用作气溶胶喷雾剂中的喷剂。

如果气溶胶喷雾器除推进剂外的内装物被划归为 6.1 项包装等级Ⅱ级、Ⅲ级或第 8 类包装等级Ⅱ级、Ⅲ级，该气溶胶必须指定 6.1 项或第 8 类为次要危险性。

含有 2.3 项气体的气溶胶，航空禁止运输。

9. 禁止运输的气体

禁止运输化学性质不稳定的第 2 类气体，除非已采取必要的防范措施，防止在正常运输条件下可能发生危险的分解或聚合。

为防止发生聚合而有必要采取的防范措施，见特殊规定 A209。

A209：在使用到化学稳定剂时，将包装件交付运输的人员必须确保稳定性水平以防止包装中的物质在散装货物平均温度为 50℃时发生危险的聚合反应。当化学稳定剂在预期的运输期间内更低的温度条件下变成无效时，需要采取温度控制，此种情况下该物质禁止空运。

应特别注意，确保容器和罐体不含有任何易于促进这类反应的物质。

10. 例外

下述物品中含有第 2.2 项气体，不受危险品运输限制：

（1）2.2 项非易燃无毒气体，在 20℃温度下、压力不超过 200 kPa 的条件下运输，且未经液化或冷冻液化。

（2）含有 2.2 项非易燃无毒气体的下列物品：

①食品，包括碳酸饮料（UN1950 除外）；

②体育用球；

③符合特殊规定 A59 的轮胎。

备注：

体育用球包括足球、篮球、排球、橄榄球等。

特殊规定 A59，轮胎组件如满足如下条件，不受危险品运输限制：（a）不能使用的或损坏的轮胎组件，轮胎泄压到 20℃表压低于 200 kPa；（b）可用轮胎组件，轮胎充气未超过最大额定压力。但在运输过程中必须防止这些轮胎（包括阀门组件）损坏，可以使用保护罩。参见图 2.1。

图 2.1　非限制性气体示例

11. 第 2 类气体的描述和举例

第 2 类危险品的描述和举例见表 2-4。

表 2-4　第 2 类危险品的描述和举例

危险性标签	名称/项别 货运 IMP 代码	描述	注释和/或例子
	2.1 项 易燃气体 RFG	在某种浓度下与空气混合形成易燃混合物的任何气体	氢气、甲烷（天然气）、丙烷、丁烷（打火机燃料）、乙炔、石油气、打火机等
	2.2 项 非易燃无毒气体 RNG	所有不属于 2.1 项和 2.3 项的压缩气体或深冷液化气体	惰性气体、液氮或氦气、氧气、二氧化碳气体、灭火器等
	2.3 项 毒性气体 RPG	已知对人有毒或有腐蚀性和已知对人的健康产生危害的气体	氯气、硫化氢气体、一氧化碳气体、氯化氢气体等。禁止航空运输有毒气体，几乎没有例外

五、第 3 类易燃液体

1. 定义

第 3 类易燃液体包括易燃液体和液态减敏爆炸品两种物质。

易燃液体是指闭杯闪点试验中温度不超过 60℃，或在开杯闪点试验中温度不超过 65.6℃时，放出易燃蒸气的液体、液体混合物或含有固体的溶液或悬浊液（例如油漆、清漆、真漆等，但不包括危险性属于其他类别的物质）。

处于高温以液态运输或交运，且在达到或低于最高运输温度（即该物质在运输中可能遇到的最高温度）时释放出易燃蒸气的物质，也属于易燃液体。

液态减敏爆炸品是指溶解或悬浮在水中或其他液态物质，形成一种均匀的液体混合物，以拟制其爆炸性的爆炸性物质。

2. 包装等级

易燃液体呈液态时，一般是不会燃烧的。易燃液体也极易引起火灾、爆炸、毒害以及危害环境。衡量其危险程度的主要参数为闪点和沸点。

闪点是指当试验容器内的液体产生的易燃蒸气，在空气中达到某种浓度，而短暂接触火源时即可被点燃的最低温度。不包括液体自燃的温度。

初始沸点是指在试验中液体最初沸腾时的温度。

燃点是指液体产生的易燃蒸气在空气中达到足够浓度，且在被点燃时该液体将继续燃烧的最低温度。此燃点通常接近于闪点。

易燃液体根据其易燃性（闪点）和挥发性（初始沸点）来划分包装等级。见表2-5。

表 2-5　第 3 类危险品包装等级划分

包装等级	闪点（闭杯）	初沸点
I	—	≤35℃
II	<23℃	>35℃
III	≥23℃但≤60℃	>35℃

闪点低于23℃的黏稠液体，如果符合一定要求可划分为包装等级III级。液体的黏稠度越高，其流动性变差，潜在的危险性会降低。

易燃液体具有高度易挥发性、高度易燃性、高度流动扩散性、较大蒸气压及毒性和比重小、不溶于水等特性。

3. 禁止运输的物质

禁止运输化学性质不稳定的第3类物质，除非已采取必要的防范措施，防止在正常运输条件下可能发生危险的分解或聚合。

为防止发生聚合而有必要采取的防范措施，见特殊规定A209（见第2类危险品部分描述）。

应特别注意，确保容器和罐体不含有任何易于促进这类反应的物质。

4. 第 3 类危险品描述及举例

第3类危险品的描述和举例见表2-6。

表 2-6　第 3 类危险品的描述和举例

危险性标签	名称/货运 IMP 代码	描述	注释或举例
	易燃液体 RFL	在闭杯闪点试验中温度低于或等于60℃的液体	某些涂料、清漆、酒精、黏合剂、丙酮、汽油、苯、二硫化碳、松节油、香水类产品等

六、第4类易燃固体、易于自燃的物质、遇水放出易燃气体的物质

1. 分项

第4类危险品分为三项：

4.1项易燃固体；自反应物质；聚合物质和固态减敏爆炸品。

4.2项易于自燃的物质。

4.3项遇水放出易燃气体的物质。

2. 易燃固体；自反应物质；聚合物质和固态减敏爆炸品（4.1项）

（1）易燃固体是指在正常运输的条件下，易于燃烧的固体和摩擦可能起火的固体。

易于燃烧的固体为粉状、颗粒状或糊状物质，这些物质如遇燃烧的火柴等火源，短暂接触就能起火，并且火焰会迅速蔓延，十分危险。危险不仅来自火，还可能来自毒性燃烧产物。金属粉末也特别危险，一旦着火就难以扑灭。因为常用的灭火剂如二氧化碳或水只能增加危险性。

（2）自反应物质是指即使没有氧（空气），也容易发生强烈放热分解的热不稳定物质。

自反应物质的分解可因热、与催化物杂质（如酸、重金属化合物、碱）接触、摩擦或碰撞而开始。分解速度随温度而增加，且因物质而异。特别是在没有着火的情况下，此类物质分解，可能放出毒性气体或蒸气。对于某些自反应物质，温度必须加以控制。

有些自反应物质可能起爆炸性分解，特别是在封闭的情况下。对于这一特性，可通过添加稀释剂，或使用适当的包装，加以改变。

有些自反应物质剧烈燃烧。

根据上述特性，装有4.1项自反应物质的包装件、集合包装或集装器，在运输过程中，必须防止阳光直射、远离热源、放在通风良好的地方。

（3）聚合物质和混合物（稳定的）。

聚合物质是指在不添加稳定剂的情况下，在正常运输条件下可能发生强烈放热反应，导致生成较大分子，或生成聚合物的物质。

如果聚合物质在运输该物质的包装内的自加速聚合温度不超过50℃时，在运输中必须进行温度控制。

自加速聚合温度是指容器内的物质可能发生聚合反应的最低温度。

（4）固态减敏爆炸品。

固态减敏爆炸品是指用水或醇类润湿或其他物质稀释，形成均匀固态混合物，以抑制其爆炸性。这种物质不充分稀释就可能发生爆炸。

3. 易于自燃的物质（4.2项）

4.2项易于自燃的物质是指在正常运输条件下能自发放热，或接触空气能够放热，并随后易于起火的物质。

易于自燃的物质，包括发火物质和自发放热物质。

发火物质，即使数量极少，与空气接触仍可在5分钟内起火的物质，包括混合物和溶

液（液体或固体）。这种物质极易自动燃烧。

物质的自发放热是物质与氧气（空气）逐渐放热的过程。当热量产生的速度大于热量散发的速度，而达到自燃点温度时，就会发生自燃。

自发放热物质，在无外部能量供应的情况下，与空气接触自身可以放热的物质。这种物质只有在量大、时间很长的情况下才能燃烧。

4. 遇水释放易燃气体的物质（4.3项）

遇水释放易燃气体的物质是指这种物质与水反应自燃或产生足以构成危险数量的易燃气体。

有些物质与水接触可以放出易燃气体，这些气体与空气能够形成爆炸性的混合物。这种混合物很容易被所有平常的火源点燃，如无灯罩的灯、产生火花的手工工具或无防护的灯。所产生的冲击波和火焰可能对人和环境造成危害。

5. 第4类危险品描述和举例

第4类危险品描述和举例见表2-7。

表2-7 第4类危险品的描述和举例

危险性标签	名称/项别 货运 IMP 代码	危险性描述	注释和/或例子
	4.1项 易燃固体 RFS	任何易燃或能引起或易摩擦起火的固体物质	安全火柴、摩擦火柴、硫黄、赛璐珞、硝基萘等
	4.2项 易于自燃的物质 RSC	这种物质极易自发放热或接触空气放热而后容易起火	白磷或黄磷、种子饼、湿木炭、椰肉干、二氨基镁等
	4.3项 遇水放出易燃气体的物质 RFW	与水反应可能变为自燃或放出易燃气体的物质	碱金属（钠、锂）、碳化钙（电石）、碳化镁、连二亚硫酸钠（保险粉）等

七、第5类氧化性物质和有机过氧化物

第5类危险品分为两项，5.1项氧化性物质和5.2项有机过氧化物。

1. 氧化性物质（5.1项）

氧化性物质是指本身并不一定燃烧，但通常因放出氧可能引起或促使其他物质燃烧的物质。这种物质也可能含在物品内。

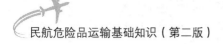

氧化性物质有如下危险性：

（1）化学性质活泼，可与许多其他物质发生危险的化学反应。

（2）氧化性物质不稳定，受热易分解。

（3）吸水性。有些氧化性物质遇水后会发生分解，特别是活泼金属的过氧化物，如过氧化钠，遇水后分解释放出原子态的氧，如遇有机物、易燃物品即可引起燃烧。

（4）毒性和腐蚀性。氧化性物质一般都具有不同程度的毒性，有的还具有腐蚀性，人吸入或接触可能发生中毒、烧伤皮肤等现象。

2. 有机过氧化物（5.2 项）

有机过氧化物是指含有二价过氧基（-o-o-）结构的有机物，也可以将它看作一个或两个氢原子被有机原子团取代的过氧化氢的衍生物。

有机过氧化物遇热不稳定，它可以放热并因而加速自身的分解。此外，它们还可能具有以下一种或多种性质：

（1）易于爆炸性分解；

（2）速燃；

（3）对碰撞或摩擦敏感；

（4）与其他物质发生危险的反应；

（5）损伤眼睛。

有机过氧化物受热、与杂质（如酸、重金属化合物、胺类）接触、摩擦或碰撞易于放热分解。分解速度随温度增加，并因其成分不同而不同。分解可能产生有害或毒性气体或蒸气。对于某些有机过氧化物，在运输中温度必须加以控制。有些有机过氧化物可能起爆炸性分解，特别是在封闭的情况下。对于这一特性，可通过添加稀释剂，或使用适当的包装，加以改变。许多有机过氧化物剧烈燃烧。

根据上述特性，含有 5.2 项有机过氧化物的包装件或集装器，在运输过程中，必须防止阳光直射、远离热源、放在通风良好的地方。

另外，应避免与有机过氧化物接触。因有些有机过氧化物即使短暂接触，也会对眼角膜造成严重伤害，或对皮肤具有腐蚀性。

在运输中需要温度控制的有机过氧化物，禁止空运，除非经过豁免。

含有二价过氧基（-o-o-）的有机过氧化物具有强烈的氧化性，既具有 5.1 项氧化性物质的特点，又是有机物，因此有机过氧化物比无机氧化性物质更危险。有机过氧化物绝大多数是可燃物质，有的甚至是易燃物质。有机过氧化物分解的氧气往往能引起自身燃烧。燃烧时放出的热量又加速分解，循环往复，难于扑救。

为确保 5.2 项物质安全运输，在很多情况下，可添加有机液体或固体，无机固体或水进行减敏处理。通常，减敏处理时要做到在泄漏或着火情况下，有机过氧化物不会浓缩到危险程度。

3. 第 5 类危险品描述和举例

第 5 类危险品描述和举例见表 2-8。

表 2-8 第 5 类危险品的描述和举例

危险性标签	名称/项别 货运 IMP 代码	描述	注释和/或例子
	5.1 项 氧化性物质 ROX	极易释放出氧，对其他材料起助燃作用的物质	过氧化氢（双氧水）、过氧化钠、氯酸钙、漂白粉、高锰酸钾等
	5.2 项 有机过氧化物 ROP	极易被外部火焰点燃并加速燃烧的有机物质	DGR 附录 C2 中列出的叔丁基过氧化氢、过氧乙酸，过氧苯甲酰、过氧化丁酮等

八、第 6 类毒性物质和感染性物质

第 6 类危险品分为两项，6.1 项毒性物质和 6.2 项感染性物质。

1. 毒性物质（6.1 项）

1）定义

毒性物质是指在误食、吸入或与皮肤接触后，可能造成死亡或严重受伤或损害人类健康的物质。

来源于植物、动物或其他菌源的毒素，如不含感染性物质，均划入 6.1 项毒性物质。含有包装等级 I 级的吸入毒性的液体，禁止在客机和货机上运输。

2）包装等级

毒性物质的包装等级是依据动物实验中得出的 LD_{50}（半数致死剂量）和 LC_{50}（半数致死浓度）毒性数据，特殊情况下会参考人类的经验。

毒性物质进入机体的途径：

入口（Oral 或 o）：进入消化道。

皮肤（Dermal 或 d）：皮肤接触。

吸入（Inhalation 或 i）：进入呼吸道。

LD_{50} 值适用于入口、皮肤接触；LC_{50} 值适用于呼吸道吸入毒性。两者数值越小，对应的该物质毒性越大。

注：LD_{50} 是通过服用或与裸露皮肤接触，14 天内致使实验动物死亡半数的一次入口或涂抹在皮肤上的毒性物质的剂量（单位：mg/kg）。

LC_{50} 是通过吸入有毒的粉尘、气雾或蒸气，14 天内致使实验动物死亡半数的吸入物质的浓度值（单位：mg/L；mg/m^3）。

表 2-9 为口服、皮肤接口服、皮肤接触及吸入尘、雾的毒性。

表 2-9　口服、皮肤接口服、皮肤接触及吸入尘、雾的毒性

包装等级	口服毒性 （LD_{50} mg/kg）	皮肤接触毒性 （LD_{50} mg/kg）	吸入尘、雾毒性 （LC_{50} mg/l）
I	≤5	≤50	≤0.2
II	>5 但 ≤50	>50 但 ≤200	>0.2 但 ≤2.0
III*	>50 但 ≤300	>200 但 ≤1000	>2 但 ≤4.0

备注：催泪性物质包装等级必须划为 II 级，即使其毒性数据仅符合 III 级的标准。

　　　如果给出了 LC_{50} 的蒸气吸入值，则可用表 2-10 确定包装等级。

表 2-10　吸入蒸汽的毒性

包装等级	蒸汽吸入毒性
I	$LC_{50} ≤ 1000$ ml/m³ 且 V ≥ 10×LC_{50}
II	$LC_{50} ≤ 3000$ ml/m³　V ≥ LC_{50} 且不符合 I 级包装标准
III	$LC_{50} ≤ 5000$ ml/m³　V ≥ 0.2×LC_{50} 且不符合 I、II 级包装标准

注：V 是指在 20℃ 和标准大气压下在空气中饱和蒸汽的浓度，单位用 ml/m³。

图 2.2 是表 2-10 的图示。

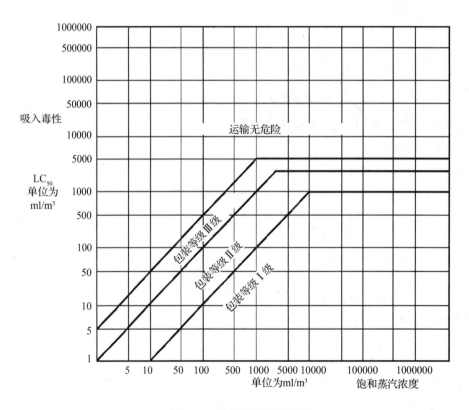

图 2.2　吸入蒸汽的毒性图

3）禁止运输的物质

禁止运输化学性质不稳定的 6.1 项物质，除非已采取必要的防范措施，防止在正常运输条件下可能发生危险的分解或聚合。为防止发生聚合而有必要采取的防范措施，见特殊规定 A209。应特别注意，确保容器和罐体不含有任何易于促进这类反应的物质。

2. 感染性物质（6.2 项）

1）定义

感染性物质是指已知含有或有理由认为含有病原体的物质。感染性物质包括感染性物质（对人类或动物）、生物制品、培养物、病患标本和医疗或临床废弃物。

病原体是指会使人类或动物感染疾病的微生物（包括细菌、病毒、寄生虫、真菌）或其他媒介物，如朊毒体。

生物制品是指从活生物体取得的，具有特别许可证发放要求的，且按照国家当局的要求制造或销售的，用于人类和动物疾病预防、治疗或诊断，或用于与此类活动有关的开发、实验或调查目的药品。生物制品包括但不限于成品或未完成品。生物制品包括菌苗、疫苗、毒素、类毒素、免疫血清、血液制品、免疫球蛋白、抗原、变态反应原、细胞因子、激素、酶、发酵产品、单克隆抗体、DNA 重组产品、体外免疫诊断制品等。生物制品不同于一般医用药品，它是通过刺激机体免疫系统，产生免疫物质（如抗体）才发挥其功效，在人体内出现体液免疫、细胞免疫或细胞介导免疫。

培养物是指故意使病菌繁殖过程的结果。

病患标本是指为了研究、诊断、调查活动或疾病治疗与预防等目的，而运输的直接从人或动物身上采集的人体或动物体物质，包括但不限于排泄物、分泌物、血液及其成分、组织与组织液拭子以及肌体部分。

医学或临床废弃物是指动物兽医、人类医学治疗或生物研究所产生的废物。

2）感染性物质的分级

感染性物质必须按 6.2 项进行分类，并视情况划归到 UN2814、UN2900、UN3291、UN3373 和 UN3549。

UN2814 Infectious Substances, affecting humans ★
（对人或对人和动物感染的感染性物质）

UN2900 Infectious Substances, affecting animals ★
（对动物感染的感染性物质）

UN3549 Medical waste, Category A, affecting animals and Medical waste, Category A, affecting humans（对动物或人具有 A 级感染性的医疗废弃物，仅固体）

UN3291 Biomedical waste, n. o. s. , Clinical waste, unspecified, n. o. s. waste, n. o. s. , Clinical waste, unspecified, n. o. s. Regulated medical waste, n. o. s. （生物医学废弃物，n. o. s. ；临床废弃物，未列名的，n. o. s. ；医疗废弃物，n. o. s. ；管制医疗废弃物，n. o. s. ）

UN3373 Biological substance, category B（生物物质，B 类）

感染性物质分为 A 级感染性物质和 B 级感染性物质。

A 级感染性物质是指在运输中与之接触能对健康的人、动物造成永久性残疾，危及生命或致死疾病的物质。符合这些标准的物质示例见 DGR 表 3.6.D。

符合 A 级感染性物质的，可视情况划归为 UN2814、UN2900 和 UN3549.

B 级感染性物质是指未达到 A 级标准的感染性物质。

B 级感染性物质，必须划为 UN3373 或 UN3291。

3）不受危险品运输规则限制的物品（除非符合归入另一类的标准）

（1）未含感染性物质的物质或不大可能使人或动物染病的物质。

（2）含有微生物，对人体和动物没有致病性的物质。

（3）经处理后病菌得到抑制或灭活，已不再成为健康威胁的物质。

（4）被认为并不会带来重大感染性危险的环境样品（包括食物和水样）。

（5）通过将一滴血滴在吸附材料上而采集的干血滴。

（6）粪便潜血检查采集的样品。

（7）为输血或为配制血液制品，用于血或移植而采集的血液或血液成分，准备用于移植的任何组织或器官。

（8）病菌存在的可能性很低的病患标本。如果标本装入能够防止泄漏的包装内，并且在外包装标注"感染例外的人体标本"或"感染例外的动物标本"字样，则不受 DGR 限制。但包装必须满足相应要求。前提条件是不存在感染。

例如，在运输中可能遇到的血和尿样样本，用来监控胆固醇含量、血糖、荷尔蒙含量或者前列腺药物抗原；必需的器官功能检测，人类和动物的心脏、肝或肾功能的非传染性疾病或治疗药物的监控；检测行为是预防或工作需要，目的或意图就是确定人或动物身上存在的药物或酒精；孕前检测、活组织切片检查癌细胞及抗体检测。

（9）运输用作消毒、清洁、杀菌、维护或装备评估，可能被感染的或含有感染型物质的医疗设备或仪器。如果其包装被设计和制作，在正常情况下能够不破损、不被刺穿或泄漏其内装物，在作为货物运输时，不受 DGR 限制。包装的设计必须符合相关结构要求。

4）生物制品

生物制品这些制品来源于活体动物，将按国家主管机构的要求或特别许可来进行生产和运输。这些制品一般来讲绝大部分用于人类及动物在预防、治疗、诊断疾病等方面（例如疫苗）。

以上未包括的和那些未知或有理由相信含有符合 A 级或 B 级标准的感染性物质的必须 UN2814、UN2900 或 UN3373 进行分类。

5）转基因微生物和生物

这些微生物和生物体的遗传基因通过遗传工程已被有目的地进行了改变而非自然生成。如果他们不符合感染性物质中的规定，将按照第 9 类危险品进行分类。

6）医疗和临床废弃物

含有 A 级感染性物质的医学或临床废物必须视情况划入 UN2814、UN2900 或 UN3549。

由人类医疗或动物兽医治疗而产生的含有 A 级感染性物质的固体医疗废弃物必须划入 UN3549。UN3549 不能用作生物研究废弃物或液体废弃物。

含有 B 级感染性物质的医学或临床废物必须划入 UN3291。认定过程可以考虑国际、区域或国家的废物名录。

有理由相信含有感染性物质可能性低的医学或临床废物必须划入 UN3291。

曾含有感染性物质的医学或临床废弃物，经消毒后不受危险品运输限制，除非符合归入另一类的归类标准。

7）受感染的活体动物

不得使用活体动物运输感染性物质，除非该物质无法以其他方式运输。有意使之感染的和已知或怀疑含有感染性物质的活体动物只可以依照始发国、中转国、到达国和承运人所在国有关国家当局批准的条款和条件进行航空运输。

8）病患标本

病患标本，必须按 UN2814 或 UN2900 或 UN3373 进行分类，但不包括符合 DGR 3.6.2.2.3 所规定的病患标本。

3. 第 6 类危险品描述和举例

第 6 类危险品描述和举例见表 2-11 所示。

表 2-11　第 6 类危险品的描述和举例

危险性标签	名称/项别 货运 IMP 代码	描述	注释和/或例子
	6.1 项 毒性物质 RPB	如果吸入、吞食或皮肤接触后，进入人体可导致死亡、伤害或危害人类健康的液体或固体	砒霜、尼古丁、氰化钾、农药。某些生物碱，如番木鳖碱。 注：有些完全禁止运输，例如溴丙酮
	6.2 项 感染性物质 RIS	已知含有或有理由认为含有病原体并对人类和动物引起感染性疾病的物质	病毒、病菌。例如 HIV、AIDS、狂犬病毒、一些诊断标本和医疗或临床废弃物

第 7 类放射性物品有关内容见第五章。

九、第 8 类腐蚀性物质

1. 定义

腐蚀性物质是通过化学作用，会对皮肤造成不可逆转的损伤，或在渗漏时对其他货物或运输工具造成严重损害甚至完全损坏。

对皮肤腐蚀是指皮肤造成不可逆转的损伤，即在接触一种物质或混合物后发生的可观察到的表皮和真皮的坏死。

2. 包装等级

根据在动物皮肤、钢、铝上试验的结果，腐蚀品的包装等级见表2-12。

表2-12　第8类危险品的包装等级

包装等级	接触时间	观察时间	对钢/铝的腐蚀速度
I	≤3 min	≤60 min	完好皮肤的 不可逆损伤
II	>3 min≤60 min	≤14 d	完好皮肤的 不可逆损伤
III	>60 min≤4 h	≤14 d	完好皮肤的 不可逆损伤
III	—	—	每年腐蚀厚度大于6.25 mm， 试验温度为55℃

注：h=小时，d=日。

3. 禁止运输的物质

禁止运输化学性质不稳定的第8类物质，除非已采取必要的防范措施，防止在正常运输条件下可能发生危险的分解或聚合。为防止发生聚合而有必要采取的防范措施，见特殊规定A209。应特别注意，确保容器和罐体不含有任何易于促进这类反应的物质。

4. 第8类危险品描述和举例

第8类危险品描述和举例见表2-13。

表2-13　第8类危险品描述和举例

标签	名称/货运IMP代码	描述	举例与注解
CORROSIVE	Class 8 腐蚀性物质 RCM	如果发生渗漏，由于产生化学反应而能够严重损伤与之接触的生物组织，或严重损坏其他货物及运输工具的固体或液体物质	蓄电池电解液、硫酸、氢氧化钾、氢氧化钠、汞、镓等

十、第9类杂项危险物质和物品，包括环境危害物质

1. 定义

第9类危险品是指在航空运输中，不属于第1-8类危险品的任何一类，但又存在一定的危险性的物品和物质。

2. 第9类危险品的划定

1）航空限制的固体或液体

航空限制的固体或液体是指具有麻醉性、有害性、刺激性或其他性质，一旦在航空器上溢出或泄漏，可引起机组人员极度烦躁或不适，以至于不能正常履行其职责的任何物质。

2）磁性物质

为航空运输包装好的任何物质，如距包装件外表面任一点 2.1 m 处，最大磁性强度使罗盘偏转大于 2°，即为磁性物质。使罗盘偏转 2° 的磁场强度为 0.418 A/m （0.00525 高斯）。

3）高温物质

高温物质是指运输或搅匀温度等于或高于 100℃ 的液态物质，或温度等于或高于 240℃ 的固态物质。这些物质通过豁免后才能运输。

4）危害环境物质

危害环境物质是指符合联合国《规章范本》相关标准的物质，或满足货物运输的始发站、中转站或目的站国家主管当局制定的国家或国际条例中的标准的物质。

5）转基因微生物和转基因生物

转基因微生物和转基因生物是通过遗传过程，以非自然方式，有意将遗传物质改变了的微生物和生物。

转基因微生物和转基因生物如得到始发站、中转站或目的站国家的使用批准，则不受 DGR 限制。

转基因活体动物必须按照始发站和目的站国家有关当局的条件限制进行运输。

含有转基因微生物或转基因生物的 COVID-19 疫苗，包括临床试验中的疫苗，不受本细则的限制。

6）锂电池

含有任何形式锂元素的电池芯和电池，安装在设备中或与设备包装在一起的锂离子电池芯/电池或锂金属电池芯/电池。

7）吸入粉尘危害健康的物质

如石棉。

8）电容器

如双电层电容器（储能容量大于 0.3 Wh）；非对称电容器（储能容量大于 0.3 Wh）。

9）产生易燃蒸气的物质

如聚苯乙烯珠颗粒，可膨胀的；塑料造型化合物（呈面团状、薄片或挤压出的绳索状，可放出易燃蒸气）。

10）救生设备

如自动膨胀式或非自动膨胀式救生设备，救生器材（电启动）。

11）发生火灾时可能产生二恶英德物质或物品

如多氯联苯类，液态或固态；多卤联苯类，液态或固态；卤代单甲基二苯基甲烷，液态或固态；多卤代三联苯类，液态或固态。

12）在运输中出现危险但不符合其他类别定义的物质和物品

如乙醛合氨；干冰；连二亚硫酸氢锌；二溴二氟甲烷；苯甲醛；硝酸铵基化肥；鱼

粉，稳定的；蓖麻籽/蓖麻片/蓖麻粉/蓖麻油渣；车辆，以易燃气体或易燃液体驱动的车辆；以电池为动力的设备或车辆；化学物品箱或急救箱；熏蒸过的货物运输装置；仪器或机器中的危险品；废弃包装，空的，未清洗的；内燃发动机或内燃机器；日用消费品。

3. 第 9 类危险品描述和举例

第 9 类危险品描述和举例见表 2-14。

表 2-14　第 9 类危险品描述和举例

危险性标签	名称/项别 货运 IMP 代码	描述	举例
	第 9 类 杂项危险物质和物品，包括危害环境的物质 RMD	在空运过程中存在的危险性不属于其他类别的任何物质	石棉、大蒜油、救生筏、内燃机、车辆、电动轮椅、航空救生器材等
	干冰 ICE	温度为-79℃的固体二氧化碳/干冰。升华时可在封闭的空间放出大量比空气重的二氧化碳气体引起窒息	冰、冷冻蔬菜、冰盒、冰激凌等
	聚合物颗粒 RSB	充满易燃气体或液体，可能放出少量易燃气体	半成品聚合物材料，如聚氯乙烯颗粒
	磁性物质 MAG	这些物质产生很强的磁场	磁电管、未屏蔽的永磁体、钕铁硼
	锂电池 RLI/RLM RBI/RBM ELI/ELM	锂电池可能在运输过程中构成严重风险，使用、搬运、包装、存储不当、过充电或存在缺陷可能导致电池过热，引起爆炸和燃烧	锂离子电池和锂金属电池

十一、多重危险性物质和物品的分类

某物质或物品具体名称在危险品表中未列出具体名称并且具有两重危险性，应按如下规则确定主要危险性。

1. 主次顺序

当两种危险性出现第 3 类、第 4 类、第 8 类及 5.1 项、6.1 项内或划分为含有危险品的物品时，必须使用《危险品规则》3.10.A 表（见表 2-15）确定主次危险性。在表中行列交叉处是主要危险性的类或项，其余的类或项为次要危险性。

行列交叉处在主要危险性对应的位置上，同时列出了该物质正确的包装等级（两种危险性中最严格的包装等级来作为该危险品的包装等级）。

在危险品表中未列出具体名称而又具有三种或三种以上危险性的物质，需要参照始发国主管当局的意见。

表 2-15 第 3、4、8 类及 5.1 项、6.1 项危险性和包装等级主次顺序表

Class or Division	Packing Group	4.2 II	4.2 III	4.3 I	4.3 II	4.3 III	5.1 I	5.1 II	5.1 III	6.1 (d) II	6.1 (o) II	6.1 II	6.1 III	8 (l)	8 (s)	8 (l)	8 (s)	8 (l)	8 (s)
3	I*			4.3,I	4.3,I	4.3,I	–	–	–	3,I	3,I	3,I	3,I	3,I	–	3,I	–	3,I	–
3	II*			4.3,I	4.3,II	4.3,II	–	–	–	3,I	3,I	3,II	3,II	8,I	–	3,II	–	3,II	–
3	III*			4.3,I	4.3,II	4.3,III	–	–	–	6.1,I	6.1,I	6.1,II	3,III**	8,I	–	8,II	–	3,III	–
4.1	II*	4.2,II	4.2,II	4.3,I	4.3,II	4.3,II	5.1,I	4.1,II	4.1,II	6.1,I	6.1,I	4.1,II	4.1,II	–	8,I	–	4.1,II	–	4.1,II
4.1	III*	4.2,II	4.2,III	4.3,I	4.3,II	4.3,III	5.1,I	4.1,II	4.1,III	6.1,I	6.1,I	6.1,II	4.1,III	8,I	–	8,II	–	4.1,III	
4.2	II			4.3,I	4.3,II	4.3,II	5.1,I	4.2,II	4.2,II	6.1,I	6.1,I	4.2,II	4.2,II	8,I	8,I	4.2,II	4.2,II	4.2,II	4.2,II
4.2	III			4.3,I	4.3,II	4.3,III	5.1,I	5.1,II	4.2,III	6.1,I	6.1,I	4.2,II	4.2,III	8,I	8,II	4.2,III	4.2,III	4.2,III	4.2,III
4.3	I						5.1,I	4.3,I	4.3,I	6.1,I	4.3,I	4.3,I	4.3,I	4.3,I	4.3,I	4.3,I	4.3,I	4.3,I	4.3,I
4.3	II						5.1,I	4.3,II	4.3,II	6.1,I	4.3,I	4.3,II	4.3,II	4.3,I	4.3,II	4.3,II	4.3,II	4.3,II	
4.3	III						5.1,I	5.1,II	4.3,III	6.1,I	6.1,I	4.3,II	4.3,III	8,I	8,II	4.3,III	4.3,III		
5.1	I									5.1,I	5.1,I	5.1,I	5.1,I	5.1,I	5.1,I	5.1,I	5.1,I	5.1,I	5.1,I
5.1	II									5.1,I	5.1,I	5.1,II	5.1,II	5.1,I	5.1,I	5.1,II	5.1,II	5.1,I	5.1,I
5.1	III									6.1,I	6.1,I	6.1,I	5.1,III	8,I	8,I	8,II	8,II	5.1,III	5.1,III
6.1 (d)	I													8,I	6.1,I	6.1,I	6.1,I	6.1,I	6.1,I
6.1 (o)	I													8,I	6.1,I	6.1,I	6.1,I	6.1,I	6.1,I
6.1 (i)	II													8,I	6.1,I	6.1,II	6.1,II	6.1,II	6.1,II
6.1 (d)	II													8,I	6.1,I	8,II	6.1,II	6.1,II	6.1,I
6.1 (o)	II													8,I	8,I	8,II	6.1,II	6.1,II	6.1,I
6.1	III													8,I	8,I	8,II	8,II	8,III	8,III

(l) 代表液体　(s) 代表固体　(i) 代表吸入　(d) 代表皮肤接触　(o) 代表口服　–代表不可能的组合

*代表自身反应物质和减敏的固态爆炸品以外的 4.1 项物质以及减敏的液态爆炸品以外的第 3 类物质。

**代表对于农药,主要危险性必须是 6.1 项

　　例　某物质具有第 3 类Ⅱ级和 6.1 项Ⅲ级的双重危险性。确定主次要危险性及包装等级。

　　在表 2-16 中找到第 2 行,即第 3 类Ⅱ级那一行,和 6.1 项Ⅲ级的那一列,交叉点标示为"3,Ⅱ"也就是说主要危险性是第 3 类,次要危险性是 6.1 项,需要使用的包装等级为Ⅱ。

表 2-16 危险性和包装等级主次顺序表

Class or Division	Packing Group	4.2 II	4.2 III	4.3 I	4.3 II	4.3 III	5.1 I	5.1 II	5.1 III	6.1 (d) II	6.1 (o) II	6.1 II	6.1 III	8 (l)	8 (s)	8 (l)	8 (s)	8 (l)	8 (s)
3	I*			4.3,I	4.3,I	4.3,I	–	–	–	3,I	3,I	3,I	3,I	3,I	–	3,I	–	3,I	–
3	II*			4.3,I	4.3,II	4.3,II	–	–	–	3,I	3,I	3,II	3,II	8,I	–	3,II	–	3,II	–
3	III*			4.3,I	4.3,II	4.3,III	–	–	–	6.1,I	6.1,I	6.1,II	3,III**	8,I	–	8,II	–	3,III	–
4.1	II*	4.2,II	4.2,II	4.3,I	4.3,II	4.3,II	5.1,I	4.1,II	4.1,II	6.1,I	6.1,I	4.1,II	4.1,II	–	8,I	–	4.1,II	–	4.1,II
4.1	III*	4.2,II	4.2,III	4.3,I	4.3,II	4.3,III	5.1,I	4.1,II	4.1,III	6.1,I	6.1,I	6.1,II	4.1,III	8,I	–	8,II	–	4.1,III	
4.2	II			4.3,I	4.3,II	4.3,II	5.1,I	4.2,II	4.2,II	6.1,I	6.1,I	4.2,II	4.2,II	8,I	8,I	4.2,II	4.2,II	4.2,II	4.2,II
4.2	III			4.3,I	4.3,II	4.3,III	5.1,I	5.1,II	4.2,III	6.1,I	6.1,I	4.2,II	4.2,III	8,I	8,II	4.2,III	4.2,III	4.2,III	4.2,III
4.3	I						5.1,I	4.3,I	4.3,I	6.1,I	4.3,I	4.3,I	4.3,I	4.3,I	4.3,I	4.3,I	4.3,I	4.3,I	4.3,I
4.3	II						5.1,I	4.3,II	4.3,II	6.1,I	4.3,I	4.3,II	4.3,II	4.3,I	4.3,II	4.3,II	4.3,II	4.3,II	
4.3	III						5.1,I	5.1,II	4.3,III	6.1,I	6.1,I	4.3,II	4.3,III	8,I	8,II	4.3,III	4.3,III		
5.1	I									5.1,I	5.1,I	5.1,I	5.1,I	5.1,I	5.1,I	5.1,I	5.1,I	5.1,I	5.1,I
5.1	II									5.1,I	5.1,I	5.1,II	5.1,II	5.1,I	5.1,I	5.1,II	5.1,II	5.1,I	5.1,I
5.1	III									6.1,I	6.1,I	6.1,I	5.1,III	8,I	8,I	8,II	8,II	5.1,III	5.1,III
6.1 (d)	I													8,I	6.1,I	6.1,I	6.1,I	6.1,I	6.1,I
6.1 (o)	I													8,I	6.1,I	6.1,I	6.1,I	6.1,I	6.1,I
6.1 (i)	II													8,I	6.1,I	6.1,II	6.1,II	6.1,II	6.1,II
6.1 (d)	II													8,I	6.1,I	8,II	6.1,II	6.1,II	6.1,I
6.1 (o)	II													8,I	8,I	8,II	6.1,II	6.1,II	6.1,I
6.1	III													8,I	8,I	8,II	8,II	8,III	8,III

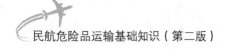

2. 例外

具有多重危险性的物品或物质，如果其中一种危险性符合下列各类、项或特殊危险类型的标准，则这些类或项永远作为主要危险性。

（1）第 1 类、第 2 类、第 7 类。

（2）5.2 项和 6.2 项。

（3）4.1 项自身反应物质及其相关物质、固态减敏爆炸品。

（4）4.2 项的发火物质。

（5）具有吸入毒性包装等级 I 级的 6.1 项物质。符合第 8 类标准，其吸入粉尘或烟雾毒性达到包装等级 I 级标准，但口服或皮肤接触毒性仅为包装等级 III 级或未达到包装等级 III 级标准的物质或制剂除外。这类物质或制剂必须归入第 8 类。

（6）第 3 类减敏的液态爆炸品。

3. 放射性物品

具有其他危险性的放射性物质必须划为第 7 类危险品，并且必须标明它的最大其他危险性，还必须考虑放射性物质与空气或水反应生成其他危险性产物的可能性。放射性物质例外包装件的其他危险性为主要危险性的情况除外。

4. 磁性物质

符合磁性材料标准的物品划为磁性物质，要根据 DGR 进行识别。

5. 感染性物质

具有其他危险性的感染性物质必须划为第 6.2 项，并且应识别此物质的最大其他危险性。

第二节　危险品识别

危险品是通过联合国编号和运输专用名称进行识别。

在航空运输中，只有正确地对危险品进行分类、识别，才能确定如何对其进行包装、加标记、贴标签和填制危险品航空运输文件，才能在各个环节中正确、完全地执行《民用航空危险品运输管理规定》《技术细则》以及《危险品规则》等相关规定和要求，以保证危险品安全运输。

一、名词解释

1. 运输专用名称

运输专用名称是指在所有运输文件和通告中，以及必要时在包装上使用的，说明某一物品或物质的名称。

也就是说，运输专用名称是在包装件外表面、托运人危险品申报单以及机长通知单上，用来识别危险性物品或物质的标准名称。

2．技术名称

技术名称是指在科学技术手册、杂志和教科书中目前使用的公认的化学名称、生物名称或其他名称，不得使用商业名称。

关于农药的技术名称，只能使用国际标准化组织的通用名称、《世界卫生组织建议的农药按危险性的分类和分类准则》中的其他名称或者有效成分物质的名称。

3．UN 编号

为识别某一物品/物质或特定一组物品或物质，由联合国危险品运输专家委员会、化学品分类和标签全球统一制度指定的四位数编号。例如 UN3480、UN3481、UN3090、UN3477 等。在文件、包装件上使用，前缀 UN 必须始终与此编号结合使用。

4．ID 编号

在危险品表中尚无联合国编号条目的一种临时的识别编号。

某物质或物品没有赋予 UN 编号时，在 8000 系列中酌情赋予了临时识别代码，在数字前加前缀"ID"，例如 ID8000，ID8001。

如果某物质属于在任何情况下均禁止运输的危险品，则没有被赋予其数字编号。

二、危险品表

1．概述

危险品表可以作为反复核查任何有关信息的资料来源，是托运人填写危险品申报单（DGD）及承运人收运检查、填写机长通知单（NOTOC）的重要依据。

危险品识别部分重点是根据危险品的危险性和组成成分，确定危险品的 UN 编号和运输专用名称。通常情况下，可以直接在危险品表查阅其详细信息。危险品表列出大约3000 多种物质和物品，它们大多数情况下是可以航空运输的，也列出一些禁止运输或限制运输的物质和物品。

危险品表的目的是消除危险或使危险降低到最低，在危险品表中列入了常见的运输、存储、经销及相关活动的危险品，但不可能列出全部的危险品，所以还使用了一些"类属"或"未另列明的"条目，以便于根据危险性进行选择和使用。"n．o．s"（not otherwise specified-未另有说明）是一个术语，用来描述此类危险品的泛指名称。

例如，Toxic liquid, organic, n. o. s. ★，指的是具有有机毒性物质性质的危险品。

Alcohols, n. o. s. ★，指的是酒精类属的危险品。

两种易燃液体的混合物，可以归为 UN 1993, Flammable Liquid, n. o. s. ★

在类属或 n. o. s. 运输专用名称后标有"★"时，必须在运输专用名称后面的括号内列入该物质的技术名称或化学名称。

2．危险品表各栏内容

危险品表是按照 B 栏中的英文字母排列顺序排列的，表中包括 UN 或 ID 编号、运输专用名称、类/项别、危险性标签、包装等级、包装说明及在客/货机运输的数量限制、特殊规定和应急响应代码等 14 栏内容。节选 DGR4.2 表第一页内容，如图 2.3 所示。

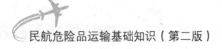

为便于学员学习和理解危险品表内容，节选 DGR4.2 表部分内容，列入本教材附录 A。

4.2 List of Dangerous Goods

UN/ ID no.	Proper Shipping Name/Description	Class or Div. (Sub Hazard)	Hazard Label(s)	PG	EQ see 2.6	Passenger and Cargo Aircraft Ltd Qty				Cargo Aircraft Only		S.P. see 4.4	ERG Code
						Pkg Inst	Max Net Qty/Pkg	Pkg Inst	Max Net Qty/Pkg	Pkg Inst	Max Net Qty/Pkg		
A	B	C	D	E	F	G	H	I	J	K	L	M	N
	Accellerene, see p-Nitrosodimethylaniline (UN 1369)												
	Accumulators, electric, see Batteries, wet, filled with acid † (UN 2794) or Batteries, wet, filled with alkali † (UN 2795) or Batteries, wet, non-spillable † (UN 2800)												
	Accumulators, pressurized, hydraulic (containing non-flammable gas), see Articles, pressurized, hydraulic (UN 3164)												
	Accumulators, pressurized, pneumatic (containing non-flammable gas), see Articles, pressurized, pneumatic (UN 3164)												
1088	Acetal	3	Flamm. liquid	II	E2	Y341	1 L	353	5 L	364	60 L		3H
1089	Acetaldehyde	3	Flamm. liquid	I	E0	Forbidden		Forbidden		361	30 L	A1	3H
1841	Acetaldehyde ammonia	9	Miscellaneous	III	E1	Forbidden		956	200 kg	956	200 kg		9L
2332	Acetaldehyde oxime	3	Flamm. liquid	III	E1	Y344	10 L	355	60 L	366	220 L		3L
2789	Acetic acid, glacial	8 (3)	Corrosive & Flamm. liquid	II	E2	Y840	0.5 L	851	1 L	855	30 L		8F
2790	Acetic acid solution more than 10% but less than 50% acid, by weight	8	Corrosive	III	E1	Y841	1 L	852	5 L	856	60 L	A803	8L
2789	Acetic acid solution more than 80% acid, by weight	8 (3)	Corrosive & Flamm. liquid	II	E2	Y840	0.5 L	851	1 L	855	30 L		8F
2790	Acetic acid solution not less than 50% but not more than 80% acid, by weight	8	Corrosive	II	E2	Y840	0.5 L	851	1 L	855	30 L		8L
1715	Acetic anhydride	8 (3)	Corrosive & Flamm. liquid	II	E2	Y840	0.5 L	851	1 L	855	30 L		8F
	Acetic oxide, see Acetic anhydride (UN 1715)												
	Acetoin, see Acetyl methyl carbinol (UN 2621)												
1090	Acetone	3	Flamm. liquid	II	E2	Y341	1 L	353	5 L	364	60 L		3H
1541	Acetone cyanohydrin, stabilized	6.1				Forbidden		Forbidden		Forbidden		A2	6L
1091	Acetone oils	3	Flamm. liquid	II	E2	Y341	1 L	353	5 L	364	60 L		3L
1648	Acetonitrile	3	Flamm. liquid	II	E2	Y341	1 L	353	5 L	364	60 L		3L
1716	Acetyl bromide	8	Corrosive	II	E2	Y840	0.5 L	851	1 L	855	30 L		8L
1717	Acetyl chloride	3 (8)	Flamm. liquid & Corrosive	II	E2	Y340	0.5 L	352	1 L	363	5 L		3C
	Acetyl cyclohexanesulphonyl peroxide, more than 82%, wetted with less than 12% water					Forbidden		Forbidden		Forbidden			
	Acetylene dichloride, see 1,2-Dichloroethylene (UN 1150)												
1001	Acetylene, dissolved	2.1	Flamm. gas		E0	Forbidden		Forbidden		200	15 kg	A1	10L
	Acetylene (liquefied)					Forbidden		Forbidden		Forbidden			
	Acetylene silver nitrate					Forbidden		Forbidden		Forbidden			
3374	Acetylene, solvent free	2.1	Flamm. gas		E0	Forbidden		Forbidden		200	15 kg	A1	10L
	Acetylene tetrabromide, see Tetrabromoethane (UN 2504)												

图 2.3 危险品表节选内容

对应图 2.3 危险品表，各栏内容见表 2-17。

表 2-17 危险品表各栏内容对照表

栏	英文	中文
A	UN (United Nations) or ID (Identification) Number	联合国或临时识别编号
B	Proper Shipping Name/Description	运输专用名称/描述
C	Class or Division (Subsidiary) Risk	类别或项别（次要危险性）
D	Hazard Lables	危险性标签
E	Packing Group	包装等级
F	Excepted Quantity Code	例外数量危险品代码
G	Limited Quantities Packing Instruction	有限数量危险品包装说明
H	Maximum Net Quantity per package for Limited Quantities, Passenger and Cargo Aircraft	客货机，有限数量危险品，每个包装件允许的最大净数量
I	Packing Instruction, Passenger and Cargo Aircraft	客货机，包装说明
J	Maximum Net Quantity per package, Passenger and Cargo Aircraft	客货机，每个包装件允许的最大净数量
K	Packing Instruction, Cargo Aircraft Only	仅限货机，包装说明
L	Maximum Net Quantity per package, Cargo Aircraft Only	仅限货机，每个包装件允许的最大净数量
M	Special Provision	特殊规定
N	Emergency Response drill Code (ERG)	应急响应代码

第 H、J 和 L 栏所示的数量限制只适用于一个包装件中的数量，而不适用于一票货物或一架飞机中的数量。飞机上允许的包装数量不受限制，除非在《危险品规则》中指定，或受到国家或承运人的限制。

如果已知 UN 或 ID 号，则可以使用危险品编号对照表查找运输专用名称。危险品编号对照表，是按照 UN/ID 编号数字先后顺序排列，可由其查阅到在危险品表中对应的页码。例如图 2.4 所示，危险品编号对照表中 UN0004，在 231 页的危险品表中查到其信息。同样，UN0066，可在 261 页的危险品表中查阅到其信息。

4.3 Numerical "Cross-Reference" List of Dangerous Goods

UN or ID No.	Name and Description	Page No.
0004	Ammonium picrate dry or wetted with less than 10% water, by weight	231
0005	Cartridges for weapons † with bursting charge	251
0006	Cartridges for weapons † with bursting charge	251
0007	Cartridges for weapons † with bursting charge	251
0050	Cartridges, flash †	251
0054	Cartridges, signal †	251
0055	Cases, cartridge, empty, with primer †	252
0056	Charges, depth †	253
0059	Charges, shaped † without detonator	253
0060	Charges, supplementary, explosive †	254
0065	Cord, detonating, † flexible	261
0066	Cord, igniter †	261
0070	Cutters, cable, explosive †	263
0072	Cyclonite, wetted with not less than 15% water, by weight	265

图 2.24 危险品编号对照表

危险品表第 N 列提供了与国际民用航空组织（ICAO）文件《与危险物品有关的航空器事故征候应急响应指南》中相对应的应急响应代码。应急响应代码由 1~12 个数字，加上一个或两个字母组成。应急响应代码提供给机组成员，用于处理在飞行中出现危险品事故或事故症候时的应急处置程序。

许多承运人的机长通知单（NOTOC）上都有应急响应代码（ERG 代码）一栏，承运人或其地面代理需要将应急响应代码填写在机长通知单上。需要注意，在危险品表中查阅应急响应代码时，包装等级不同，对应的应急响应代码也可能不同。

如图 2.5 所示，UN1993，有 3 个包装等级，包装等级 Ⅰ 和 Ⅱ 级，对应的应急响应代码均为 3H；包装等级 Ⅲ 级，对应的应急措施代码为 3L。

1993	Flammable liquid, n.o.s. ★	3	Flamm. liquid	I	E3	Forbidden	351	1 L	361	30 L	A3	3H
				II	E2	Y341	1 L	353	5 L	364	60 L		3H
				III	E1	Y344	10 L	355	60 L	366	220 L		3L

图 2.5 危险品表节选（应急响应代码）

3. 危险品运输信息

在危险品表中，列出了 5 种货物运输信息，如图 2.6 所示。

第一种情况，在任何情况下均属于禁止运输的危险品。

如 B 栏的 Sucrose octanitrate（dry），浅体字，在 G~L 栏为 "Forbidden"（禁运）。

需要说明的是，并非所有符合该说明的危险品都列入了危险品表内。

第二种情况，经豁免才可运输的危险品。

UN0484，有运输专用名称，在 G~L 栏为 "Forbidden"（禁运）。

第三种情况，经批准才可运输的危险品。

如 UN1828，客机上禁止运输，只有当经主管当局按照 A1 要求批准后才可在客机上运输。

Sulphur dioxide，2.3 项毒性气体为主要危险性，第 8 类腐蚀性物质为次要危险性。客货机上禁止运输。如果要运输的话，按照特殊规定 A2，事先获得货物始发站和承运人所在国家的批准，才可以在仅限货机上运输。

第四种情况，客货机可以运输的危险品。

例如 UN2967，客货机均可运输。UN1828，只能仅限货机运输。

第五种情况，非限制性物品。

当 "Not Restricted"（非限制性）这一词出现在 G~L 栏时，表示此物品不受危险品运输限制。有的条目可能需要符合特殊规定才可以按照非限制物品运输。例如干电池，如果符合 A123 要求，就可以按照非限制物品运输。

UN/ID no.	Proper Shipping Name/Description	Class or Div. (Sub Hazard)	Hazard Label(s)	PG	EQ see 2.6	Passenger and Cargo Aircraft Ltd Qty		Passenger and Cargo Aircraft		Cargo Aircraft Only		S.P. see 4.4	ERG Code
						Pkg Inst	Max Net Qty/Pkg	Pkg Inst	Max Net Qty/Pkg	Pkg Inst	Max Net Qty/Pkg		
A	B	C	D	E	F	G	H	I	J	K	L	M	N
2779	Substituted nitrophenol pesticide, solid, toxic ★	6.1	Toxic	I	E5	Forbidden		666	5 kg	673	50 kg	A3	6L
				II	E4	Y644	1 kg	669	25 kg	676	100 kg	A5	6L
				III	E1	Y645	10 kg	670	100 kg	677	200 kg		6L
	Sucrose octanitrate (dry)					Forbidden		Forbidden		Forbidden			
2967	Sulphamic acid	8	Corrosive	III	E1	Y845	5 kg	860	25 kg	864	100 kg	A803	8L
1350	Sulphur	4.1	Flamm. solid	III	E1	Y443	10 kg	446	25 kg	449	100 kg	A105 A803	3L
1828	Sulphur chlorides	8	Corrosive	I	E0	Forbidden		Forbidden		854	2.5 L	A1	8W
	Sulphur dichloride, see **Sulphur chlorides** (UN 1828)												
1079	Sulphur dioxide	2.3 (8)				Forbidden		Forbidden		Forbidden		A2	2CP
	Sulphur dioxide solution, see **Sulphurous acid** (UN 1833)												
	Sulphuretted hydrogen, see **Hydrogen sulphide** (UN 1053)												
1784	Hexyltrichlorosilane	8	Corrosive	II	E0	Forbidden		Forbidden		876	30 L	A1	8L
	High explosives, see individual explosives' entries												
0484	HMX, desensitized	1.1D				Forbidden		Forbidden		Forbidden			1L
	HMX (dry or unphlegmatized)					Forbidden		Forbidden		Forbidden			
0226	HMX, wetted with not less than 15% water, by weight	1.1D				Forbidden		Forbidden		Forbidden			1L
	Barium sulphate					Not Restricted		Not Restricted		Not Restricted			
	Barium superoxide, see **Barium peroxide** (UN 1449)												
3292	Batteries, containing sodium †	4.3	Dang. when wet		E0	Forbidden		Forbidden		492	No limit	A94 A183	4W
	Batteries, dry †					Not Restricted		Not Restricted		Not Restricted		A123	

图 2.6 危险品表节选

三、特殊规定

危险品表 M 栏内，某些危险品还列出了特殊规定。特殊规定是以一个、两个、三个数字前冠以字母"A"表示。特殊规定适用于有关条目的所有包装等级，除非其措辞表明不同的情况。

作为非危险品收运人员，有必要了解满足特殊规定哪些条件时，可以作为非限制性物品运输。主要摘录见表 2-18。

表 2-18 作为非限制性物品的特殊规定

特殊规定编号	主要内容
A3	某物质的化学或物理性质，如果在测试时，不符合 C 栏列出的类别、项别或其他任何类别、项别的定义标准，则该物质不受本规则限制

特殊规定编号	主要内容
A9	以体积计酒精含量未超过70%，盛装于不超过5L的容器内，并按货物托运时，不受本规则限制
A10	该物质的含硅量在30%以下或不低于90%时不受本规则限制
A11	这些物质如溶度低于50 mg/kg（ppm）则不受本规则限制
A12	以总重计，砷含量不超过0.5%的硫化锑和氧化物不受本规则限制
A13	氰化铁和氰化亚铁不受本规则限制
A15	这些物质含镁量不超过50%时，不受本规则限制
A16	该物质含不超过4%的氢氧化钠时，不受本规则限制
A18	硫化汞不受本规则限制
A26	制冷机器包括为使食物或其他物品低温保存箱而设计的空调机或其他机器。如果其中含有2.2项气体少于12 kg或氨溶液（UN2672）少于12 L，则此类制冷机器或部件不受本规则限制
A28	不符合5.1项划分标准的二氯异氰尿酸的二水合物钠盐不受本规则限制，除非符合其他类、项的划分标准
A29	对一溴代苄基氰不受本规则限制
A31	经充分热处理，在运输中不出现危险性的产品，不受本规则限制
A32	装于车辆、船舶或飞机中或部件（如驾驶杆、门板、座椅等）电驱动安全装置和爆破驱动安全装置等不会意外启动的物品，当作为货物运输时不受本规则约束。当使用航空货运单时，在航空货运单上应按8.2.6要求，在说明货物性质时注明"Not Restricted（不受限制）"字样及特殊规定号
A35	满足下列条件时，该物质不受本规则限制：机械方法生产，粒径大于53 μm；或，化学方法生产，粒径大于840 μm
A42	铁含量不低于10%，稳定耐腐蚀的铁铈合金（打火机的燧石）不受本规则限制
A46	由易燃液体与不受本规则限制的固体组成的混合物可按本条目运输，先不必应用4.1项的分项标准，但前提是使用通过防漏测试的II级单一包装，且在包装时无可见的游离液体。小型内包装的包装不受本规则限制
A53	有涂层的该物质不受本规则限制
A54	该物质处于其他任何状态时均不受本规则限制
A55	用溶剂提取过油的豆粉，如含油量1.5%以下，含水量11%以下，并且基本不含易燃溶剂，不受本规则限制
A58	含醇类24%以下（按体积计）的水溶液不受本规则限制
A59	轮胎组件如满足下列条件不受本规则限制。(a)不可用的或损坏的轮胎组件，轮胎泄压到20℃表压低于200 kPa；或，(b)可用轮胎组件，轮胎充气未超过最大额定压力。但在运输过程中必须防止这些轮胎（包括阀门组件）损坏，可以使用保护罩
A60	本条目只适用于自加速分解温度高于75℃的工业纯物质或其配制品。不适用于自反应物质的配制品。除非满足其他类和项的标准，否则含偶氮碳酰胺不超过35%（按质量计），且含惰性物质不低于65%的同质混合物不受本规则限制

续表

特殊规定编号	主要内容
A61	侵没或固定在天然或人造黏合剂（如水泥、塑料、沥青、树脂或矿石）中的石棉，在运输过程中不会有危险数量的可吸入石棉纤维逸出，则不受本规则限制。然而，含有石棉但不达到上述要求的制成品，若其包装能做到在运输过程中不会有危险数量的可吸入石棉纤维逸出，则同样不受本规则限制
A69	下列情况在作为货物托运时不受本规则限制：（a）除了灯具外的物品，如温度计、开关和继电器的制品，单件含水银的总量不超过 15 g，如果为机器或装置的一个组成部分，并且在运输的正常不可能发生震动或冲击损坏导致水银泄漏。（b）除了灯具，单个含汞、镓或惰性气体不超过 100 mg 的物品，包装后每一包装件的汞、镓或惰性气体的总含量在 1 g 以下。当使用航空货运单时，在航空货运单上应按 8.2.6 要求，注明"Not Restricted（不受限制）"字样及特殊规定号
A70	内燃发动机或燃料电池发动机或机器，无论是单独运输还是装入一个车辆、机器或其他装置内运输，并且没有电池和其他危险品，作为货物或行李运输时，则不受本规则限制，但须满足以下条件：（1）易燃液体作动力的发动机：（a）发动机用不符合任何类、项分类标准的燃料驱动；或（b）车辆、机器或其他设备的燃料箱从没装过燃料或燃料箱已被清洗、清除蒸气以及采用适当措施消除危害；（c）托运人向承运人提供书面或电子文件，说明已经遵循了冲洗和清洗程序；并且（d）整个燃油系统的发动机没有符合本规则限制的游离液体，并且所有燃料管线是密封或加盖或牢固地连接到车辆、机器或设备上。（2）易燃气体作动力的内燃机或燃料电池发动机：（a）整个燃油系统必须勤洗、清除蒸气并充满不易燃气体或液体以消除危害；（b）用于填充系统的非易燃气体再 20℃时，最终压力不超过 200 kPa；（c）托运人与承运人事先安排；并且（d）托运人向承运人提供书面或电子文件，声明已遵守所有的排空燃气及充装要求，已经对发动机进行过测试证实不易燃。 多个满足本特殊固定的发动机可装入集装器，前提是与承运人做出预先安排。 当作为货物收运且使用本特殊规定时，在填开航空货运单时应按要求，在货物描述中注明"Not Resitricted（不受限制）"字样及特殊规定号
A71	该物质含碳化钙在 0.1%以下时，不受本规则限制
A82	硫酸钡不受本规则限制
A83	主要成分为复盐（硝酸钙和硝酸铵）的商业级硝酸钙肥料，如果硝酸铵的含量不超过 10%并且结晶水高于 12%，不受本规则限制
A86	在准备制剂时，必须保证其运输中保持均匀，并且不会分离。硝化棉含量低的制剂，如满足下列条件，不受本规则限制。（a）当分别在联合国《试验和标准手册》测试系列 1（a）、2（b）和 2（c）规定的封闭环境下加热，以验测其爆炸、爆燃能力时，它们不显示危险性；和（b）当一句 3.4.1.1.3 或联合国《试验和标准手册》中第Ⅲ部分 3.3.2.1.4 节的 N1 试验检测时，它们不是易燃固体（如必要，碎屑粉碎且筛滤小于 1.25 mm 的颗粒）
A93	发热的物品，如已将其放热成分或能量源拆除，以避免在运输中发生意外，则不受本规则限制。当使用航空货运时，在航空货运单上按 8.2.6 要求，注明"Not Restriced（不受限制）"字样及特殊规定号
A98	装入容量不超过 50 ml 的小型储气瓶或容器中的气溶胶，如其中不包含 2.2 项以外受本规则限制的成分，当作为货物运输时不受本规则限制，除非它们释放的气体有可能使机组人员感到很烦恼或不舒服，致使其不能正确地执行任务。当使用航空货运单时，在航空货运单上按 8.2.6 要求，注明"Not Restricted（不受限制）"字样及特殊规定号
A103	易燃液化气体必须封装在制冷机部件内。这些部件必须通过设计和试验手段保证其至少能承受制冷机工作压强三倍压力。制冷机地设计和制造必须能够盛装液化气体并使承压部件在正常运输条件下不会有爆开或破裂的危险。制冷机及其部件如果含易燃、无毒、液化气体低于 100 g，则不受本规则限制

特殊规定编号	主要内容
A105	硫黄，当它以特殊的状态存在，如粗颗粒状、细颗粒状、团状、锭状或片状，不受本规则限制
A110	含有 30% 以上的非挥发性、非易燃的黏液质剂的此类物质的制剂不受本规则限制
A114	欲作为减震装置的包含气体的物品，包括其撞击缓冲设备或气动弹簧，只要满足下列条件不受本规则限制。(a) 每件物品的气隙容积不超过 1.6 L，充气压力不超过 280 bar，气隙容积和充气压力的乘积不超过 80；(b) 对于不超过 0.5 L 气隙容积的产品，每件物品的最小爆裂压力是它在 20℃ 的充气压力的 4 倍，对于超过 0.5 L 气隙容积的产品，它的最小爆裂压力是它的充气压力的 5 倍；(c) 物品的制造材质破裂时不会变成碎片；(d) 每件物品必须按照国家有关当局认可的质量保证标准制造；(e) 其设计类型经灼烧试验证明：物品可通过火灼分解型密封装置或其他释压装置释放压力，因此不会破裂，也不会抛射出去
A117	曾含有感染性物质但已消毒的废弃物可不受本规则限制
A122	该条目包括的硝化棉膜过滤器，每件重量不超过 0.5 g，如果每一件单独装于另一物品或密封袋中，则不受本规则限制
A129	假若硝酸铵在一切运输条件下都在溶液中，含可燃物质不超过 0.2%，浓度不超过 80% 的硝酸铵水溶液，当作为货物运输时，不受本规则限制
A145	禁止运输废弃的气溶胶、废弃的蓄气筒和废弃的装气体的小型容器。充满 2.2 项气体的和已被穿孔的废弃的蓄气筒和废弃的装气体的小型容器不受本规则限制
A152	符合包装说明 202 的含液氮的绝热包装，如内含冷冻液氮且液氮完全吸收在孔状材料中，则不受本规则限制，但前提是该隔热包装的设计不会导致容器内部压力升高，且在以任何方向放置时，都不会泄漏冷冻液态氮
A155	六水合硝酸镁不受本规则限制
A158	不受本规则限制的固体的混合物以及对环境有害的液体或固体必须分类为 UN3077 和 UN3082，而且可在这一条目下运输，条件是在装载物质时，包装封盖时没有可见的自由液体。含 10 ml 以下环境有害液体的密封小包装，已将液体吸到固体材料中，而且在包装件或物品中无自由液体，或含有 10 g 以下对环境有害的固体，则不受本规则限制
A186	储存能量容量不超过 0.3 Wh 的双电层电容器，不受本规则的限制。具体见 DGR 特殊规定
A189	含甲醛小于 10% 的溶液不受本规则限制
A196	额定能量不超过 0.3 Wh 的非对称电容器，不受本规则限制。具体见 DGR 特殊规定
A198	当干草、秸秆和沙草不湿、不潮、不沾油时，不受本规则限制
A199	UN3496 仅适用于海运。具有潜在放热危险性的镍氢电池或镍氢电池驱动的装置、设备或交通工具，不受本规则限制。但要避免：(1) 短路（例如，在使用电池的情况下，通过显示终端的有效绝缘；或者，在使用设备的情况下，通过电池的断开和保护显示终端。）(2) 意外启动
A205	赛璐珞材质的乒乓球，如每个乒乓球的净重不超过 3.0 g，且每个包装件中所有乒乓球的总净质量不超过 500 g，则不受本规则限制

续表

特殊规定编号	主要内容
A178	外交公文包、现金箱、现金袋一类的保密性设备,其中装有锂电池、蓄气筒和/或烟火物质等危险品,如果该设备符合以下条件,则不受本规则限制: (1) 设备必须配备防止发生意外启动的有效装置。 (2) 如果设备含有爆炸性物质或烟火物质或爆炸物品,制造国有关当局必须按照规定,将该物品或物质排除在第 1 类之外。 (3) 如果设备含有锂电池芯或锂电池,这些电池芯和电池必须遵守的限制:锂金属电池芯,锂含量不得超过 1 g;锂金属或锂合金电池,锂含量不超过 2 g;锂离子电池芯,额定能量不超过 20 Wh;锂离子电池,额定能量不超过 100 Wh;每一电池芯或电池所属类型,必须符合联合国《试验与标准手册》第Ⅲ部分 38.3 规定的每项试验的要求。 如果设备含有喷涂燃料或油墨的气体,只允许使用容量不超过 50 ml 的蓄气筒和小型气体容器,且除了 2.2 项气体之外不装有任何受本规则限制的成分。气体的释放不得对机组人员造成极度干扰或不适,防止其正常履行所分派的职责。在发生意外启动的情况下,所有无线效应都必须局限在设备内部,并不得产生极度噪音。 禁止运输有缺陷或受到损坏的保密性设备。 使用航空货运单时,在货运单必须注明 "not restricted(不受限制)" 和特殊规定 A178
A180	非感染性标本,例如哺乳动物、鸟类、两栖动物、爬行动物、鱼类、昆虫和其他无脊椎动物的标本,含有少量 UN1170、UN1198、UN1987、UN1219,如果满足以下包装和标记要求,则不受本规则限制。 标本。用沾有酒精或酒精溶液的纸巾包好,然后放在热塑封的塑料袋中。袋中的游离液体不得超过 30 ml;或,放入小瓶或其他硬质容器中,酒精或酒精溶液的含量不超过 30 ml。 将准备好的标本放到一个塑料袋中,然后热封; 随后将标本袋放入到另一个带有吸附材料的塑料袋中,然后热封; 将包装完毕的袋子放入带有适当衬垫材料的坚固外包装内; 每个外包装所含的易燃液体总量不得超过 1 L。 完成包装件必须标明 "科研标本,不受限制,适用特殊规定 A180"。 在使用货运单时,在货运单上标明 "不受限制" 的字样和特殊规定 A180
A220	COVID-19 疫苗包装件中装有含锂电池的数据记录器和/或货物跟踪装置的,不受包装说明 967 或 970 第Ⅱ节(如适用)的标记和文件要求的限制

第三节 危险品包装

包装是危险品安全航空运输的一个必不可少的环节。在危险品运输过程中,由于包装不符合要求发生危险品的渗漏或泄漏时有发生,要使危险品能够安全的运输,就应遵守危险品包装相关要求。

一、相关专业术语

(1) 包装件,非放射性物品包装作业的完整产品,包括包装和准备运输的内装物。

(2) 包装,(非放射性物品)一个或多个容器为发挥容器盛装和其他安全作用所需要的任何其他部件或材料,并确保符合《危险品规则》最低包装要求。

(3) 打包,将物品或物质装入包装内,或封装于包装内,或另外紧固装置里的手段或操作。

（4）内包装，为了运输而需要加外包装的包装。

（5）内容器，需要外包装已完成其盛装功能的容器。无外层包装就无法行使其盛装功能。

（6）外包装，复合包装或组合包装的外层保护，使用任何吸附材料、沉淀及任何其他必要的部件来包容和保护内部容器或内部包装。

（7）单一包装，不需要内包装即能起到其盛装作用的包装。

（8）组合包装，为运输目的，由一个或多个内包装，放置于一个外包装内组成的包装组合体。

（9）复合包装，由一个外包装和一个内容器组成的包装，这种包装经装配后，外包装和内容器便形成一个不可分割的整体。在罐装、存储和运输以及空置时始终为单一的完整装置。复合包装属于单一包装。复合包装的内层包装一般称为内部容器，无外层包装就无法行使其盛装功能。

（10）中间包装，介于内包装和或物品于外包装之间的包装。

（11）中型散装容器，为硬性或柔性可移动包装。在航空运输中只允许盛装 UN3077（环境危害物质，固态）。

二、对危险品包装的一般要求

（1）包装应当构造严密，能够防止在正常的运输条件下由于温度、湿度或压力的变化，或者由于振动而引起渗漏。

（2）包装应当与内装物相适宜，直接与危险品接触的内包装不能与该危险品发生化学反应或其他反应。

（3）包装应当符合相应包装说明中有关材料和构造规格的要求。

（4）包装应当按照《危险品规则》的规定进行测试。

（5）对用于盛装液体的包装，应当承受《危险品规则》中所列明的压力而不渗漏。

（6）内包装应当以防止在正常航空运输条件下发生破损或者渗漏的方式进行包装、固定或者衬垫，以控制其在外包装内的移动。垫衬和吸附材料不得与内装物发生危险反应。

（7）包装应当在检查后证明其未受腐蚀或其他损坏时，方可再次使用。再次使用包装时，应当采取一切必要措施防止随后装入的物质或物品受到污染。

（8）如果由于之前内装物质或物品的性质，未经彻底清洗的空包装可能造成危害时，应当将其严密封闭，并按其构成危害的情况加以处理。

（9）包装件外部不得黏附构成危害数量的危险物质。

三、包装具体要求

1. 包装等级

为了包装的目的，将第 3、4、8、9 类和 5.1、6.1 项危险品，按照危险程度划分为三个包装等级。Ⅰ级包装代表危险性高的物质，Ⅱ级包装代表危险性中等的物质，Ⅲ级包装代表危险性低的物质。

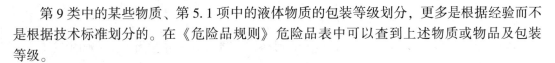

第9类中的某些物质、第5.1项中的液体物质的包装等级划分，更多是根据经验而不是根据技术标准划分的。在《危险品规则》危险品表中可以查到上述物质或物品及包装等级。

2. 包装的质量

危险品必须使用优质包装且强度必须能够达到在正常运输条件下的震动、装卸及移动要求。包装件的结构和封闭性能必须适应正常空运条件下温度、湿度、压力的变化而不致泄漏。包装件（包括内包装及内装物）必须按照生产商提供的信息进行封闭。在运输过程中，包装件外部不能粘有危险数量的危险品残留物。这些规定适用于新包装、再加工包装及再制作包装。

温度变化，是指在国际运输过程中可能遇到的极端温度约为-40℃和55℃。容器或包装的填充可能在低温下进行，然后在热带地区转运，当温度升高时可能会引起液体泄漏、容器或包装排列，除非容器或包装符合规定的压力要求，并在容器或包装内预留适当的空间。

压力变化，由于高度的原因，包装件在飞行中所承受的环境压力低于海平面标准气压，而容器或包装通常在大约100 kPa的标准大气压下灌装，较低的环境压力将导致容器或包装件的内装物与货舱之间产生压差。对于增压的货舱来说，压差可能约为25 kPa；对于未增压或部分增压的货舱来说，压差可能高达75 kPa。在这种飞行过程只需，这一压差可能会引起液体内装物的泄漏，容器或包装的破裂，除非每个容器或包装与其封盖符合包装实验要求。

振动，是指在航空运输中，包装可能受到的振动从7 Hz 5 mm振幅到200 Hz 0.05 mm振幅。

3. 新包装、再次使用的包装或修复的包装

新包装、再次使用的包装或修复的包装必须符合《危险品规则》第六章中的规定，上述包装的制造和检验必须按照国家主管当局认可的质量保证程序进行。每一包装在使用之前，必须进行检查并确保没有腐蚀、污染或其他损坏。对于与批准设计样本相比较出现标准降低的包装，不得继续使用或进行修复。

4. 直接与危险品接触的包装容器

直接与危险品接触的包装容器（包括封闭盖）及包装材料不得与这种物品发生危险化学反应或其他作用。容器的材料不得含有与内装物反应而生成危险性物质或明显削弱容器的物质。由于运输中温度的变化，与内装物发生反应或使用冷冻剂而变软，脆化或渗透性增大的材料（如某些塑料），不准使用。尽管在具体的包装说明中指出了某种包装，但是托运人仍有责任保证这种包装不与内装物品发生各种作用，特别要注意内装物品对包装的腐蚀作用，渗透作用，以及软化、脆化和提前老化的影响。

5. 容器的主体和封闭盖的构造

容器的主体和封闭盖的构造必须能够充分地适应正常运输条件下温度和振动的变化，容器的塞子或其他摩擦型的塞盖必须塞紧，并用可靠的方法进行固定，不会出现封装失误或不严密情况。封闭盖的设计必须容易检查，以便确定是否处于完全密封状态。

6. 盛装液体危险品的容器要求

对于盛装液体的内包装来说，必须采取辅助方法将封口牢固紧闭，把它固定在原位。辅助方法包括胶带、磨砂盖、焊接、封线、封圈、热密封和防止儿童开启的封盖等。如不能使用辅助封装方法时，必须将内包装牢固密封，放置在防漏衬里，然后再放入外包装。

容器充入液体后，内部必须保留充分的空间，以防止容器在运输中因液体遇热膨胀而发生泄漏或出现永久性变形。

7. 内包装的包装、固定或衬垫

内包装的包装、固定或衬垫必须保证在正常运输条件下不致破裂或泄漏或在外包装内移动。衬垫材料不得与内包装中物品发生危险反应。内装物如有泄漏不得使衬垫材料失去保护性能。

8. 其他包装要求

摩擦：在运输中发生摩擦时，外包装的质地和厚度必须保证不致发热而改变内装物的化学稳定性。

释放气体：如果内装物品可能释放气体，为了降低包装内部压力而需要排气的包装，不准在航空运输中使用。除非 IATA《危险品规则》另有规定。

方向：盛装液体危险品的组合包装，在包装时内包装的封闭盖必须朝上，在包装件上必须贴"向上"标签来指明其直立方向。也可以在包装件的顶盖写上"THIS SIDE UP"（此面朝上）或"THIS END UP"（此端朝上）的字样。方向性标签不需要标注在下列组合包装件上：

（1）每个包装件中的易燃液体不超过 120 ml，且内外包装间含有足以完全吸附全部内装物的吸附材料；

（2）每个气密的内包装如管、袋或打破、穿刺打开的玻璃瓶，不超过 500 ml；

（3）主容器中的感染性物质不超过 50 ml；

（4）放射性物品。

最小尺寸：包装件尺寸不得太小，其表面必须有充分空间来容纳所需的标签和标记。

空包装：盛装过某种危险品的空容器，必须按照《危险品规则》视同装满危险品的包装处理，除非已采取充分的措施消除了所有危险。也就是说，如果盛装过危险品的包装，未清理干净仍存在危险性，必须将其严格封闭并要按原危险品处理。可以采取使用中和剂净化和彻底清洗包装容器的方法来消除其危险性。

除第 7 类放射性物品外，盛装过危险品的包装必须按照该危险品的要求进行识别、标记、贴标签和挂牌，除非已采取如清洁、蒸汽净化或重新充装非危险品的措施来消除任何的危险性。

将曾装运过感染性物质的空包装交给托运人或发送到其他地点之前，必须经过彻底的消毒或灭菌，必须去除或擦除标明曾装过感染性物质的任何标记和标签。

用于运输放射性物品的放射性专用货箱及其他包装和集合包装，不能存储或运输其他货物。除非 β 和 γ 射线以及低毒性 α 射线的污染水平低于 0.4 Bq/cm^2，其他 α 射线的污染水平低于 0.04 Bq/cm^2。

湿冰：用湿冰作为冷却剂，不能影响包装的完整性。

塑料桶、方形桶及中型散装容器：用于运输危险品的包装使用期不得超过 5 年，从容器的制造日期计算。除非有更短的期限。

自反应物质和有机过氧化物：必须满足 Ⅱ 级包装的性能标准。

四、危险品包装方式

盛装危险品的包装方式有两种，一种是组合包装，另一种是单一包装。

1. 组合包装

出于运输目的，由一个或多个内包装，放置于一个外包装内组成的运输包装。

一般使用木材、纤维板、金属或塑料制成外包装，内装由金属、塑料、玻璃或陶瓷制成的内包装，再根据不同需要，包装内还可填入吸附或衬垫材料。

如图 2.7 所示，中层包装内置玻璃瓶或陶瓷罐，装入一个纸箱内。

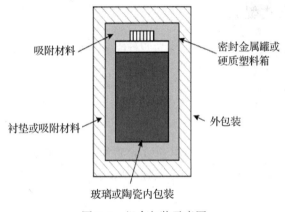

图 2.7　组合包装示意图

2. 单一包装

单一包装是指在运输过程中，不需要任何内包装，起到盛放功能的包装。一般由钢铁、铝、塑料或其他被许可的材料制成圆形桶、方形桶或复合包装。

大部分包装都要求符合包装性能试验的要求，此种试验的设计是为了保证货物包装可以适应各种正常的运输条件。试验的严格程度取决于在包装等级中说明的危险程度。

单一包装还有一种形式，由一个外包装和一个内容器组成的包装，其内容器和外包装在结构上属于一个整体，这种包装经装配后，便成为单一的完整装置，整体用于盛装货物、存储、运输和装卸。这种内外两种材质，组成不可分离的包装，就是我们常说的复合包装，属于单一包装的一种形式。

图 2.8 是常见的盛装液体危险品的单一包装，桶的顶盖上有一个小口，整个顶盖无法移开，就是我们常说的"小口的钢桶"。

图 2.9 也可以直接盛装危险品，如果直接盛装危险品的话，也属于单一包装，它的顶盖可以移开，就是我们常说的"大口的钢桶"。当然，危险品装入内包装后，再装入图

2.9 桶内，就属于组合包装。

图 2.8　小口钢桶　　　　　　　　　　　图 2.9　大口钢桶

五、危险品包装类型

除放射性物品外，危险品运输包装分为四种类型，分别为联合国规格包装、有限数量包装、例外数量包装和其他类型包装。

1. 联合国规格包装

1）一般规定

联合国规格包装（以下简称 UN 规格包装）必须经过性能测试，以确保在正常运输条件下不会丢失任何内装物。包装测试的严格程度取决于拟装物品的危险程度。危险程度由包装等级表示。

联合国规格包装测试，通常由政府主管当局认可的测试机构进行，带有 UN 规格标记。

例如： 4G/X50/19
NL/+AA245

联合国规格包装标记用于表明带有该标记的包装容器与已成功地经过试验的设计型号一致，并符合有关的包装制造方面的规定，但不是使用规定。因此，标记本身并不证明该包装用于盛装任何特定的物质。

UN 规格包装标记必须压印或用其他方式标在包装件上，以便有足够的持久性和对比性，易于看清和了解。

2）UN 规格包装标记要求

除用于第 2 类气体、第 7 类放射性物质和第 9 类危险品的一些包装外，按联合国规格要求进行生产和测试的单一包装、组合包装和复合包装的所有外包装，必须带有耐久、易辨认和位置合适并且与包装相比大小适当易于看清的标记。

毛重超过 30 kg 的包装件，必须在包装件顶部或一侧标有标记。标记的字母、数字和符号的高度必须大于或等于 12 mm；包装件小于或等于 30 L 或 30 kg 时，标记的字母、数字和符号的高度必须大于或等于 6 mm；5 L 或 5 kg 及以下的包装件的标记，其字母、数字和符号也必须有适当的尺寸。

UN 规格包装标记应直接印刷或模压在包装件上，不能手写。

3）UN 规格外包装标记含义

（1）UN 规格包装符号：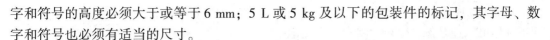

此符号仅用于证明该包装符合 UN 规格包装的有关要求。对模压金属包装，符号可用大写字母"UN"代替。

（2）UN 规格包装材料代码

外包装编号由阿拉伯数字和拉丁字母两部分组成。阿拉伯数字表示包装的种类或包装更细的分类，拉丁字母表示包装材料的种类。

外包装和单一包装：两字或三字代码用于除内包装外的指定包装，数字表示包装类型，其后的大写字母表示材料的种类。如有必要后面还包括一个数字，表示同类型包装中所属的种类。

复合包装：用两个大写字母按照顺序写在代码的第二个位置。第一个字母表示内部容器的材料，第二个字母表示外部包装的材料。

组合包装：仅使用代表外包装的代码。

下面分别介绍各数字、字母所代表的含义。

①阿拉伯数字表示的包装类型代码：

1—圆桶，2—（暂空缺），3—方形桶，4—箱，5—袋，6—复合包装。

②英文字母表示包装材料：

A—钢（各种型号和各种表面处理的钢），B—铝，C—天然木材，D—胶合板，F—再生木材，G—纤维板，H—塑料，L—纺织品，M—多层纸，N—金属（钢和铝除外）。

③包装限定代码：

包装代码后面的字母"V、U、W、T"，分别代表包装为符合 DGR6.3.1.3 要求的特殊包装、符合 6.5.2 要求的感染性物质特殊包装、包装类型代码相同但生产规格不同（等效）、补救包装。

（3）字母 X、Y 或 Z：

表示包装等级并且它的设计类型已成功通过了测试。

X——用于Ⅰ级包装（本包装用于Ⅰ、Ⅱ、Ⅲ级包装的物品和物质）。

Y——用于Ⅱ级包装（本包装用于Ⅱ、Ⅲ级包装的物品和物质）。

Z——用于Ⅲ级包装（本包装仅用于Ⅲ级包装的物品和物质）。

（4）盛装液体的单一包装，一个数字表示相对密度值，四舍五入至第一位小数，表示按此相对密度的包装设计类型已通过了试验，若相对密度不超过 1.2 可省略，不标注。其后的数字，表示包装容器能承受的液压试验压力值，单位为千帕（kPa），四舍五入至10 kPa。

（5）对于拟盛装固体的包装或使用内包装的，包装等级后面的数字为此包装允许的最大毛重，以千克表示。其后用字母"S"表示此包装拟盛装固体的包装或使用内包装。包装设计类型已按此最大毛重进行了试验。

（6）标出包装制造年份的最后两位数。包装类型为 1H1、1H2、3H1 和 3H2 的，还必须正确标出制造月份。也可以钟表图形标注生产年和月份。如图 2.10 所示，左图"＊"处标注生产年份，右图 19 代表 2019 年 6 月份生产的包装。也可用其他持久、清晰、有效的方式表示。

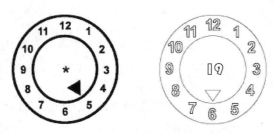

图 2.10　表示包装制造月份示例

（7）国家主管部门规定的国籍识别标记。

使用国际车辆登记代码（VRI Code）表示，具体可查阅 DGR 附录 D.1 和 D.2。

本教材大多只是为了表明含义，不代表具体 UN 规格标记。

（8）制造商名称或国家主管当局所规定的其他识别符号。

UN 规格包装标记示例见表 2-19。

UN 规格标记标注时，只要信息顺序正确即可，可单行也可多行标注。

表 2-19　联合国规格包装标记示例

包装	UN 符号	类型代码	包装等级	毛重	固体或内包装	密度	试验压力	生产年份	国家	生产厂商	完整代码
瓦楞纸箱	ⓤ	4G	Y	145	S			21	NL	VL823	ⓤ 4G/Y145/S/21 NL/VL823
瓦楞纸箱	ⓤ	4GV	X,Y,Z	20,30,45	S			21	NL	ABC1234	4GV/X20Y30Z45/S/21 ⓤ NL/ABC1234
盛装液体的钢桶	ⓤ	1A1	Y			1.4	150	04	NL	VL824	ⓤ 1A1/Y1.4/150/21 NL/VL824
盛装固体或内包装的钢桶	ⓤ	1A2	Y	150	S			21	NL	VL825	ⓤ 1A2/Y150/S/21 NL/VL825
等效规格塑料箱	ⓤ	4HW	Y	136	S			21	NL	VL826	ⓤ 4HW/Y136/S/21 NL/VL826

4）UN 规格内包装标记

除气溶胶用三字或四字代码识别其类型、材料和制造外的内包装，可根据其生产材料识别为玻璃、塑料及金属等，没有给出特定代码。用三字或四字代码表示的内包装用大写字母"IP"表示，数字表示内包装类型。有的情况下数字后还会有一个大写字母，表示这一种类内包装的更细分类。

内包装表见表2-20。

表 2-20 内包装表

名称	规格代码	章节号（略）
玻璃	—	
塑料	—	
金属罐、筒或管	—	
纸袋	—	
塑料袋	—	
纤维板盒或箱	—	
金属容器（气溶胶），一次性使用	IP7	
金属容器（气溶胶），一次性使用	IP7A	
金属容器（气溶胶），一次性使用	IP7B	
塑料气溶胶	IP7C	
金属或塑料软管	—	

5）中型散装容器（IBC）

中型散装容器只适用于 UN3077 空运危害环境物质，固体。

中型散装容器的制造、设备、实验、标记和适用，必须由该容器的国家主管当局验收。

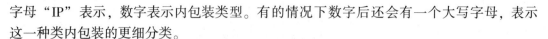

代表重力排放固体的金属的中型散装容器，和钢制用于包装等级 II 级或 III 级/2021 年 2 月生产/荷兰批准/Muder 生产主管当局已分配系列号 007/堆码试验 5500 kg/最大允许毛重 1500 kg。图 2.11 为盛装 UN3077 的中型散装容器集合包装件实物图。

图 2.11 中型散装容器集合包装件

6) 不同危险品装入同一外包装的要求

一个外包装可以盛装一种以上的危险品或其他物质，但要满足如下条件：

（1）危险品之间或与其他物质互不产生危险反应及引起：

　　①燃烧和/或释放大量热；

　　②释放易燃，有毒或窒息性气体；

　　③形成腐蚀性物质；

　　④形成不稳定物质。

（2）危险品间不需要隔离。

（3）含有6.2项感染性物质的外包装，不得盛装包装说明620所述之外的危险品。

（4）每一种危险品所使用的内包装及其所含数量，均符合各自危险品包装说明中的有关规定。

（5）使用的外包装是所有危险品相应包装说明都允许使用的包装。

（6）为运输而准备的包装件，符合其内装物品中最严格的包装等级所对应性能试验的技术标准。

（7）一个外包装内所装入的不同危险品的数量，只有在"Q"值不大于1时才是允许的。

7) 包装说明

（1）包装说明排序

包装说明是按照危险品的类别号码顺序排列的，这一顺序和危险品大小无关。每一类别包装说明号按照阿拉伯数字顺序排列。例如第1类爆炸品，包装说明号为"1"开头，如PI101、114……；同样第2类气体，包装说明号为"2"开头，如PI200、201……；以此类推。

（2）包装说明内容

在每类危险品包装具体说明前，均列出了一般要求或一般包装要求。

在每一包装说明中列出了可接收、适用的单一包装或组合包装。对于组合包装，列出了可接受的外包装和相应的内包装，并标明了每个内包装中允许盛装的最大净数量。

对于某些特定物质或物品，包装说明中还给出了内包装及其净数量的限制、每个包装件的最大允许的净数量，以及是否允许使用单一包装。

有些包装说明中给出了补充包装要求，选择更严格包装等级的包装，或可能需要给予特殊的包装考虑。

除非另有规定，每个包装必须符合包装测试要求。通常包装说明不提供关于相容性的指导，托运人在选择包装之前，必须检查物质与所选择的包装材料相容，例如大部分氟化物都不宜使用玻璃容器。如果包装说明允许使用陶瓷、陶器和石器包装，则也允许使用玻璃容器。

（3）当被运输的物质有可能在运输过程中变为液体时，不得使用的包装。

①桶：1D，1G。

②箱：4C1，4C2，4D，4F，4G，4H1。

③袋：5L1，5L2，5L3，5H1，5H2，5H3，5H4，5M1和5M2。

④复合包装：6HC，6HD1，6HD2，6HG1，6HG2，6PC，6PD1，6PD2，6PG1，6PG2
和6PH1。

（4）特定类型包装

在字母"V、U、W"前标有包装标识代码，可按照该类包装同样的条件和限制使用。
例如"4GV"的组合包装，可用在标有"4G"的组合包装被批准的情况。只有遵守内包
装类型和数量限制的要求即可。

气瓶：当包装说明中标明气瓶，可用于液体或固体的包装时，气瓶必须满足相关
规定。

替代包装：始发国主管当局可以批准使用针对危险品品名表中特定包装的替代包装。

除第1类外的未包装物品：不能按照要求进行包装的超大且坚固的物品，如以空的、
未清理和未包装的方式运输，只要符合主管当局提出的要求，始发国的有关当局可以批准
运输。

（5）UN规格包装表

表2-21列出了航空运输危险品的UN规格包装表，并注明了包装类型、规格代码及
其在DGR的章节号。可在相应章节处，查阅到其对UN规格包装测试要求。对于UN规格
包装测试方法一般包括跌落实验、内压（液压）测试、堆码测试和防渗漏测试。

表2-21 UN规格包装表

名称	规格代码	章节号（略）
钢桶 桶盖不可动 桶盖可动	1A1 1A2	
铝桶 桶盖不可动 桶盖可动	1B1 1B2	
胶合板桶	1D	
纤维板桶	1G	
方形铝桶 桶盖不可动 桶盖可动	3B1 3B2	
方形钢桶 桶盖不可动 桶盖可动	3A1 3A2	
塑料桶和方形塑料桶 桶盖不可动塑料桶 桶盖可动塑料桶 桶盖不可动方形塑料桶 桶盖可动方形塑料桶	1H1 1H2 3H1 3H2	
非钢非铝金属桶 桶盖不可动非钢非铝桶 桶盖可动非钢非铝桶	1N1 1N2	

续表

名称	规格代码	章节号（略）
钢或铝箱及其他金属箱 钢 铝 其他金属	4A 4B 4N	
木箱 普通型 接缝严密型	4C1 4C2	
胶合板箱	4D	
再生木材箱	4F	
纤维板箱	4G	
塑料箱 泡沫塑料箱 硬质塑料箱	4H1 4H2	
织物袋 防漏型 防水型	5L2 5L3	
塑料编织袋 无里衬和涂层 防漏型 防水型	5H1 5H2 5H3	
塑料薄膜袋	5H4	
塑料复合包装 钢壳塑料桶 铝壳塑料桶 铝壳塑料箱 木壳塑料箱 胶合板壳塑料桶 胶合板壳塑料箱 纤维板壳塑料桶 塑料外壳塑料桶 硬质塑料壳塑料箱	6HA1 6HB1 6HB2 6HC 6HD1 6HD2 6HG1 6HG2 6HH1 6HH2	
纸袋 多层型 多层防水型	5M1 5M2	

常见 UN 规格包装标记截图如图 2.12 所示。（声明：不为制造厂商做任何宣传，只为让学员识读 UN 规格包装标记）

图 2.12　常见 UN 规格包装标记节选

2. 有限数量包装

在航空运输中，如果符合《危险品规则》关于有限数量危险品包装、数量限制和包装件性能测试等相关规定，可以作为有限数量危险品进行运输。除另有规定外，对于有限数量危险品的数量限制以及其他规定同样适用于客机和货机的运输。

现已公认，危险品可以使用符合特定结构要求的高质量的组合包装进行安全运输，即使这种包装未经过 UN 性能标准的试验。

1）允许作为有限数量运输的危险品

只有允许在客机上装载的危险品，并且符合下列类别或项别标准和包装等级（如适用），方可按照有限数量的规定进行运输：

第 2 类：仅限 2.1 项和 2.2 项下的 UN 1950，无次要危险性的 2.1 项和 2.2 项的 UN 2037，UN 3478（燃料电池罐，含有液化易燃气体）和 UN 3479（燃料电池罐，含有金属氢化物）仅限燃料罐；

第 3 类：Ⅱ级和Ⅲ级包装的易燃液体和 UN3473（燃料电池罐，含易燃液体）；

第 4 类：4.1 项中包装等级Ⅱ级和Ⅲ级的易燃固体，自反应物质和聚合物质除外；4.3 项中包装当即Ⅱ级和Ⅲ级的物质，只限固体和 UN3476（燃料电池罐，含遇水反应物质）；

第 5 类：5.1 项中包装等级Ⅱ级和Ⅲ级的氧化剂；5.2 项中仅限包装在化学品箱或急救箱内的有机过氧化物；

第 6 类：6.1 项中包装等级Ⅱ级和Ⅲ级的毒性物质；

第 8 类：包装等级Ⅱ级和Ⅲ级的第 8 类腐蚀性物质和 UN3477（燃料电池罐，含腐蚀性物质），但不包括 UN 2794、UN 2795、UN 2803、UN 2809、UN 3028 和 UN 3506；

第 9 类：仅限 UN1941、UN 1990、UN 2071、UN 3077、UN 3082、UN 3316、UN 3334、UN 3335 和 ID8000。

2）包装说明编号及数量限制

在 DGR4.2 表中，G 栏内标有带有前缀"Y"的包装说明，指的就是有限数量危险品的包装说明，"H"栏为其每一个包装件最大允许的净数量。

有限数量危险品包装和联合国规格包装相比，数量受到严格的限制。

3）有限数量危险品的包装

有限数量的危险品，禁止使用单一包装，包括复合包装，必须要用组合包装；

有限数量的危险品包装，必须符合前缀为"Y"的包装说明的内外部包装要求。

有限数量危险品包装件的毛重不能超过 30 kg。

不同危险品装入有限数量危险品包装内，要求同 UN 规格包装，也需要"Q"值。

4）包装性能试验

跌落试验：每个交运的包装件必须能够承受 1.2 m 的跌落试验，内包装无泄漏，外包装未受影响运输安全的损害。

堆码测试：交运的每个包装件，必须能承受与该包装件的总重相同的堆码 3 m 高的包装件（包括试验样品）的压力，持续 24 小时，内包装无渗漏、破裂，包装性能无明显降低。

5）不可以使用"有限数量"包装运输的危险品

在任何情况下都禁止运输的危险品。

仅限货机载运的危险品。

包装等级为Ⅰ级的危险品。

3. 例外数量包装

极少量的危险品可以作为例外数量危险品空运，并可以免受《危险品规则》标记、装载和文件要求的限制，该货物定义为例外数量危险品。适用于少量的样品运输，例如香料样品及石油馏出物样品。

不是所有的危险品都可以作为例外数量危险品运输。例外数量危险品不能在行李和邮件中运输。

1）适用范围

某些类别的例外数量危险品（但不包括物品），如满足相关规定，可不受 DGR 任何其他规定的约束，但应遵守培训要求、航空邮件中的危险品、分类与包装等级标准、包装某些要求、装载限制、危险品事故、事故征候及其他情况的报告要求、放射性物品例外包装件、定义等相关规定。

2）限制要求

行李和邮件：例外数量危险品不允许作为交运行李、手提行李或放入邮件中运输。

只有部分类别或项别危险品，并具有一定条件下才可以作为例外数量危险品运输。

3）分类

按照例外数量运输的危险品，必须按照《危险品规则》第 3 章分类标准进行分类。

4）识别

作为例外数量危险品运输，在《危险品规则》4.2 表 F 栏中以特定的代码表示，如 E0、E1、E2、E3、E4、E5，如表 2-22 例外数量内包装和外包装的数量限量。

具有不同代号的例外数量危险品包装在一起时，每个外包装的总量必须限制在以受限最严格的代码的数量。

表2-22 例外数量（内、外包装）限量

代码	每一内包装允许的最大数量	每一外包装允许的最大数量
E0	Not permitted as Excepted Quantit	
E1	30 g/30 ml	1 kg/1L
E2	30 g/30 ml	500 g/500 ml
E3	30 g/30 ml	300 g/300 ml
E4	1 g/1 ml	500 g/500 ml
E5	1 g/1 ml	300 g/300 ml

5）包装

例外数量危险品应使用三层包装，在《危险品规则》2.6.5详细说明了对内包装、中层包装、外包装及吸附材料的具体要求。

每个包装件内有严格的物品数量限制，由于使用的三层包装法，以及对吸附材料的要求可以保证例外数量危险品的安全运输。

6）包装测试

跌落试验：在坚硬光滑的水平面上完成高度为1.8 m的跌落实验；

堆码实验：单件1 kg，24小时，高度为3 m堆码试验。

7）微量

编码为E1、E2、E4或E5的危险品，作为货物运输时，可以不受《危险品规则》限制，但要满足如下条件：

每一内包装的最大净数量，液体和气体限于1 ml，固体限于1 g；

符合例外数量危险品的包装要求，但如内包装稳妥地装入带衬垫材料的外包装内，使之在正常运输条件下不会破裂、穿孔或内装物泄漏，则不需要中层包装。对于液态危险品，外包装必须含有足够的吸附材料，能够吸收内包装的全部内装物；

遵守例外数量危险品的限制规定；和

每一外包装中所盛危险品的最大净数量，液体和气体不得超过100 ml，固体不得超过100 g。

4. 其他包装

危险品运输中，除使用上述三种类型的包装外，还可以使用一些其他的包装。

例如PI200、PI869、PI954、PI950。

1）PI200

适用于客机和仅限货机运输的第2.1项、2.2项、2.3项气体钢瓶说明。

2）PI869

适用于客机和仅限货机运输的UN3506，含有金属汞的设备的包装说明。

装在密封防漏金属箱中的电子管可使用制造商原厂包装运输。

3）PI954

适用于客机和仅限货机运输的UN1845，干冰的包装说明。

4）PI950

适用于客机和仅限货机运输的 UN3166，以易燃液体为动力的内燃发动机，以易燃液体为动力的燃料电池发动机，以易燃液体为动力的车辆，以燃液体为动力的燃料电池车辆的包装说明。

封闭式的汽车包装如图2.13所示。非封闭式汽车包装如图2.14所示。

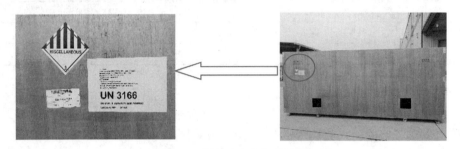

图 2.13　封闭式汽车包装示例

图 2.14　非封闭式汽车包装示例

六、危险品包装类型的选择

托运人有责任对危险品进行正确包装，并且必须保证所托运的物品和物质按照相应危险品的包装要求进行了正确包装。

《危险品规则》为所有航空运输可接收的危险品提供了包装说明，范围很广，包括组合包装中的内包装、外包装及单一包装的材质、外形及数量要求。

危险品包装说明，通常要求使用联合国规格包装，除非危险品是根据有限数量或例外数量或其他包装规定进行空运的。

在选择危险品包装类型时，不同的包装类型允许的最大净数量不同。一个包装件内允许的危险品净数量和内包装允许的净数量，受到包装说明的严格限制，以此来减小发生危险的可能性。在空运危险品时，必须使用高质量的包装来盛放危险品，其包装必须能经受

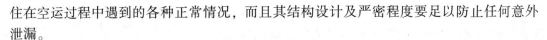

住在空运过程中遇到的各种正常情况，而且其结构设计及严密程度要足以防止任何意外泄漏。

以上条件对新包装或再次使用的包装均适用。

第四节　危险品标记和标签

一、概述

对含有危险品的包装件进行正确的标记和标签，是安全运输过程中的一个重要因素。托运人应当按照《危险品规则》，在每一个包装件上，或每一个含有危险品的集合包装上，书写或粘贴所需的标记和标签。每一个包装件上应有足够的位置粘贴所需的标记和标签。

对危险品包装件进行标记和标签，可以使货物操作人员知道包装件的内装物，说明包装符合空运标准，可以提供正确操作和装载信息，也标明了内装物的危险性。

托运人有责任在其交付运输的包装件上进行正确的标记和标签。

货运代理人和承运人或其地面服务代理的危险品收运人员，必须检查并确保所有包装件在空运前都正确的标记和标签。

非危险品的收运人员必须正确识别装有危险品包装件上的标记和标签，这样他们就能够识别危险品包装件。

如果装有危险品的包装件准备交运，或者发现未申报的或漏申报的危险品，必须告知危险品收运人员，以便他们采取正确接收措施。

二、危险品标记

1. 托运人的责任

对于每个需要标记的危险品包装件和集合包装，托运人必须做到：

（1）核查所要求的标记是否位于包装件的正确位置，并且符合质量和规格要求。

（2）确定是否需要 UN 规格包装，包装应满足相应包装说明的规定，规格标记符合包装说明要求；

（3）去掉或涂掉任何无关的标记。

（4）当包装件准备交给营运人运输之前，确保所有标记已正确标注。

2. 危险品标记种类

危险品包装件上的标记分为两类，一类是用以识别包装的设计或规格的标记（简称包装规格标记），另一类是用以识别包装内所运输特定危险品的包装标记（简称包装使用标记）。

3. 包装规格标记

这些包装必须进行性能测试，以确保被测试的包装在正常运输条件下，不会丢失任何内装物。包装测试的严格程度取决于拟装危险品的危险程度。联合国规格包装通常由政府主管当局授权的机构进行测试，并带有 UN 规格标记。

UN 规格标记是冲压、打印或其他方式标记在包装上的用来识别包装的设计及规格。有限数量包装不需要包装规格标记。

如图 2.15 中的带有 ⓤ 符号的为包装规格标记。

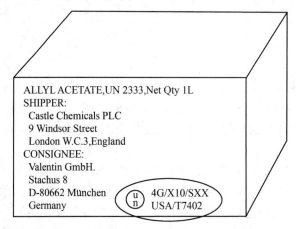

图 2.15　危险品包装规格标记

图 2.15 UN 规格包装标记含义见表 2-23。

表 2-23　UN 规格包装标记含义

符号或字母数字	含义	具体含义
ⓤ	联合国包装符号	表明该包装已根据联合国规格设计、测试和制造。对模压金属包装，可以用"UN"代替 ⓤ
4G	包装类型代码	纤维板箱
X	包装等级	字母 X、Y 或 Z 表示包装等级并且它的设计类型已成功通过了测试。 X 用于 I 级包装（此包装可用于 I 、II、III 级包装的物品和物质）。 Y 用于 II 级包装（此包装可用于 II、III 级包装的物品和物质）。 Z 用于 III 级包装（此包装仅用于 III 级包装的物品和物质）
10	包件允许的最大毛重（公斤）	最大毛重 10 kg
S	表示包装拟装固体或内包装	
XX	显示包装制造的年份	例如"21"，表示此包装 2021 年生产
USA	表示国家主管部门规定的国籍识别标记，用国际车辆登记代码（VRI）表示	生产国：美国
T7402	制造商名称或识别标记	

对于盛装液体的单一包装，例如"1A1/Y1.4/150....."，在包装等级 X、Y 或 Z 后面的数字为相对密度值（1.4），四舍五入至第一位小数，表示按此相对密度的包装设计类型已通过了试验。若相对密度不超过 1.2 可省略，不标注。其后的 S 替换为了数字（150），表示包装容器能承受的液压试验压力值，单位为千帕（kPa），四舍五入至 10 kPa。

如果包装符合一种或多种经测试的包装设计类型，该包装可标记多个规格标记，以表示通过了相关的性能测试要求。当包装上显示多个标记时，这些标记必须相邻并且每个标记必须完整显示。如图 2.16 所示。如果按照 4GV 盛装危险品货物，最大毛重为 22 kg；如果按照 4G 盛装危险品货物，盛装包装等级 I 级危险品货物，最大毛重为 30 kg，盛装包装等级 II 级危险品货物，最大毛重为 40 kg，盛装包装等级 III 级危险品货物，最大毛重为 45 kg。

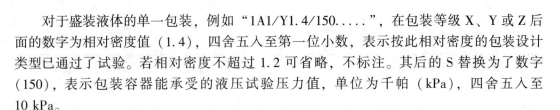

图 2.16 通过多项设计类型的包装规格标记

4. 包装使用标记

包装使用标记是用来识别包装内所运输的特定危险品。包装使用标记同样也分为两种，一种是基本标记（包括 UN 或 ID 编号、运输专用名称、托运人和收货人姓名地址），另一种为附加标记。

如图 2.15 所示，包括包装的内装物的运输专用名称（ALLYL ACETATE）、UN 编号（UN2333）及托运人（SHIPPER）、收货人（CONSIGNEE）信息等内容。

此类标记的提供完全是托运人的责任。

表 2-24 为危险品包装使用标记汇总表。

表 2-24 危险品包装使用标记汇总表

名称/货物 IMP 代码	标记内容
所有包装件	均必须标注基本标记（UN 或 ID 编号、运输专用名称、托运人和收货人全名和地址）。如果包装尺寸允许，在同一面且相邻
除基本标记外，还要根据危险品具体情况附加如下标记	
所有包装件	所含危险品的净数量；如果为有限数量包装，在品名表的 H 栏计量单位后有字母"G"的，还要标记毛重。 这些净数量或毛重应标注在 UN 编号和运输专用名称旁边。 四种情况例外：（1）一票货物仅有一个包装件；（2）一票货物有多个相同的包装件（UN 编号、运输专用名称、包装等级和净数量均相同）；（3）ID8000；（4）第 7 类放射性物品
干冰（UN1845）	每个包装件内干冰的净重（kg）

续表

名称/货物 IMP 代码	标记内容
6.2 项，感染性物质（UN3373 除外）	负责人姓名及联系电话
2.2 项，深冷液化气体（参阅包装说明 202）	（1）包装件事先印上的"向上箭头"或用"向上标签"表示包装件直立方向；至少相对两面；（2）环绕桶每隔 120 或箱子的每个侧面标注"KEEP UP-RIGHT"（保持直立）字样；（3）标注"DO NOT DROP - HANDLE WITH CARE"（勿摔—小心轻放）字样；（4）在延误、无人提取或出现紧急情况时的应急说明
UN3373，生物制品，B 级 RDS	"BIOLOGICAL SUBSTANCE, CATEGORY B"（生物制品，B 级）；根据包装说明 650 要求的菱形标记
转基因生物/转基因微生物	转基因生物/转基因微生物标记
化学氧气发生器（A144 适用）	注明"Air Crew Protective Breathing Equipment（smoke hood）in accordance with Special Provision A144"［飞行机组呼吸保护装置（防烟罩），符合 A144 特殊规定］文字说明
环境危害的物质（UN3077/UN3082）	危害环境物质标记；例外：每个单一包装或内包装净数量不超过 5 升或 5 公斤时，不需要粘贴此标记
有限数量包装	有限数量包装件标记
补救包装	注明"SALVAGE"（补救）字样，至少 12 mm 高
例外数量危险品 REQ	例外数量包装件标记
含有锂电池的包装件 EBI/EBM ELI/ELM RBI/RBM	锂电池标记：（1）包装说明 965-970 第 II 部分；（2）包装说明 965 和 968 第 IB 部分；（3）"＊"处，标明 UN 编号，至少 12 mm 高；（3）"＊＊"处，填写额外信息的电话号码

续表

名称/货物 IMP 代码	标记内容
集合包装	集合包装标记： 除非所有危险品标记在集合包装上清晰可见，否则注明： （1）"OVERPACK"（集合包装）字样，至少 12 mm 高； （2）上述适用的基本标记和附加标记； （3）干冰的总净重； （4）操作说明； （5）一个以上集合包装时，要标注识别标记和总重（与申报单一致）； （6）一个集合包装内含多个 UN 编号，在每个 UN 编号后面分别标注其总净数量。 包装规格标记不需要重新标注

5. 注意事项

标注在包装件和集合包装上的所有标记不得被包装的任何部分及附属物，或其他任何其他标签和标记所遮盖。所需标记不得与其他可能影响这些标记效果的包装标记标注在一起。

所有标记必须：

（1）经久耐用，用印刷或其他方式打印或粘贴在包装件或集合包装的外表面；

（2）清晰可见；

（3）能够经受暴露在露天环境下，且其牢固性和清晰度不会大大降低；

（4）显示在色彩反差大的背景上。

禁用标记：不是用来表示包装件或集合包装方向的，不得标印在含有液体危险品的包装件外面。

几种常见标记图例如图 2.17~2.22 所示。

图 2.17　例外数量危险品标记

图 2.18　有限数量危险品标记

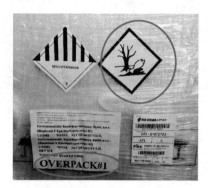

图 2.19　环境危害物质标记（含集合包装标记）

图 2.20　UN3373 和干冰标记

图 2.21　锂电池标记（锂离子电池）

图 2.22　锂电池标记（锂金属电池）

三、危险品标签

1. 托运人责任

对于需要粘贴标签的包装件，托运人必须：

（1）除掉包装件或集合包装上所有无关的标签；

（2）只能使用经久耐用及正确规格的标签；

（3）印记在标签上的所需任何补充内容，必须具有耐久性；

（4）应使用正确的标签粘贴在正确的位置上；

（5）确保包装件或集合包装交付承运人之前，已完成标签粘贴。

标签的耐久性是指标签的材料、印刷及黏合剂必须足够耐久，在露天环境正常运输条件下，不降低其牢固性和清晰度。

考虑到第 2 类气体钢瓶的形状、运输时的朝向和固定装置，可粘贴与 DGR 规定标签相似的标签，可粘贴在气瓶的非瓶体部位（肩部），这些标签可按照 ISO 7225：2005 缩小尺寸。标签可重叠，但须遵守 ISO 7225：2005 "气瓶—预防标签" 的规定。在任何情况下，主要危险性的标签及标签上的数字、符号都必须保持清晰可见，易于识别。

2. 危险品标签种类

危险品标签分为两大类。一类是危险性标签，大多数危险品包装件上都需要粘贴的代表其危险性的标签；另一类是操作标签，某些危险品包装件上需要粘贴的标签，表示在危险品存储、搬运、装载、运输过程中需要注意及特殊要求。

3. 标签质量与规格

危险品包装件及集合包装上所用的各种标签，在形状、颜色、格式、符号和文字说明上，均有严格要求。

形状及尺寸：危险性标签形状为呈 45° 的正方形（菱形），最小尺寸为 100 mm×100 mm，感染性物质包装件当尺寸只能够粘贴较小标签时，可以使用 50 mm×50 mm 的标签。标签边缘内侧 5 mm 有一条与之平行的线。

图形及符号：标签被等分为上下两部分。标签的上半部分为图形符号，下半部分则根据情况为适用的类别或第 5 类的项别。对于第 9 类锂电池危险性标签，上半部分为 7 条竖条，下半部分为含有一组电池和类别号码；对于第 1 类爆炸品，除 1.4 项、1.5 项和 1.6 项外，下半部分标注类别号，类别号之上标注配装组字母。1.4、1.5 和 1.6 项的标签必须在上半部分显示项别号码，下半部分标注类别号及配装组。

颜色：标签上半部分内侧线条的颜色与图形符号相同，下半部分内侧线条的颜色与底角的类别或项别号颜色相同。所有标签上的图案、文字说明和编号必须以黑色显示，但以下情况除外：

第 8 类标签上的文字（如需要）和类别号码必须用白色；

以绿色、红色或蓝色为底色的危险性标签上可用白色；

5.2 项标签，符号可用白色。

对于气瓶和液化石油气罐上的 2.1 项标签，只要对比度明显，也可以直接粘贴显示在有背景颜色的容器上。

文字：除非另外规定，仅表明危险限制的文字才可与类别、项别号及配装组一起填入标签的下半部；第 9 类锂电池危险性标签不需要危险性文字描述，但需要表明类别号"9"。除第 9 类锂电池危险性标签外，危险性标签下半部分可以是 UN 编号或危险性描述的字样。除非始发国另有要求，文字使用英文。当始发国有特殊要求时，两种文字应同样明显地标注。例外，标签上可印识别信息，包括制造商的名称，但必须印在边缘实线之外，且不大于 10 号字体。

危险品包装件和集合包装上使用的危险性标签都在《危险品规则》品名表中用缩略语列出。列出的每一种物质或物品都需要使用指定的主要危险性标签；如果具有次要危险性，还要使用一种或两种以上的次要危险性标签。

4. 危险品第 1~9 类危险性标签

（1）第 1 类 爆炸品标签

在爆炸品的标签上，标出表示该危险品类别、项别的数字以及表示配装组的字母，如图 2.23 所示。通常情况下，第 1.1、1.2、1.3、1.4F、1.5 和 1.6 项爆炸品标签的包装件为航空禁运（极少有例外）。底色为橙色，数字和图形符号为黑色。

* Articles bearing the Explosive labels shown above and falling into Divisions 1.1, 1.2, 1.4F, 1.5 and 1.6 are normally forbidden.

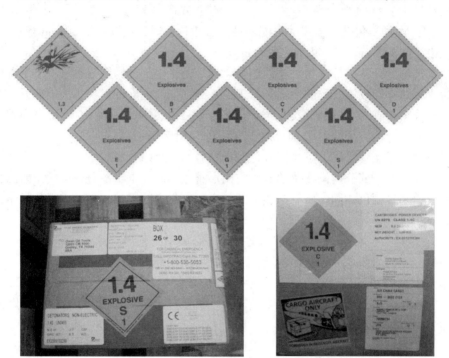

图 2.23　第 1 类爆炸品部分标签及样例

（2）2.1 项　易燃气体标签，如图 2.24 所示。

图形符号（火焰）：黑色或白色。

图 2.24　2.1 项易燃气体标签及实例

（3）2.2项　非易燃无毒气体标签，如图2.25所示。

图形符号（气瓶）：黑色或白色。

底色：绿色。

图2.25　2.2项　非易燃无毒气体标签及实例

（4）2.3项　毒性气体标签，如图2.26所示。

图形符号（骷髅和交叉的股骨）：黑色。

底色：白色。

图2.26　2.3项毒性气体标签及实例

（5）第3类易燃液体标签，如图2.27所示。

图形符号（火焰）：黑色或白色。

底色：红色。

图2.27　第3类易燃液体标签及实例

（6）4.1 项易燃固体标签，如图 2.28 所示。

图形符号（火焰）：黑色。

底色：白色，带有七条红色竖条。

图 2.28　4.1 项易燃固体标签及实例

（7）4.2 项易于自燃的物质标签，如图 2.29 所示。

图形符号（火焰）：黑色。

底色：上半部分为白色，下半部分为红色。

图 2.29　4.2 项易于自燃的物质标签及实例

（8）4.3 项遇水放出易燃气体的物质标签，如图 2.30 所示。

图形符号（火焰）：黑色或白色。

底色：蓝色。

图 2.30　4.3 项遇水释放易燃气体的物质标签及实例

（9）5.1项氧化性物质标签，如图2.31所示。

图形符号（圆周上带火焰）：黑色。

底色：黄色。

图2.31　5.1项氧化剂标签及实例

（10）5.2项有机过氧化物标签，如图2.32所示。

图形符号（火焰）：黑色或白色。

底色：上半部分为红色，下半部分为黄色。

图2.32　5.2项有机过氧化物标签及实例

（11）16.1项毒性物质标签，如图2.33所示。

图形符号（骷髅和交叉的股骨）：黑色。

底色：白色。

图2.33　6.1项毒性物质标签及实例

（12）6.2项感染性物质标签，如图2.34所示。

图形符号（三枚新月叠加在一个圆圈上）和文字说明：黑色。

底色：白色。

标签下部文字：感染性物质——如果破损或渗漏，立即通知公共卫生当局。

小包装件的尺寸可用 50 mm×50 mm 的标签。

图 2.34　6.2项感染性物质标签及实例

（13）第8类腐蚀性物质标签，如图2.356所示。

图形符号（液体从两个玻璃容器中溢出并溅到手上和金属上）：黑色。

底色：上半部分为白色，下半部分为黑色，带有白色边线。

图 2.35　第8类腐蚀性物质标签及实例

（14）第9类杂项危险品标签，如图2.36所示。

适用于 RMD、ICE、RSB。

图形符号（上半部分有七条竖条）：黑色。

底色：白色。

图 2.36　第9类杂项危险物质和物品，包括危害环境的物质标签及实例

（15）第 9 类锂电池危险性标签，如图 2.37 所示。

图形符号（上半部分有七条竖条，下半部是一组电池，其中一个已损坏并喷出火焰）：黑色。

底色：白色。

图 2.37 第 9 类锂电池危险性标签

5. 操作标签

除危险性标签外，操作标签还用于提供有关危险品包装的正确处理和堆放的信息。

操作标签有的单独使用，有的与危险性标签一起使用。

（1）装有磁性物质的包装件或集合包装，使用"磁性物质"标签代替"杂项危险品"标签。磁性物质操作标签，如图 2.38，颜色：白色为底色，图形和文字为蓝色，规格为 110 mm×90 mm。

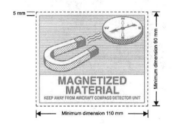

图 2.38 磁性物质标签及实例

（2）深冷液化气体标签，如图 2.39 所示，颜色：底色为绿色，图形和文字为白色，规格为 74mm×105mm，文字说明为"如果溢漏或泄漏，可造成冷灼伤"。

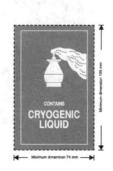

图 2.39 深冷液化气体标签及实例

（3）远离热源标签，如图 2.40 所示，颜色：红色和黑色，白色背景，规格为74 mm×105 mm。

图 2.40　远离热源标签及实例

（4）仅限货机标签，图 2.41，底色：橙色，图形和文字黑色，规格为 120 mm×110 mm。

对于感染性物质的小包装尺寸可以减半。

图 2.41　仅限货机标签及实例

（5）方向性标签

颜色：黑色或红色，配以高反差背景色，规格为 74 mm×105 mm，如图 2.42 所示。

图 2.42　方向性标签及实例

6. 集合包装

为了运输、装卸和存储的便利，将一个托运人的若干个包装件通过捆绑或装入一个外加包装而合并成一个大包装件，这个合并后的包装件就是集合包装，英文"OVERPACK"。集合包装对包装件起到加固和保护作用。

1）集合包装的类型

集合包装有两种类型，一种为敞开型的集合包装，一种为封闭型的集合包装。

图 2.43 左图为敞开型的集合包装，把多个包装件置于木托盘上并进行绑紧，作为一个操作单元，从外面可以直接看清内装危险品的包装件。右图为封闭型的集合包装，把危险品包装件置于一个纤维板箱内，从外面不能看清内装危险品的包装件。

图 2.43　集合包装类型

在实际危险品运输中，最常使用的是封闭型的集合包装，敞开型的集合包装使用较少。

2）集合包装的要求

集合包装中不能装入相互可能产生危险反应的不同物质的包装件或根据 DGR 表 9.3.A（见表 4-1）需要相互隔离的危险品包装件。例如，UN2257（4.3 项）和 UN1823（第 8 类）的物质不能装入同一个集合包装内，因为其相互之间会发生危险反应，必须隔离。

按照包装说明 968 IA 和 IB 部分准备的 UN3090 锂金属电池、包装说明 965 IA 和 IB 部分准备的 UN3480 锂离子电池，不可与第 1 类（1.4S 除外）、2.1 项、第 3 类、4.1 项或 5.1 项危险品组成集合包装。

集合包装中的每个包装件都必须经过正确的包装，做标记，贴标签而且包装件不能有任何损坏及泄漏迹象，在各个方面都要按照《危险品规则》做好准备；

每种包装件的功能不得被集合包装所损坏；

集合包装内也可含有不受危险品运输限制的其他包装件。

3）集合包装标记和标签

对于集合包装，如果内部包装件上的标签不能从外面全部看见，这些标签必须还要在集合包装的外表面粘贴。

对于封闭性的集合包装，在顶部封盖的单一包装件中含有液态危险品时，在集合包装的两个相对的垂直侧面必须粘贴"向上标签"。箭头的指向必须与集合包装内部包装件顶部封盖向上的方向一致。

也就是说，敞开型的集合包装不需要再进行标记和标签。封闭性的集合包装需要再在外面进行标记和标签，如图 2.44 所示。

图 2.44　集合包装标记和标签

7. 禁用标签

圆筒型或其他细长型包装件，其尺寸不得小到使标签自身叠盖。不是用来表示包装件方向的箭头不能显示在盛放液体危险品的包装件上。

8. 标签的粘贴

托运人必须按照 IATA《危险品规则》的规定和托运人危险品申报单（DGD）在包装件或集合包装上粘贴标签。

标记和标签粘贴范例如图 2.45 所示。

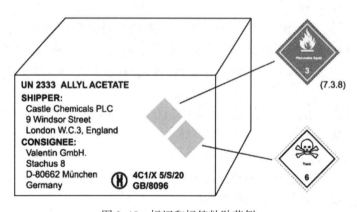

图 2.45　标记和标签粘贴范例

不是所有的标记和标签都要求在包装件的同一面上，应该以图中这种方式清楚地显示。然而还必须符合以下要求：

所有标签必须牢固地粘贴在或印制在包装件上，并且必须全部可见，不能被包装的任何部分或其他标签所遮盖。每一标签所处的背景必须与标签形成鲜明的颜色对比，否则，必须用虚线或实线勾出标签的轮廓。一个标签不得贴在包装的不同面上。如果包装件的形状非正规，其表面无法粘贴或打印标签，可以使用硬质的拴挂标签（方向性标签不可以使用挂签）。包装件必须有足够位置粘贴所有要求的标签。

在可能的情况下，标签应紧邻托运人、收货人的地址粘贴。次要危险性标签应紧临主要危险性标签粘贴。如果包装尺寸允许，标签必须同运输专用名称标记粘贴在包装的同一表面。除包装件的尺寸不足外，危险性标签必须以45°（菱形）粘贴。仅限货机标签必须紧邻危险性标签粘贴，且在包装件的同一侧面上。如图2.46所示，5.1项主要危险性，第8类为次要危险性，仅限货机运输。

图 2.46　标记和标签粘贴示例

两种及两种以上的危险品装在同一外包装内时，必须在外包装上显示所有内装危险品的所需标签，内容相同的标签无须重复。

向上标签至少在包装件上贴两个，在两个相对的垂直侧面上，各贴一个，箭头方向必须保持向上。

如图2.47所示，两种危险品装入同一外包装，一种是第9类危险品，另外一种是第3类易燃液体。右图为UN规格标记和向上标记（标签），对面还有一方向性标签。

图 2.47　不同危险品装入同一外包装的标记和标签粘贴示例

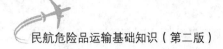

9. 其他规则要求的标签

其他国际或国内运输规则需要的标签也允许作为 IATA DGR 要求以外的标签使用，但不得与危险品规则所规定的颜色、设计或形状相抵触或混淆。

10. 附加操作和储存标记

在包装件上也可显示印在标签上的附加标记或符号，用以指明在搬运或存储包装件是需采取的预防措施，例如雨伞的图形符号表示该包装件需要防潮。这些符号最好是国际标准化组织推荐使用的。

11. 更换标签

当承运人发现标签丢失、脱落或无法辨识时，承运人必须按照"托运人危险品申报单"提供的信息更换标签。该要求不适用于在收运时发现标签的丢失或无法辨识。

当根据国家差异只能用货机运输的货物，在该国管辖范围以外的区域可以使用客机运输。在该国管辖范围以外的区域将上述货物装载在客机上，装机前需将"仅限货机"标签去掉。在该国管辖范围内应将该货物装载在货机上，装机前需粘贴"仅限货机"标签。

注：

由于包装件尺寸的原因，不可能总是全部满足这些要求。注意强制要求和选择使用。

UN 规格标记是由生产厂商或测试机构确定的，可以与标签不在同一面上。如图 2.47 右图所示。

第五节　危险品托运文件

一、一般要求

1. 托运人责任

托运人托运危险品时，应正确、如实地填写危险品申报单，确保所签署申报单的人员已按规定接受相关危险品知识训练并获得合格证书，且必须保证危险品运输的全部准备工作完全符合相关国家及承运人的有关规定。除非不需要托运人申报单。

托运人必须：

（1）只能用正确的方法填写正确的表格；

（2）确保表格内所填写的内容正确、清楚、易于辨认和耐久；

（3）确保向承运人交运货物时，申报单已签字；

（4）确保交运的货物已按照要求准备完毕。

2. 不需要填写危险品申报单的物质和物品

下列情况不需要填写托运人危险品申报单：

（1）UN3146，液压物品；

（2）UN3146，气压物品；

（3）UN 3373，B 级生物物质；

（4）UN 1845，固体二氧化碳（干冰），干冰用作非危险品制冷剂；

（5）例外数量危险品；

（6）UN 3245，转基因生物，转基因微生物；

（7）符合包装说明 965—970 第Ⅱ部分的锂离子或锂金属电池芯或电池；

（8）UN 2807，磁性物质；

（9）放射性物品，例外包装件（RRE）。

3. 文件保存

（1）托运人必须保留一份危险品运输相关文件至少 24 个月，包括危险品申报单、航空货运单以及所需的补充资料和文件。

（2）如果文件是以电子形式保存或存储在电脑系统中，托运人必须保留打印的纸质文件。

二、托运人危险品申报单

1. 基本要求

托运人危险品申报单，简称申报单。英文名称 SHIPPER'S DECLARATION FOR DANGEROUS GOOGS，缩写 DGD。

凡将危险品提交航空运输的托运人，应当向承运人提供正确填写并签字的危险品申报单，申报单应采用《危险品规则》标准格式。

申报单中应当有托运人签字的声明，表明按运输专用名称对危险品进行了完整、正确地描述和该危险品是按照《危险品规则》地规定进行了分类、识别、包装、加标记、贴标签，并符合航空运输地条件。

必要时，托运人应当提供物品安全数据说明书或承运人认可的鉴定机构出具的符合航空运输条件地鉴定书。托运人应当确保申报单、物品安全数据说明书或者鉴定书所列货物与其实际托运的货物保持一致。

托运人或其代理人必须在申报单上签署姓名和日期。托运人应当确保所有办理托运手续和签署危险品运输文件的人员已按规定和要求接受相关危险品知识培训并合格。

2. 申报单填写样例

图 2.48 和图 2.49 为完整的托运人申报单的填写样例，以便使接收非危险品的人员认识申报单模样。

特别注意，只完成普通货物收运培训大纲的人员，没有资格接收危险品，在任何情况下都不得接收托运人申报单中所述的危险品。

SHIPPER'S DECLARATION FOR DANGEROUS GOODS

IATA

Shipper ABC Company 1000 High Street Youngville, Ontario Canada	Air Waybill No. 800 1234 5686 Page 1 of 1 Pages Shipper's Reference No. (optional)
Consignee CBA Lte 50 Rue de la Paix Paris 75 006 France	

Two completed and signed copies of this Declaration must be handed to the operator.

WARNING

Failure to comply in all respects with the applicable Dangerous Goods Regulations may be in breach of the applicable law, subject to legal penalties.

TRANSPORT DETAILS

This shipment is within the limitations prescribed for:

(delete non-applicable)

~~PASSENGER AND CARGO AIRCRAFT~~	CARGO AIRCRAFT ONLY

Airport of Departure (optional): Youngville

Airport of Destination (optional): Paris, Charles de Gaulle

Shipment type: (delete non-applicable)

NON-RADIOACTIVE	~~RADIOACTIVE~~

NATURE AND QUANTITY OF DANGEROUS GOODS

Dangerous Goods Identification						
UN or ID No.	Proper Shipping Name	Class or Division (subsidiary hazard)	Packing Group	Quantity and Type of Packing	Packing Inst.	Authorization
UN 1816	Propyltrichlorosilane	8 (3)	II	3 Plastic Drums x 30 L	876	
UN 3226	Self-reactive solid type D (Benzenesulphonyl hydrazide)	Div. 4.1		1 Fibreboard box x 10 kg	459	
UN 1263	Paint	3	II	2 Fibreboard boxes x 4 L	353	
UN 1263	Paints	3	III	1 Fibreboard box x 30 L	366	
UN 3166	Vehicle, flammable liquid powered	9		1 automobile 1350 kg	950	
UN 3316	Chemical kits	9	II	1 Fibreboard box x 3 kg	960	
UN 2794	Batteries, wet, filled with acid	8		1 Wooden box 50 kg	870	
UN 1066	Nitrogen, compressed	2.2		1 Steel cylinder x 16 kg	200	
UN 0255	Detonators, electric	1.4B		5 Fibreboard boxes x 2kg (NEQ 0.11 kg)	131	

Additional Handling Information

The packages containing UN3226 must be protected from direct sunlight and all sources of heat and be placed in adequately ventilated areas.
24-hour Number: +1 905 123 4567

I hereby declare that the contents of this consignment are fully and accurately described above by the proper shipping name, and are classified, packaged, marked and labelled/placarded, and are in all respects in proper condition for transport according to applicable international and national governmental regulations. I declare that all of the applicable air transport requirements have been met.

Name of Signatory
B. Smith

Date
1 January 2021

Signature
(See warning above) *B. Smith*

图 2.48 申报单填写样例（手工格式）

SHIPPER'S DECLARATION FOR DANGEROUS GOODS   IATA

Shipper ABC Company 1000 High Street Youngville, Ontario Canada	Air Waybill No. 800 1234 5686 Page 1 of 1 Pages Shipper's Reference No. (optional)

| Consignee
CBA Lte
50 Rue de la Paix
Paris 75 006
France | |

Two completed and signed copies of this Declaration must be handed to the operator.

TRANSPORT DETAILS	**WARNING**
This shipment is within the limitations prescribed for: *(delete non-applicable)*	Failure to comply in all respects with the applicable Dangerous Goods Regulations may be in breach of the applicable law, subject to legal penalties.

~~PASSENGER AND CARGO AIRCRAFT~~	CARGO AIRCRAFT ONLY	Airport of Departure (optional): Youngville

Airport of Destination (optional): Paris, Charles de Gaulle

Shipment type: *(delete non-applicable)*

NON-RADIOACTIVE	~~RADIOACTIVE~~

NATURE AND QUANTITY OF DANGEROUS GOODS

UN Number or Identification Number, Proper Shipping Name, Class or Division (subsidiary hazard), Packing Group (if required) and all other required information.

```
UN1816, Propyltrichlorosilane, 8 (3), II // 3 Plastic drums x 30L//876

UN3226, Self-reactive solid type D (Benzenesulphonyl hydrazide), Div. 4.1
1 Fibreboard box x 10 kg
459

UN1263, Paint, Class 3, II
2 Fibreboard boxes x 4L
3 Plastic drums x 60L
364

UN1263, Paints, 3, PGIII
1 Composite steel drum (6HA1) x 30L
366

UN3166, Vehicle, flammable liquid powered, 9 // 1 automobile 1350kg // 950

UN3316, Chemical kits, 9, II // 1 Fibreboard box x 3kg// 960
```

Additional Handling Information
The packages containing UN3226 must be protected from direct sunlight and all sources of heat and be placed in adequately ventilated areas.
24-hour Number: +1 905 123 4567

I hereby declare that the contents of this consignment are fully and accurately described above by the proper shipping name, and are classified, packaged, marked and labelled/placarded, and are in all respects in proper condition for transport according to applicable international and national governmental regulations. I declare that all of the applicable air transport requirements have been met.	Name of Signatory B.Smith Date 2021-01-01 Signature *(See warning above)* *B.Smith*

图 2.49　申报单填写样例（计算机格式）

3. 申报单识别等相关栏目填写样例

对于承担填制机长通知单职责的人员，应熟悉申报单相关栏目内容。主要包括航空货运单号码，运输专用名称，UN/ID 编号，类别/项别，包装等级，包装件数量、每个包装件的净数量或毛重、包括计量单位，集合包装件数及含有的危险品，不同危险品装入同一包装件的件数和含有的危险品，机型等。

（1）不同危险品装在同一 UN 外包装内的申报单填写样例，如图 2.50 所示。

图 2.50　申报单填写样例 1

（2）含有相同内装物的多个集合包装的申报单填写样例，如图 2.51 所示。

600 个装有气溶胶的纤维板箱子，组成 3 个相同的集合包装，每个集合包装含有 200 个包装件，净重 40 kg。三个集合包装，编号分别是#1234、#2345、#1841。

图 2.51　申报单填写样例 2

（3）含有不同内装物的多个集合包装的申报单填写样例，如图 2.52 所示。

600 个装有气溶胶的纤维板箱子，分别包装在 2 个不同的、3 个相同的集合包装。第一种集合包装，含有 200 个纤维板箱子，每个箱子内含有 UN1950 净重 0.2 ，总重 40 呈，编号为#AA44；第二种集合包装，含有 100 个纤维板箱子，每个箱子含有 UN1950 净重 0.1 kg，总净重 10 kg，编号为#AB62；第三种集合包装，含有 100 个纤维板箱子，每个箱子含有 UN1950 净重 0.3 kg，总净重 30 kg，这种集合包装一共有 3 个，编号分别为＃ AB60、#AA72、#AA84。

NATURE AND QUANTITY OF DANGEROUS GOODS						
Dangerous Goods Identification						
UN or ID No.	Proper Shipping Name	Class or Division (Subsidiary risk)	Packing Group	Quantity and type of packing	Packing Inst.	Authorization
UN1950	Aerosols, flammable	2.1		200 Fibreboard boxes x 0.2 kg Overpack used #AA44 Total net quantity 40 kg 100 Fibreboard boxes x 0.1 kg Overpack used #AB62 Total net quantity 10 kg 100 Fibreboard boxes x 0.3 kg Overpack used x 3 #AA60 #AA72 #AA84 Total quantity per overpack 30 kg	203	

图 2.52 申报单填写样例 3

三、航空货运单

对于危险品的航空货运单，只介绍如何填写操作注意事项栏和运价计算栏。

如果货运单上所列的货物为需要申报单的危险品，则必须在货运单的"Handling Information"栏内注明如下内容。

1. 客机与货机均可运输的危险品

对于客机与货机均可运输的危险品，注明"DANGEROUS GOODS AS PER ASSOCIATED SHIPPER'S DECLARATION" or "DANGEROUS GOODS AS PER ASSOCIATED DGD"（危险品见相关托运人申报单），如图 2.53 所示。

61 版《危险品规则》中的托运人声明"Dangerous Goods as per attached Shipper's Declaration"或"Dangerous Goods as per attached DGD"（危险品如所附托运人申报单），仍可沿用至 2022 年 12 月 31 日。

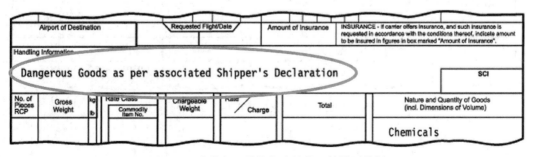

图 2.53 客货机运输的危险品货运单填写样例

2. 仅限货机运输的危险品

对于仅限货机运输的危险品，还应额外注明"Cargo Aircraft Only"或"CAO"。如图 2.54 所示。

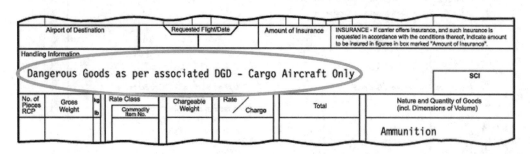

图 2.54　客货机运输的危险品货运单填写样例

3. 混运货物中的危险品

如果一票货运单内既包含有危险品货物又含有非危险品货物，则在"Handling Information"栏内注明危险品的件数，此数字可以标注在"DANGEROUS GOODS AS PER ASSOCIATED SHIPPER'S DECLARATION"or"DANGEROUS GOODS AS PER ASSOCIATED DGD"字样的前面或后面。如图 2.55 所示。

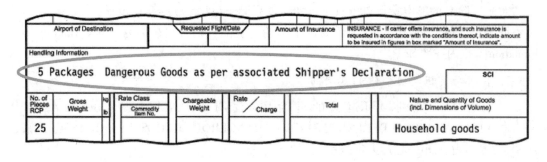

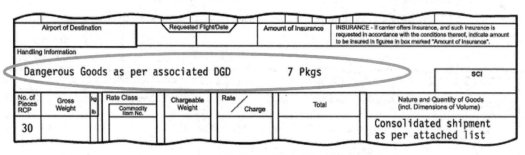

图 2.55　含有危险品的集运货物的货运单填写样例

4. 不需要申报单的危险品

对于不需要申报单的危险品，应在货运单的"Nature and quantity of Goods（货物性质

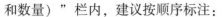

和数量）"栏内，建议按顺序标注：

（1）UN 或 ID 编号（磁性物质不需要）；

（2）运输专用名称；

（3）包装件数量（一票货物只有一个包装件除外）；

（4）每个包装件的净数量（UN1845 干冰必须填写）。

干冰作为非危险品制冷剂时，货运单的填写如图 2.56 所示。

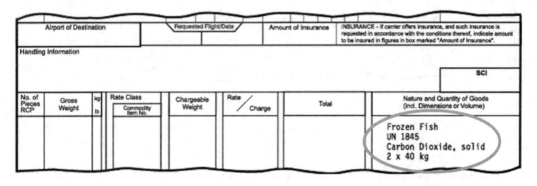

图 2.56　不需要申报单的货运单填写样例

当干冰是用来作为非限制性物品或物质制冷剂时，若已在危险品申报单进行了描述，则不需要在货运单上另做说明。

当干冰是用来作为需填制申报单的危险品制冷剂时，干冰的信息也必须填写在危险品申报单。

5. 例外数量危险品

对于例外数量危险品，不需要申报单，在货运单的"Nature and quantity of Goods（货物性质和数量）"栏内注明"Dangerous Goods in Excepted Quantities（例外数量危险品）"和"The number of packages（包装件数量，一票货物只有一个包装件的除外）"。如图 2.57 所示。

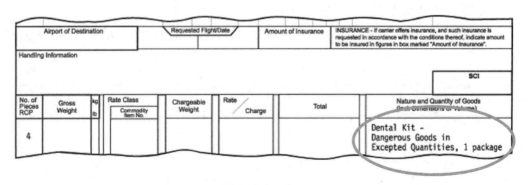

图 2.57　例外数量危险品的货运单填写样例

6. 锂电池货物货运单填写样例（图 2.58）

按照包装说明 965-970 第 II 部分包装的锂电池货物货运单填写，如图 2.58 所示。

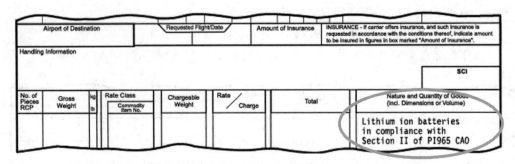

图 2.58　按照 PI965 第 II 部分包装的锂离子电池货运单填写样例

7. 锂电池货物货运单填写样例（图 2.59）

按照包装说明 965 和包装说明 968 第 II 部分包装的锂电池货物货运单填写，如图 2.59 所示。

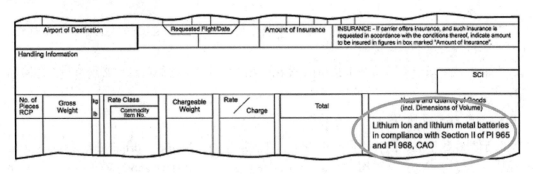

图 2.59　按照 PI965 和 PI968 第 II 部分包装的锂离子电池货运单填写样例

8. 锂电池货物货运单填写样例（图 2.60）

按照包装说明 966 和包装说明 967 第 II 部分包装的锂电池货物货运单填写，如图 2.60 所示。

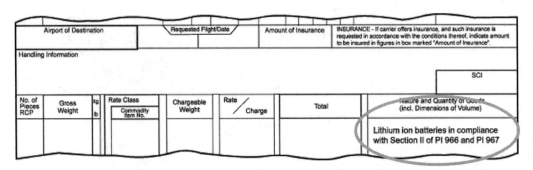

图 2.60　按照 PI966 和 PI967 第 II 部分包装的锂离子电池货运单填写样例

9. 非限制性物品

如果某种物品或物质可能被怀疑具有危险性，但并不符合危险品各类或项别的划分标准，该物品或物质应作为非限制性物品运输，必须在货运单的品名栏注有"Not Restricted（非限制性物品）"表明已做过检查。

当某件货物根据特殊规定不受限时，必须在货运单的品名栏中注明"Not restricted as per special provision Axx."（国际运输）或"根据特殊规定 Axx，此货物为非限制性物品。"（国内运输）字样来注明已用的特殊规定。如图 2.61 所示。

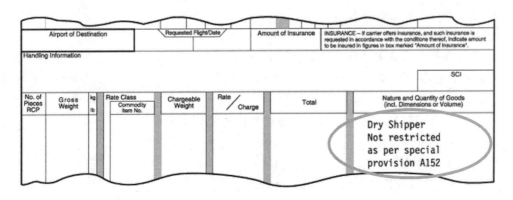

图 2.61 按照特殊规定的非限制性物品的货运单填写样例

如果一个包装件上显示有一个或多个菱形象形图标时，表明包装件内装物可能是危险品。为了方便运输，若带有 GHS 象形图标又没有申报为危险品的包装件交付运输时，托运人应在货运单上或其他替代文件上注明"Not Restricted（非限制性物品）"。

四、补充文件

危险品运输中，大多数情况下，托运人应提供危险品申报单和货运单运输文件，但有时，对于需要批准和豁免的货物，托运人还应该提供其文件。主要有以下五种。

（1）根据特殊规定 A1、A2 等批准运输的危险品，必须随附批准文件，注明数量限制、包装要求、机型（适用的话）及其他相关信息。如果按照 A2 批准，还应标注标签要求。

（2）当危险品装在移动式储罐中运输时，必须随附一份主管当局批准的文件。

（3）当危险品按照 DGR5.0.6.7 规定的包装中运输时，必须随附一份主管当局批准的文件。

（4）某些需要事先批准的（DGR3.5.2.3.1 和 3.4.1.2.4.1 的规定）有机过氧化物和自反应物质，必须随附一份主管当局批准的文件。

（5）当经豁免装运危险品时，必须随附货物一份所有适用范围内国家的豁免文件。

这些文件应与危险品申报单和航空货运单一起运输，用英文书写，可加注其他翻译文字。

■ 章节练习题

1. 指出下列物质的合适类别或项别。

非易燃无毒气体_____易燃固体_____有毒物质_____。

易燃液体_____氧化剂_____放射性物质_____。

2. 第 6 类危险品分为_____和_____。

3. 请举例属于 4.2 项的物品有哪些？

4. 氧气瓶应该粘贴的标签是_____。

5. 自身反应物质应该贴的标签是_____。

6. 爆炸品根据其具有的危险性类型，划分为_____个配装组，每一项内的不同爆炸品被指定为其中一个配装组。被认为可以_____的各种爆炸性物质列入_____。

7. 闭杯闪点<23℃，初沸点>35℃的易燃液体的包装等级是_____。

8. 第 5 类危险品分为_____和_____两项。

9. 感染性物质是指_____。

10. 盛装危险品的包装有两种方式，分别是_____和_____。

11. 危险品包装件上的标记分为两类，一类是_____，另外一类是_____。

第三章　危险品运输限制

有些危险品，由于危险性太大，在任何情况下都被禁止航空运输。另一些危险品，在一般情况下被禁止运输，但在有关国家的特殊批准下可进行航空运输。还有一些危险品被禁止在客机上运输，但可以在货机上运输。大多数危险品可以在客机和货机上运输。

对允许空运的危险品有许多限制，在《危险品规则》规定了这些限制。此外，国家和承运人都可能有进一步的限制，被称为差异。

例外数量危险品和有限数量危险品的限制要求，见第二章第三节危险品包装部分内容。

第一节　可接收的危险品

危险品可通过货物、邮件、承运人物资和行李被带上飞机。

大多数危险品在严格遵守一定原则的情况下，可以通过航空进行运输，但须按照《危险品规则》为运输做好所有准备。

危险品表按名称列出最常运输的危险品，并标明在客机和（或）货机上每个包装件允许盛装的最大净数量。

如果每一包装件盛装的危险品超过在客机上允许的最大净数量，则只能仅限货机运输。

如图 3.1 所示，UN3065，酒精体积百分比超过 70% 的酒精饮料。如果每一包装件盛装的净数量不超过 5 L，可以在客机上运输；如果每一包装件盛装的净数量位 60 L，则只能仅限货机运输，禁止客机运输。

例如 UN1988，包装等级为 Ⅰ 级时，禁止在客机上运输，只能仅限货机运输，且每一包装件的净数量不能超过 30 L。包装等级为 Ⅱ 和 Ⅲ 级时，均可在客货机上运输。

一般情况下，旅客或机组人员托运行李或随身物品不允许携带危险品。禁止作为行李的物品可作为货物接收，必须满足《危险品规则》所有规定。

UN/ID no.	Proper Shipping Name/Description	Class or Div. (Sub Hazard)	Hazard Label(s)	PG	EQ see 2.6	Passenger and Cargo Aircraft Ltd Qty				Cargo Aircraft Only		S.P. see 4.4	ERG Code
						Pkg Inst	Max Net Qty/Pkg	Pkg Inst	Max Net Qty/Pkg	Pkg Inst	Max Net Qty/Pkg		
A	B	C	D	E	F	G	H	I	J	K	L	M	N
3065	Alcoholic beverages containing more than 70% alcohol by volume	3	Flamm. liquid	II	E2	Y341	1 L	353	5 L	364	60 L		3L
	Alcoholic beverages, containing 24% or less alcohol by volume					Not Restricted		Not Restricted		Not Restricted			
	Alcohol, industrial, see Alcohols, flammable, toxic, n.o.s. ★ (UN 1986) or Alcohols, n.o.s. ★ (UN 1987)												
1987	Alcohols, n.o.s. ★	3	Flamm. liquid	II III	E2 E1	Y341 Y344	1 L 10 L	353 355	5 L 60 L	364 366	60 L 220 L	A3 A180	3L 3L
1986	Alcohols, flammable, toxic, n.o.s. ★	3 (6.1)	Flamm. liquid & Toxic	I II III	E0 E2 E1	Forbidden Y341 Y343	Forbidden 1 L 2 L	Forbidden 352 355	Forbidden 1 L 60 L	361 364 366	30 L 60 L 220 L	A3	3HP 3HP 3P
	Aldehyde, see Aldehydes, n.o.s. ★ (UN 1989)												
	Aldehyde ammonia, see Acetaldehyde ammonia (UN 1841)												
1989	Aldehydes, n.o.s. ★	3	Flamm. liquid	I II III	E3 E2 E1	Forbidden Y341 Y344	1 L 10 L	351 353 355	1 L 5 L 60 L	361 364 366	30 L 60 L 220 L	A3	3H 3H 3L
1988	Aldehydes, flammable, toxic, n.o.s. ★	3 (6.1)	Flamm. liquid & Toxic	I II III	E0 E2 E1	Forbidden Y341 Y343	1 L 2 L	Forbidden 352 355	1 L 60 L	361 364 366	30 L 60 L 220 L	A3	3HP 3HP 3P
2839	Aldol	6.1	Toxic	II	E4	Y641	1 L	654	5 L	662	60 L		6L

图 3.1 危险品表节选

第二节 禁运、豁免和批准运输的危险品

一、在任何情况下都被禁止空运的危险品

有些危险品，由于危险性太大，在任何情况下都被禁止航空运输。

在正常运输条件下，容易发生爆炸、危险性化学反应、起火或产生导致危险的热量、散发导致危险的毒性、腐蚀性或易燃性的气体或蒸气的任何物品或物质，在任何情况下都禁止航空运输。

部分符合上述描述的禁运危险品，在 DGR 危险品表中，G、H、I、J、K 和 L 栏中用"Forbidden"（禁运）字样表明，且这些物质并没有被分配联合国编号。

例如：Copper acetylide（乙炔铜）和 Copper amine azide（铜胺叠氮化物）在危险品表中被列为禁运物质，如图 3.2 所示。

	Copper acetylide					Forbidden	Forbidden	Forbidden	
	Copper amine azide					Forbidden	Forbidden	Forbidden	

图 3.2 在任何情况下禁运的危险品

二、经豁免可以运输的危险品

在特别紧急的情况下，或当其他运输方式不适宜时，或完全遵循危险品运输规则的规定将违背公众利益时，在尽一切努力保证运输整体安全水平，与危险品运输规则所规定的安全水平相当的前提条件下，有关国家可对危险品运输规则中的规定给予豁免。

出于豁免的目的，相关国家指始发国、承运人所在国、中转国、飞越国、目的站国。

豁免至少包括如下方面的内容：

（1）UN 编号或 ID 编号、运输专用名称和类别；

（2）包装及适用的数量；

（3）任何特别操作要求，任何特别应急响应信息；

（4）托运人及收货人姓名及地址；

（5）始发机场及目的机场名称，飞行路线，运输日期；

（6）豁免的有效期限。

有关每个包装件允许的数量以及这些国家主管当局对豁免物质的详细包装件要求都收录在 ICAO 技术细则附录中。这将保证与《危险品规则》所要求的安全标准保持在同等水平。政府的豁免文件中要注明所要求的包装件详细内容，并将文件随附货物。

一份由有关国家签发的豁免文件（英文版）副本，必须提交给承运人且随附于货物。是否接收豁免的危险品运输，取决于承运人的认可。建议托运人和承运人联系做出事先安排，作为申请豁免危险品运输计划的一部分。

例如，Dinitroglycoluril（地硝基氯利）和 Dinitrophenol（二硝基酚）在危险品表中被列为禁运物质，但可以经豁免后运输。如图 3.3 所示。

0489	Dinitroglycoluril	1.1D				Forbidden	Forbidden	Forbidden	1L
	Dinitromethane					Forbidden	Forbidden	Forbidden	
0076	Dinitrophenol dry or wetted with less than 15% water, by weight	1.1D (6.1)				Forbidden	Forbidden	Forbidden	1P

图 3.3　经豁免可运输的危险品

三、经批准运输的危险品

除本规则明确规定的以外，有关国家可以签发批准以允许危险品的运输。在这种情况下，其总体安全水平应相当于本规则提出的运输安全水平。

通常情况下，有关国家应用特殊规定 A1、A2（见 DGR4.4）对适用的物品或物质实施批准程序。

如 A1，A2，需要国家主管当局对原禁运危险品、特需运输"批准"后，才可进行客机或货机运输。这些"批准"不属于国家"豁免"。

特殊规定 A1 是特指那些通常情况下禁止客机运输，只允许货机运输的物质，在经承运人所属国和货物始发国有关当局批准后，并按照该有关当局制定的书面条件才可以用客机运输。

特殊规定 A2 是特指那些通常情况下禁止货机和客机运输的物质，在经承运人所属国和货物始发国有关当局批准后，并按照该有关当局制定的书面条件才可以用货机运输。

如始发国及承运人以外的其他国家，在其国家差异中规定按本特殊规定运输的危险品，必须事先得到其同意，则必须视情得到过境、飞越、目的地国家的批准。

在每一种情况下，批准的文件包括数量限制、包装要求，且必须有一份伴随货物运输。

例如图 3.4 所示，UN0289 在得到承运人所在国家和始发国当局签发的 A1 批准证明及承运人许可后可用客机运输。UN1363 和 UN0065 在得到承运人所在国家和始发国当局签发的 A2 批准证明及承运人许可后可用货机运输。

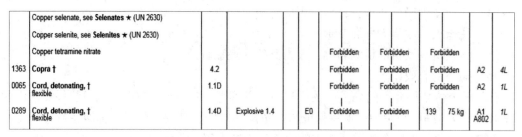

	Copper selenate, see **Selenates** ★ (UN 2630)								
	Copper selenite, see **Selenites** ★ (UN 2630)								
	Copper tetramine nitrate				Forbidden	Forbidden	Forbidden		
1363	Copra †	4.2			Forbidden	Forbidden	Forbidden	A2	4L
0065	Cord, detonating, † flexible	1.1D			Forbidden	Forbidden	Forbidden	A2	1L
0289	Cord, detonating, † flexible	1.4D	Explosive 1.4	E0	Forbidden	Forbidden	139 75 kg	A1 A802	1L

图 3.4 经特殊批准可运输的危险品

是否收运经批准的货物取决于承运人，也就是说承运人有接收权。建议托运人和承运人联系做出事先安排，作为申请批准危险品运输计划的一部分。

第三节　常见隐含危险品识别及预防措施

在托运人按照一般情况申报的货物中，可能隐含有某些危险品。承运人或其销售代理人、地面服务人收运部门应建立预防隐含危险品的措施，对怀疑含有危险品的货物进行检查。

一、隐含危险品典型实例

（1）紧急航材，AIRCRAFT ON GROUND（AOG）SPARES

航空器零备件/设备，AIRCRAFT SPARE PARTS/AIRCRAFT EQUIPMENT 同"紧急航材"。

可能含有爆炸品（照明弹或其他烟火信号弹）、化学氧气发生器、不能使用的轮胎组件、压缩气体（氧气瓶、二氧化碳气瓶、氮气瓶或灭火瓶）、油漆、黏合剂、气溶胶、救生用品、急救包、设备中的燃料、湿电池或锂电池、火柴等。

（2）汽车、汽车零部件/用品（轿车、机动车、摩托车），AUTOMOBILES、AUTO-MOBILES PARTS（CAR，MOTOR，MOTORCYCLE）

可能含有虽不符合对磁性物质的定义，但可能因影响飞机仪表而需要特殊装载。也可能含有发动机、包括燃料电池发动机、化油器或含有装过燃油的油箱、湿电池或锂电池、轮胎充气装置中的压缩气体、灭火瓶、含氮的减震器/支架、气囊冲压器/气囊组件、易燃黏合剂、油漆、密封剂和溶剂等。

（3）电池供电的装置/设备，BANTTERY-POWERED DEVICES/EQUIPMENT

可能含有湿电池或锂电池。

（4）呼吸器，BREATHING APPARATUS

可能含有压缩空气瓶或氧气瓶，化学氧气发生器或深冷液化氧气。

（5）野营用具，CAMPING EQUIPMENT

可能含有易燃气体（丁烷、丙烷等）、易燃液体（煤油、汽油等）、易燃固体（四氮六甲圜/乌洛托品、火柴等）或其他危险品。

（6）轿车、轿车零部件，CARS、CAR PARTS

见汽车、汽车零部件等。

（7）化学品，CHEMICALS

可能含有任何类别符合危险品定义的物质，尤其是易燃液体、易燃固体、氧化性物质、有机过氧化物、毒性或腐蚀性物质。

（8）承运人物资，COMAT（COMPANY MATERIALS）

如航空器零件，可能含有不可或缺的危险品，如旅客服务设备（PSU）中的化学氧气发生器、各种压缩气体，如氧气、二氧化碳和氮气；气体打火机、气溶胶、灭火瓶；易燃液体，如燃油、油漆和黏合剂；腐蚀性材料，如电池；其他物品，如照明弹、急救包、救生设备、火柴、磁性材料等。

（9）集运货物（零货集合），CONSOLIDATED CONSIGNMENTS（GROUPAGES）

可能含有任何种类的危险品。

（10）低温物质（液体），CRYOGENIC（LIQUID）

表示有低温液化气体，如氩、氮、氖、氦等。

（11）气瓶，CYLINDERS

可能含有压缩或液化气体。

（12）牙科器械，DENTAL APPARATUS

可能含有易燃树脂或溶剂、压缩或液化气体、汞或放射性物品。

（13）诊断标本，DIAGNOSTIC SPECIMENS

可能含有感染性物质。

（14）潜水设备，DIVING EQUIPMENT

可能含有压缩气瓶（氧气或空气），如自携式潜水呼吸器氧气桶、背心气瓶等。也可能含强光潜水灯，当在空气中启动时可能产生极的高热量。为安全载运，灯泡或电池必须断开连接。

（15）钻探及采掘设备，DRILLING AND MINING EQUIPMENT

可能含有爆炸品和（或）其他危险品。

（16）液氮干装，DRY SHIPPER（VAPOUR SHIPPER）

可能含有游离液氮。只有在包装以任何方向朝向放置液氮都不会流出的情况下，才不受危险品运输限制。

（17）电气设备/电子设备，ELECTRICAL EQUIPMENT/ELECTRONIC WQUIPMENT

可能含磁性材料或在开关装置或电子管中的汞、湿电池、锂电池或燃料电池或含有装过燃料的燃料电池盒。

（18）电动器械（轮椅、割草机、高尔夫球车等），ELECTRICALLY POWERED APPARATUS（WHEELCHAIRS, LAWN MOWERS, GOLF CARTS, ETC.）

可能装有湿电池、锂电池或燃料电池或盛有或曾经盛装燃料的燃料电池箱。

（19）探险设备，EXPEDITIONARY EQUIPMENT

可能含有爆炸品（照明弹）、易燃液体（汽油）、易燃气体（丙烷、野营燃气）或其他危险品。

（20）摄制或媒体设备，FILM CREW OR MEDIA EQUIPMENT

可能含爆炸性烟火装置、内燃机发电机、湿电池、燃料、发热物品等。

（21）冷冻胚胎，FORZEN EMBRYOS

可能含深冷液化气体或固体二氧化碳（干冰）。

（22）冷冻水果、蔬菜等，FROZEN FRUIT、VEGETABLES, ETC.

可能含有固体二氧化碳（干冰）。

（23）燃料，FUELS

可能含有易燃液体，易燃固体或易燃气体。

（24）燃料控制器，FUEL CONTROL UNIT

可能含有易燃液体。

（25）热气球，HOT AIR BALLOON

可能含装有易燃气体的气瓶、灭火器、内燃机、电池等。

（26）家庭用品，HOUSEHOLD GOODS

可能含有符合危险品任何标准的物品，包括易燃液体如溶剂型油漆、黏合剂、上光剂、气溶胶、漂白剂、腐蚀剂罐或下水道清洁剂，弹药，火柴等。

（27）仪器，INSTRUMENTS

可能含有汞的气压计、血压计、汞开关、整流管、温度计等物品。

（28）实验/试验设备，LABORATORY/TESTING EQUIPMENT

可能含符合危险品任何标准的物品，特别是易燃液体、易燃固体、氧化性物质、有机过氧化物、毒性或腐蚀性物质、锂电池、压缩气瓶等。

（29）机械部件，MACHINERY PARTS

可能含胶黏剂、油漆、密封胶、溶剂、湿电池和锂电池、汞、含压缩或液化气体的气瓶等。

（30）磁铁或类似物，MAGNETS AND OTHER ITEMS OF SIMILAR MATERIAL

单独或累积可能符合磁性物质的定义。

（31）医疗用品/设备，MEDICAL SUPPLIES/EQUIPMENT

可能含符合危险品任何标准的物品，特别是易燃液体、易燃固体、氧化性物质、有机过氧化物、毒性、腐蚀性物质或锂电池。

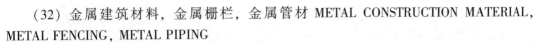

（32）金属建筑材料，金属栅栏，金属管材 METAL CONSTRUCTION MATERIAL, METAL FENCING, METAL PIPING

可能含因影响航空器仪表而需要符合特殊装载要求的铁磁性物质。

（33）汽车部件（轿车、机动车、摩托车），PARTS OF AUTOMOBILE（CAR, MOTOR, MOTORCYCLE）

可能含有湿电池等。

（34）旅客行李，PASSENGERS BAGGAGE

可能含有符合危险品任何标准的物品，包括烟花爆竹、家庭用的易燃液体、腐蚀剂罐或下水道清洁剂、易燃气体或液体的打火机燃料储罐，或野营炉的气瓶、火柴、弹药、漂白粉，根据《危险品规则》规定不允许运输的气溶胶等。

（35）药品，PHARMACEUTICALS

可能含有符合危险品任何标准的物品，特别是放射性物品、易燃液体、易燃固体、氧化性物质、有机过氧化物、毒性或腐蚀性物质。

（36）摄影器材/设备，PHOTOGRAPHIC SUPPLIES/EQUIPMENT

可能含符合危险品标准的物品，特别是发热装置、易燃液体、易燃固体、氧化性物质、有机过氧化物、毒性或腐蚀性物质或锂电池。

（37）促销材料，PROMOTIONAL MATERIAL

见"旅客行李"。

（38）赛车或摩托车队设备，RACING CAR OR MOTORCYCLE TEAM EQUIPMENT

可能装有发动机，包括燃料电池发动机、化油器或含燃料或残余燃料的油箱、易燃气溶胶、压缩气瓶、硝基甲烷，其他燃油添加剂或湿电池、锂电池等。

（39）电冰箱，REFRIGERATORS

可能含有液化气体或氨溶液。

（40）修理箱，REPAIR KITS

可能含有机过氧化物、易燃胶黏剂、溶剂型油漆、树脂等。

（41）试验样品，SAMPLES FOR TESTING

可能含有符合危险品任何标准的物品，特别是感染性物质、易燃液体、易燃固体、氧化性物质、有机过氧化物、毒性或腐蚀性物质。

（42）精液，SEMEN

可能使用固体二氧化碳（干冰）或深冷液化气体包装。另见"DRY SHIPPER"。

（43）船舶零配件，SHIPS' SPARES

可能含有爆炸品（照明弹）、含压缩气体的气瓶（救生筏），油漆、锂电池（应急定位发射器）等。

（44）演出、电影、舞台与特殊效果设备，SHOW、MOTION PIC-TURE、STAGE AND SPECIAL EFFECTS EQUIPMENT

可能含易燃物质，爆炸品或其他危险品。

（45）体育运动物品/体育团队设备，SPORTING GOODS/SPORTS TEAM EQUIPMENT

可能含压缩或液化气（空气、二氧化碳等）气瓶、锂电池、丙烷喷灯、急救箱、易燃黏合剂、气溶胶等。

（46）游泳池化学品，SWIMMING POOL CHEMICALS

可能含氧化或腐蚀性物质。

（47）电子设备或仪器开关，SWITCHES IN ELECTRICAL EQUIP -MENT OR INSTRU-MENTS

可能含有汞。

（48）工具箱，TOOL BOXES

可能有爆炸品（射钉枪），压缩气体或气溶胶，易燃气体（丁烷气瓶或焊枪），易燃胶黏剂或油漆、腐蚀性液体、锂电池等。

（49）火炬，TORCHES

小型火炬和通用点火器，可能含易燃气体，并配有电子打火器。大型火炬可能包含按照在易燃气体的容器或气瓶上的火炬头（通常有自主点火开关）。

（50）无人陪伴行李/私人物品，UNACCOMPANIED PASSENGERS BAGGAGE/PER-SONAL EFFECTS

可能含有符合危险品任何标准的物品，包括烟花爆竹、家庭用的易燃液体、腐蚀剂罐或下水道清洁剂、易燃气体或液体打火机燃料储罐，或野营炉的气瓶、火柴、弹药、漂白粉，根据《危险品规则》第 2.3 节规定不允许运输的气溶胶等。

（51）疫苗，VACCINES

包装内可能有固体二氧化碳（干冰）。

二、如何识别是否有隐含危险品

如果有怀疑货物可能含有危险货物，应向货物部询问任何物品的内容。如果发现危险货物或作为一般货物运输，必须向危险货物接收人员或专家寻求援助。

有许多物品的例子可能包含或表明危险货物的存在。可能有消费者标签或标记表明某些危险，或旧标签提供虚假信息。

以下是一些视觉和物理特征的例子，以帮助检测隐含的危险品：

（1）有明显霜冻或接触非常冷的包装可能含有干冰；

（2）染色或湿包装可能表明溢出；

（3）任何气味，可能表明泄漏或泄漏与包装或外包装；

（4）重心移动的包装可能暗示液体含量；

（5）气溶胶喷雾罐在处理过程中可能会发出一种特征的嘎嘎声；

（6）产生烟雾或烟雾的包装；

（7）重复使用的包装，包括旧的危险货物标记或标签；

（8）装有链锯、割草机、野营炉或灯笼的图片、可以使用的发电机的包装有燃料残留物；

（9）制造噪音的包装（嘶嘶、口哨、滴答、振动等）。

三、预防隐含危险品的措施

1. 建立隐含危险品识别程序

各货物收运部门应建立隐含危险品识别程序，编制隐含危险品收运检查单（或类似文件）。当收运人员遇到托运人提供的货物品名为疑似危险品，或从货物品名上无法识别是否属于危险品、或货物品名与隐含危险品典型实例的名称相一致时，应使用隐含危险品收运检查单做进一步识别。

隐含危险品收运检查单可以日期为单位，或以航班为单位进行填写。

隐含危险品收运检查单应至少包括下述内容：检查日期或航班号、货运单号、托运人或其代理人、货物品名、进一步识别措施（通过托运人声明/保函、MSDS、公司认可的鉴定机构出具的报告等形式进行识别）、识别结果（是否为危险品）、检查人。

隐含危险品收运检查单样例见表3-1。

表3-1　隐含危险品收运检查单样例

日期/航班	货运单号码	托运人/代理人	货物品名	进一步识别措施	识别结果	检查人	备注

隐含危险品收运检查单应由收运部门留存至少24个月（以最后检查日期为准）。

2. 张贴危险品运输宣传画

在各货物收运部门醒目地点张贴足够数量的危险品运输宣传画，提示托运人不得按普通货物运输危险品。如图3.5所示。

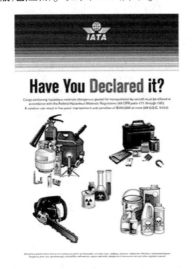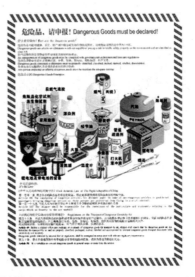

图3.5　危险品运输宣传画

3. 在货物订舱和销售部门张贴《隐含危险品》宣传画，增强相关人员的预防意识

隐含危险品宣传画如图 3.6 所示。

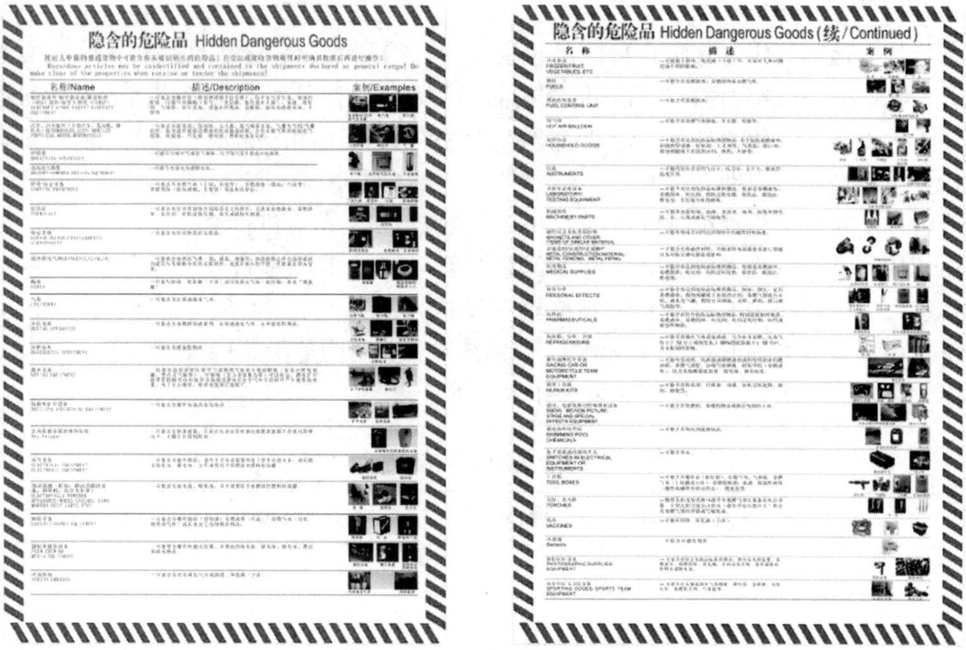

图 3.6　隐含危险品宣传画

4. 加强对收运人员的相关培训、加强对货物销售代理人及地面服务代理人的培训

通过培训，使相关人员了解危险品相关知识，掌握危险品分类、标记、标签等知识和技能，不仅可以从文件及品名识别是否隐含危险品，同时还可以通过货物包装件上可能含有危险品的迹象（如标记、标签）来识别是否隐含危险品。

比如，包装件上的 GHS 菱形象形图标，就表示包装件内可能含有危险品。有些象形图标表明物质仅在供应和使用中存在危险。有些 GHS 象形图（如图 3.7 所示）与航空运输危险品所使用的危险性标签相似，这些货物有可能会符合航空运输危险品某类或项的标准，就需要进一步确认是否属于航空危险品货物。

GHS 是全球化学品统一分类和标签制度的英文缩写。

象形图							
图标名称	爆炸	压力气体	易燃	氧化性和有机过氧化物	有毒	腐蚀	环境危害
危险性说明	爆炸品		气体 气溶胶 液体 固体	氧化性气体 氧化性液体 氧化性固态	急性中毒 皮肤 口服 吸入	腐蚀金属 腐蚀皮肤 严重眼损伤	急性 慢性
	自反应物质及混合物		自反应物质及混合物 自燃液体和固态	有机过氧化物			
	有机过氧化物		自发热物质和混合物				
			遇水释放易燃气体的物质和混合物				

图 3.7　GHS 图标和其标准

四、货运单的填写

交运的货物如属于含有隐含危险品实例列出的品名，或包装件上有 GHS 菱形图标，收运人员应要求托运人仔细检查其货物，如其证实该货物不含有任何危险品，则必须在航空货运单上声明该货物不具有危险性，如在货运单的货物品名栏内注明"Not Restricted（非限制性物品）"。

第四节　旅客和机组携带的危险品

机组及押运人员在行李中携带的危险品可能会对飞行安全构成一定程度的威胁。尽管这些危险品的数量很小，但为保障安全，必须严格遵守关于行李中的危险品的运输规定。

旅客和机组人员禁止携带危险品（包括放射性物品例外包装件）作为交运行李、手提行李或随身携带。

在不妨碍各国航空保安所实施的其他限制的情况下，旅客或机组人员可携带满足条件要求的个人使用的危险品作为行李运输或随身携带。

1. 不得作为行李运输的危险品

（1）含有危险品的保险公文箱、现金箱、现金袋等保密性设备；

（2）使人丧失行为能力的装置；

（3）液氧装置；

（4）电击武器（如泰瑟枪）；

（5）锂电池驱动的打火机。

2. 经承运人批准，仅作为交运行李接收的危险品

（1）安全包装的弹药（轻武器弹药）；

（2）装有密封性湿电池或镍氢电池或干电池的轮椅/助行器；

（3）装有非密封性的轮椅/助行器；

（4）装有锂电池的轮椅/助行器；

（5）装过易燃液体的野营炉具和燃料箱；

（6）安全型设备。

3. 经承运人批准，仅作为手提行李接收的危险品

（1）水银气压计或温度计；

（2）备用锂电池。

4. 经承运人批准，可作为行李运输的危险品

（1）医用的气态氧气或空气气瓶；

（2）安装在设备上的小型非易燃气罐；

（3）雪崩营救背包；

（4）化学品探测设备；

（5）固体二氧化碳（干冰）；

（6）产生热量的物品；

（7）锂电池驱动的电子设备。

5. 无须承运人批准，可接收的危险品

（1）非放射性药用或化妆物品（包括气溶胶）和运动或家用的无次要危险性的 2.2 项的气溶胶；

（2）用于机械假肢的气瓶；

（3）心脏起搏器；

（4）医用/临床用温度计；

（5）安全火柴或打火机；

（6）酒精饮料；

（7）卷发器；

（8）内含锂电池的便携式电子设备（PED）（包括医疗设备）及备用电池；

（9）便携式电子设备中的燃料电池；

（10）含冷冻液氮的保温包装（干式液氮罐）；

（11）与少量易燃液体一起包装的非感染性标本；

（12）内燃发动机或燃料电池发动机；

（13）用于校准空气质量检测设备的渗透装置。

作为例外运输的危险品，不包括在旅客和机组人员携带的危险品清单中。如因医用治疗植入人体的放射性药物；供个人或家庭使用的，包装在零售包装中的节能灯。

6. 旅客与机组人员携带的危险品

旅客和机组人员携带危险品的规定可通过查阅 DGR2.3.A，快速查阅是否可以携带、携带的条件等信息，如图3.8所示。

表2.3.A 旅客与机组人员携带危险品的规定(2.3节)

危险品不得由旅客或机组人员放人或作为交运行李或手提行李携带，下列情况例外。除另有规定外，允许放入手提行李中的危险品也允许带在身上。

	允许在交运行李中或作为交运行李	允许在手提行李中或作为手提行李	需由经营人批准	必须通知机长装载位置
酒精饮料 Alcoholic beverages 在零售包装内体积浓度在24%以上但不超过70%的酒精饮料，装于不超过5L的容器内，每人携带的总净数量不超过5L。	否	是	是	否
安全包装的弹药 Ammunition, securely packaged(仅限1.4S UN0012和UN0014)，仅供本人自用，每人携带毛重不超过5kg。一人以上所携带的弹药不得合并成一个或数个包件。	是	是	否	否
雪崩救援背包 Avalanche rescue backpack 每人允许携带一个。含有2.2项压缩气体的气瓶。也可装备有小于200mg净重的1.4S项物质的焰火引发装置。这种背包的包装方式必须保证不会意外开启。背包中的气囊必须装有减压阀。	是	是	是	否
安装了锂电池的行李 Baggage with installed lithium batteries 电池不可拆卸且超过0.3g锂金属含量或2.7Wh。	禁止			
安装了锂电池的行李 Baggage with installed lithium batteries: —电池不可拆卸，锂离子电池锂金属含量不超过0.3g或锂离子电池不超过2.7Wh。 —电池可拆卸。如果行李交运则必须卸下电池，卸下的电池必须带入客舱。	否	是	是	否
电池，备用/零散的，包括锂电池、密封型电池、镍氢电池和干电池(见2.3.5.8) Batteries, spare/loose, including lithium batteries, non-spillable batteries, nickel-metal hydride batteries and dry batteries (see 2.3.5.8) 便携式电子设备所用电池只允许旅客在手提行李中携带。主要作用是作为电源的制品，如移动电源视为备用电池。这些电池必须单独保护以防止短路。锂金属电池；锂金属含量不得超过2g(见2.3.5.8.4)。锂离子电池；额定瓦特小时不得超过100Wh(见2.3.5.8.4)。每人可最多携带20块备用电池。 *经营人可以批准携带超过20块电池。	否*	否	是	否
密封型电池；电压不得超过12V且不得超过100Wh。每人可最多携带2块备用电池。(见2.3.5.8.5)				
野营炉具和装有易燃液体燃料的燃料罐 Camping stoves and fuel containers that have contained a flammable liquid fuel 带有空燃料罐和/或燃料容器(详见2.3.2.5)。	是	是	否	否
化学品监视设备 Chemical Agent Monitoring Equipment 由禁止化学武器组织(OPCW)的官方人员公务旅行携带的(见2.3.4.4)。	是	是	是	否
使人丧失行为能力的装置 Disabling devices 含有刺激性和使人丧失行为能力的物质，如催泪瓦斯、胡椒喷雾剂等，禁止随身，放入交运行李和手提行李中携带。	禁止			
干冰(固体二氧化碳) Dry ice (carbon dioxide ,solid) 用于不受本规则限制的鲜活易腐食品保鲜的干冰，每位旅客携带不得超过2.5kg，可以作为手提或交运行李，但行李(包件)必须允许释放二氧化碳气体。交运的行李必须标注"干冰"或"固体二氧化碳"及其净重，或注明干冰小于或等于2.5kg。	是	是	否	否
电子香烟 E-cigarettes 含有电池的(包括电子雪茄、电子烟斗、其他私人用汽化器)必须单独保护以防意外启动(见2.3.5.8.2)。	否	否	是	否
电击武器 Electro shock weapons(如泰瑟枪)含有诸如爆炸品，压缩气体、锂电池等危险品，禁止放入手提行李或交运行李或随身携带。	禁止			
含有燃料的燃料电池 Fuel cells 含燃料的，为便携式电子设备供电(如：照相机、手机、笔记本电脑及小型摄像机等)，详见2.3.5.9。	否	否	是	否
备用燃料电池盒 Fuel cell cartridges, spare 为便携式电子设备供电，详见2.3.5.9。	否	是	是	否
小型非易燃气罐 Gas cartridges ,small ,non-flammable 安装在自动充气个人安全设备，如供个人穿着的救生衣或背心上的装有二氧化碳或其他2.2项气体的小型气罐，每件设备装配不超过2个气罐。每位旅客携带不超过2件设备且每件设备另备2个备用气罐，不超过4个其他设备用的小型气罐。水容量最多50mL的气罐。(见2.3.4.2)	是	是	是	否
非易燃无毒气体气瓶 Gas cylinders , non-flammable , non-toxic 用于操作机械假肢的气瓶。以及，为保证旅途中使用而携带的大小相仿的备用气瓶。	否	是	是	否
含有烃类气体的卷发器 Hair curlers containing hydrocarbon gas 如果卷发器的加热器上装有严密的安全罩，则每名旅客或机组人员最多可带一个。这种卷发器任何时候都禁止在航空器上使用，其充气罐不准在手提行李或交运行李中携带。	否	是	是	否
产生热量的物品 Heat producing articles 如水下电筒(潜水灯)和电烙铁(详见2.3.4.6)。	是	是	是	否

(a)

表 2.3.A　旅客与机组人员携带危险品的规定(2.3节)(续)

	需由经营人批准	允许在交运行李中或作为交运行李	允许在手提行李中或作为手提行李	必须通知机长装载位置
含有冷冻液氮的隔热包装 Insulated packagings containing refrigerated liquid nitrogen（液氮干装）液氮被完全吸附于多孔物质中，内装物仅为非危险品。	否	是	是	否
内燃机或燃料电池发动机 Internal combustion or fuel cell engines 必须符合 A70（详见 2.3.5.12）	否	是	否	否
锂电池；含有锂金属或锂离子电池芯或电池的便携式电子设备(PED) Lithium Batteries；Portable electronic devices(PED) containing lithium metal or lithium ion cells or batteries,包括医疗设备如便携式集氧器(POC)和消费电子产品,如照相机、移动电话、笔记本电脑和平板电脑(见 2.3.5.8)。锂金属电池的锂含量不得超过2g,锂离子电池的瓦时数不得超过 100Wh。在交运行李中的设备必须完全关闭并且加以保护防止损坏(不能为唤醒或休眠模式)。每人可最多携带 15 台 PED。 *经营人可以批准携带超过 15 台 PED。	否*	是	是	否
锂电池；备用/零散的,包括移动电源,见电池,备用/零散的				
锂电池驱动的电子设备 Lithium battery-powered electronic devices 供便携式电子设备(包括医用)使用的瓦特小时大于 100Wh 但不大于 160Wh 的锂离子电池。锂金属含量超过2g 但不超过 8g 的仅供便携式医疗电子设备专用的锂金属电池。在交运行李中的设备必须完全关闭并且加以保护防止损坏(不能为睡眠模式或休眠模式)。	是	是	是	否
锂电池；备用/零散的 Lithium batteries,spare/loose 消费类电子装置和便携式医疗电子设备(PMED)使用的瓦特小时大于100Wh 但不大于 160Wh 的锂离子电池,或仅供便携式医疗电子设备(PMED)专用的锂金属含量超过 2g 但不超过 8g 的锂金属电池。最多2块备用电池放在手提行李中携带。这些电池必须单独保护以防短路。	是	否	是	否
安全火柴(一小盒)或一个小型香烟打火机 Matches,safety(one small packet)or a small cigarette lighter 个人使用带在身上的不含未被吸附的液体燃料且非液化气体的打火机。打火机燃料或燃料充填罐不允许随身携带,也不允许放入交运行李或手提行李中。 注："即擦式"火柴、"蓝烟"、"雪茄"打火机或无安全帽/防止意外启动保护措施的锂电池驱动的打火机禁止运输。(见 2.3.5.8.4(e))	否	带在身上		
助行器 Mobility Aids:装有密封型蓄电池、镍氢电池或干电池的电动轮椅或其他类似助行器(见 2.3.2.2)。	是	是	否	是
助行器 Mobility Aids:装有非密封型蓄电池或锂离子电池的轮椅或其他类似电动助行器(详见 2.3.2.3 和 2.3.2.4)。	是	是	否	是
助行器 Mobility Aids:装有锂电池的轮椅或其他类似电动助行器,如果该助行器的设计允许电池拆卸,则必须将电池在客舱内携带(详见 2.3.2.4.3(b)2)。	是	否	是	是
非放射性药品或化妆品 Non-radioactive medicinal or toiletry articles(包括气溶胶)如发胶、香水、科隆香水以及含酒精的药品;和非易燃无毒(2.2项)的气溶胶 Non-flammable,non-toxic(Division 2.2) areasols,无次要危险性,体育运动用或家用。非放射性药品或化妆品和 2.2 项非易燃无毒的气溶胶总净数量不得超过 2 千克或 2 升,每单个物品的净数量不得超过 0.5 千克或 0.5 升。气溶胶阀门必须有盖子或用其他方法保护,以防止意外打开阀门释放内容物。	否	是	是	否
氧气或空气气瓶 Oxygen or air,gaseous,cylinders 用于医学用途,气瓶的毛重不得超过 5 千克。 注:液态氧装置禁止运输。	是	是	是	是
渗透装置 Permeation devices 必须符合 A41(详见 2.3.5.13)	否	是	否	否
放射性同位素心脏起搏器 Radioisotopic cardiac pacemakers 或其他装置,包括那些植入体内或体外安装的以锂电池为动力的装置。	否	带在身上		
保安型设备 Security-type equipment(详见 2.3.2.6)		是	否	否
保险型公文箱,现金箱,现金袋 Security-type attache cases,cash boxes,cash bags 除 2.3.2.6 节以外,装有锂电池和/或烟火材料等危险品,是完全禁运的,见 DGR4.2 危险品表中的条目。	禁止			
非感染性样本 Specimens,non-infectious 与少量易燃液体包装在一起,必须符合 A180(详见 2.3.5.11)。	否	是	是	否
医疗或临床用温度计 Thermometer,medical or clinical 含汞,个人使用每人允许携带一支,放在保护盒内。	否	是	否	否
水银气压计或温度计 Thermometer or barometer,mercury filled 由政府气象局或其它类似官方机构携带的(详见 2.3.3.1)。	是	否	是	是

注:
2.3 节及表 2.3.A 的规定可能受到国家及经营人差异限制。
旅客应查询其乘坐航班所在航空公司的现行规定。

(b)

图 3.8　旅客和机组人员携带的危险品

　　DGR2.3.A 是按照英文字母排列顺序,列出允许作为旅客和机组人员交运行李或手提行李携带的危险品。除 DGR2.3.A 列出的危险品外,不允许旅客和机组人员携带其他危险品。除另有规定外,允许放入手提行李中的危险品也运输带在身上。

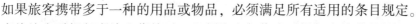

如果旅客携带多于一种的用品或物品，必须满足所有适用的条目规定。

当将旅客手提行李放入货舱时，必须取出仅作为手提行李携带的物品。

例 1　某乘客想随身携带一个充电宝，额定容量为 20000 mAh，标称电压为 3.7 V。

（1）充电宝作为备用锂离子电池。

（2）计算额定能量：20 Ah×3.7 V＝74 Wh＜100 Wh

（3）查阅 DGR2.3.A 表［图 3.8 旅客和机组人员携带的危险品（1）］，找到电池、备用/零散的，包括锂电池、密封型电池、镍氢电池和干电池。旅客携带条件：便携式电子设备所用电池只允许旅客在手提行李中携带。主要作用是作为电源的制品，如移动电源视为备用电池。这些电池必须单独保护，防止短路。锂离子电池额定瓦时不得超过 100 Wh。每人可最多携带 20 块备用电池。详细信息可查阅 DGR2.3.5.8.4。

（4）针对备用电池相关内容，右边列出四列内容。第 1 列"否"表示不需要承运人批准，第 2 列"否"表示不允许作为交运行李，第 3 列"是"表示可以作为手提行李（也可以随身携带），第 3 列"否"表示不需要通知机长装载位置。

例 2，某乘客想随身携带一个充电宝，额定能量 115 Wh。旅客能否携带？有什么条件？

（1）充电宝作为备用电池，额定能量 115 Wh，超过 100 Wh 没有超过 160 Wh。

（2）查阅 DGR2.3.A 表［图 3.8 旅客和机组人员携带的危险品（2）］，额定瓦时大于 100 Wh 但不得超过 160 Wh，最多携带两块且只能放入手提行李中携带，这些电池必须单独保护防止短路。

（3）针对备用电池相关内容，右边列出四列内容。第 1 列"是"表示需要承运人批准，第 2 列"否"表示不允许作为交运行李，第 3 列"是"表示可以作为手提行李（也可以随身携带），第 3 列"否"表示不需要通知机长装载位置。

例 3，某旅客计划携带一支水银温度计，是否可以携带？

（1）按照上述方法，找到医疗或临床用温度计。

（2）含汞，个人使用每人允许携带一支，放在保护盒内。

（3）第 1 列"否"表示不需要承运人批准，第 2 列"是"表示允许作为交运行李，第 3 列"否"表示不能作为手提行李（也可以随身携带），第 3 列"否"表示不需要通知机长装载位置。

在我国，旅客和机组人员除按照 DGR2.3.A 携带危险品外，还要遵守《旅客和机组携带危险品的航空运输规范》（MH/T 1030—2018）及中国民用航空局关于发布的《民航旅客禁止随身携带和托运物品目录》和《民航旅客限制随身携带或托运物品目录》公告。

第五节　航空邮件中的危险品

一、一般要求

根据《万国邮政联盟公约》，危险品规则中定义中的危险品不允许在邮件中运输。有关国家主管当局应确保在危险品航空运输中遵守《万国邮政联盟公约》的规定。

二、邮件中的危险品

下面列出的危险品可以作为邮件进行航空运输，但要符合有关国家主管当局和危险品运输规则的规定。

1. 感染性物质

仅限于生物物质，B 级（UN3373），且按包装说明 650 进行包装，和用作感染性物质制冷剂的干冰。

2. 病患标本

按照规定进行了分类、包装和标记。

3. 放射性物品

仅限于放射性例外包装件中的 UN2910 和 UN2911，其活性不超过表 10.3C 中规定标准的 1/10，并且不符合危险品类别或项别的标准，第 7 类除外。

4. 安装在设备中的锂离子电池

安装在设备中的锂离子电池（UN3481），满足包装说明 967 第 Ⅱ 部分要求，单个包装件不超过 4 个电芯或两块电池。

5. 安装在设备中的锂金属电池

安装在设备中的锂金属电池（UN3091），满足包装说明 970 第 Ⅱ 部分要求，单个包装件不超过 4 个电芯或两块电池。

指定邮件承运人运输上述锂电池物品要经过民航主管部门批准。

第六节　承运人物资中的危险品

一、例外

IATA《危险品规则》规定不适用于如下物品。

1. 航空器设备

已分类为危险品，但按照有关飞机适航要求、运行规定或承运人所属国家规定，为满足特殊要求而装载于航空器内的物品或物质。

2. 消费品

飞行或连续飞行中，在承运人的航空器上使用或出售的气溶胶、酒精饮料、香水、科隆香水、液化气体打火机和含有符合旅客和机组人员携带规定的内含锂离子或锂金属电池芯或电池的轻便电子设备，但不包括一次性气体打火机和减压时易泄漏的打火机。

3. 固体二氧化碳（干冰）

航空器上用于冷藏服务用食品和饮料的干冰。

4. 电池供电的电子设备

符合旅客和机组人员携带危险品规定的，承运人带上航空器，在航班飞行中使用的含有锂金属或锂离子电芯或电池，如电子飞行包、个人娱乐设备、信用卡读卡器等电子设备及其备用锂电池。

5. 含酒精的消毒洗手液

承运人携带的酒精类洗手液和酒精类清洁产品，在飞行期间或一系列飞行中用于旅客和机组人员的卫生。

二、航空器零配件

除非经承运人所在国特别批准，否则，航空器设备中所指的物品的备用品或被替换下来的物品一律要遵守《危险品规则》的规定。

当承运人使用专门设计的容器运输上述物品和物质可以例外，条件是容器至少能够满足《危险品规则》中关于此种物品包装的要求，并遵守其他相关的规定。

除非获得承运人所属国授权，否则，运输航空器设备、消费品、干冰或替换物，必须遵守《危险品规则》的规定。

除非获得承运人所属国授权，否则，运输电池驱动的电子设备及其备用电池，必须按照《危险品规则》执行。

第七节　国家和承运人的差异

任何国家或承运人都有权在 IATA DGR 提交差异，这些差异在相关的章节或包装说明中有所体现。

一、国家差异

有关国家的差异每组用三个字母表示，最后一个字母一般是 G（政府一词的缩写），字母后有严格顺序的两位数字，编码以 01 开始国家差异一般比本规则严格，但也可以没有《危险品规则》的规定严格。

国家差异应用于危险品的航空运输，到达、始发或经过其领土的所有承运人应尊重该国的主权。

国家的差异适用于承运人在自己所属国家的领土之外的危险品运营行为。

如果这些国家差异不如《危险品规则》的规定严格，则所列出的差异条款仅作为参考资料，只适用于申报国的承运人在其国家领土内的运输。

常见国家限制包括但不限于如下几个方面：

（1）事故和事故征候报告要求；

（2）第 1 类爆炸品需要事先批准；

（3）第 7 类放射性物品需要事先批准；

（4）危险品需要根据特殊规定予以批准；

（5）在危险品申报单上填写 24 小时应急电话号码；

（6）承运人必须获得运输危险品事先批准。

运输中涉及不同国家时，需要逐项核查。如有特殊规定，需遵守执行。

二、承运人差异

有关承运人的差异的识别用两个字母组合表示，后接数字顺序排列的两位数，这一序号以 01 开始排列。

有关承运人的差异条款不得放宽 IATA DGR 中的限制，而且适用于该承运人对危险品运输的操作。

1. 常见承运人限制

常见承运人限制包括但不限于如下内容：

（1）额外包装要求；

（2）必须事先安排；

（3）航空邮件限制；

（4）不被接收的第 7 类放射性物品；

（5）集运危险品的要求；

（6）不接收的例外数量危险品；

（7）不接收的有限数量危险品；

（8）在托运人危险品申报单上填写 24 小时应急电话号码；

（9）不接收危险性废弃物；

（10）受限制的锂电池；

（11）特定的旅客携带危险品的规定；

（12）不接收特定的 UN 编号。

2. 国航、南航和东航差异

1）国航差异（CA）

表 3-2　国航差异

差异代号	差异具体内容
CA-01	不运输含有危险品的集运货物，下列情况除外： （1）只有一份分运单的集运货物。 （2）一个主运单下同一托运人不同收货人的多个分运单的集运货物，只能含有第 9 类杂项危险品（不包括 UN3480、UN3090）。 （3）不同托运人/收货人的多个分运单的集运货物，只能含有 ID8000 消费品和/或 UN1266 香水产品，干冰
CA-02	不使用
CA-03	不使用

续表

差异代号	差异具体内容
CA-04	含有包装等级Ⅰ级、Ⅱ级、Ⅲ级的腐蚀性液体的组合包装件，必须使用能够吸附所有内包装中物质的足够的吸附材料
CA-05	航空货运单上必须显示收货人的电话或传真
CA-06	不收运从中国始发的危险品不得作为航空邮件收运（放射性物品例外包装件的除外）
CA-07	不收运从中国始发的例外数量危险品（放射性物品例外包装件的除外）
CA-08	没有危险品冷藏库，当干冰作为非危险品制冷剂时除外
CA-09	不收运从中国始发的烟火
CA-10	不接收盛装液体危险品的单一包装，包括复合包装。除非使用坚固的集合包装
CA-11	在国航的客机航班上不接收： 第1类爆炸品，1.4S除外； 2.3项毒性气体，气溶胶除外； 包装等级Ⅰ级的6.1项毒性物质； 6.2项A级感染性物质，中国卫生部、中国疾病预防控制中心（包括各地疾控中心）及中国农业部（包括各地兽医部门）托运的除外。 带有Ⅲ级黄色危险品标签的，第7类放射性物品B型或C型包装件
CA-12	医用氧气或空气压缩气瓶不运输在旅客交运或随身行李中运输，且不允许带在身上。如旅客需要额外的氧气，必须预先向国航提出申请
CA-13	按照包装说明965运输的UN3480锂离子电池（包括第Ⅰ部分IA、IB和第Ⅱ部分）和按照包装说明968运输的UN3090锂金属电池（包括第Ⅰ部分IA、IB和第Ⅱ部分），禁止作为货物运输
CA-14	每位旅客和机组人员不得携带超过8块备用电池。所有8块备用电池包括： 额定能量超过50 Wh但不超过100 Wh的锂离子电池，不得超过2块；或者，锂含量超过1 g但不超过2 g的锂金属电池2块。 轮椅或其他助行器的备用电池允许携带数量包含在所有8块备用电池中，同时，必须满足轮椅和其他助行器的相关要求
CA-15	锂电池驱动的小型代步车，如平衡车、独轮车、滑板车、自行车灯禁止作为旅客行李或手提

2）南航差异（CZ）

表3-3　南航差异

差异代号	差异具体内容
CZ-01	不使用
CZ-02	不运输含有危险品的集运货物，下列情况除外： 一票或多票分运单的集运货物，其中仅有一票分运单中含有危险品，且此票分运单仅含有危险品
CZ-03	托运人必须提供某个人员/机构的24小时应急响应电话，该人员或机构必须了解所运输的（每一种）危险品的危险性、特性以及发生危险品事故或事故征候情况下应采取的行动。该电话号码必须包括国家和地区号码、号码前标注Emergency Contact（紧急联系电话）或24-hour Number（24小时电话）的字样。电话号码必须卸载托运人危险品申报单上，比较合适的位置是填写在"其他操作信息"栏中。 不需要填写危险品申报单的货物，不需要填写应急电话号码

续表

差异代号	差异具体内容
CZ-04	不接收需放入冷库存储的危险品货物，当干冰作为非危险品制冷剂时除外
CZ-05	南航不指定销售代理人在中国境内收运和处理危险品（经特殊批准的危险品除外）
CZ-06	不接收 2.3 项毒性气体（见包装说明 200 和 206）
CZ-07	南航不接收Ⅲ级黄色放射性物品
CZ-08	南航不接收以下锂电池芯或锂电池： 按照包装说明 968 运输的 UN3090 锂金属电池； 按照包装说明 969 第Ⅰ部分、970 第Ⅰ部分运输的与设备安装在一起或安装在设备中的锂金属或锂合金电池芯或电池（UN3091）；承运人物资除外
CZ-09	对于 UN3480，锂离子电池芯或锂离子电池（第Ⅰ部分 IA、IB 和第Ⅱ部分）托运人必须明确指出锂离子电池芯和锂电池的充电状态（SOC）不超过 30% 的其额定容量。载托运人申报单中，信息应显示在"附加操作信息"栏中。对于 UN3480 第Ⅱ部分，托运人必须在航空货运单中注明含有该信息的合规性声明。示例：锂离子电池的充电状态（SOC）不超过 30% 的其额定容量

3）东航差异（MU）

表 3-4　东航差异

差异代号	差异具体内容
MU-01	不收运可裂变的放射性物品
MU-02	不收运集运的危险品货物，下列情况除外： 集运货物中含有用作制冷剂的干冰。 集运货物中只有一份分运单
MU-03	不收运从中国始发的夹带危险品的邮件
MU-04	不收运从中国始发的烟花爆竹
MU-05	旅客不允许携带医疗用小型氧气瓶或空气瓶登记。如旅客需要额外的氧气，必须预先向东航提出申请

■ 章节练习题

1. 货物航空运输条件鉴定报告有效期是＿＿＿＿＿＿＿＿＿。

2. 托运人交运的准备工作有＿＿＿＿＿＿＿、＿＿＿＿＿＿＿和＿＿＿＿＿＿＿。

3. 危险品收运检查单一般分为＿＿＿＿＿＿＿、＿＿＿＿＿＿＿和＿＿＿＿＿＿＿三种。

4. 危险品存放场所必须设有明显标志，有明显的隔离设施，同时还应具备的条件是＿＿＿＿＿＿＿＿＿＿＿＿＿＿＿。

5. 危险物品搬运和码放的原则：＿＿＿＿＿＿＿、＿＿＿＿＿＿＿、＿＿＿＿＿＿＿和＿＿＿＿＿＿＿。

6. 危险品仓库或存放区的要求是＿＿＿＿＿＿＿＿＿＿＿＿＿＿＿＿＿＿。

第四章 危险品操作

第一节 危险品的收运

在收运危险品时，为了检查申报单、货运单及危险品包装件是否完全符合要求，承运人必须使用危险品收运检查单。收运检查单必须是现行有效的版本。

一、托运人交运前的准备工作

1. 文件检查

文件（危险品申报单、货运单、包装性能单、包装使用单、批准文件、MSDS、鉴定报告、内包装说明等）是否齐全。

2. 包装件码放

为便于承运人收运检查，不同申报单或同一申报单不同 UN 编号、运输专用名称、净数量等，应分别码放，且包装件标记标签面朝向相同。如图 4.1 所示。

图 4.1 危险品包装件码放

3. 包装件检查

外包装无漏洞，无破损；包装件无气味，无任何泄漏及损坏的迹象。
包装件上的危险性标签和操作标签粘贴是否牢固、是否缺失。

二、危险品收运检查

1. 资质检查

在收运检查前，应检查托运人交运危险品资质、航站危险品操作资质和承运人危险品运输资质。

2. 一般要求

收运人员应检查托运人申报单中涉及的危险品分类（项）以及运输专用名称等有关资料。托运人所提供的资料，包括安全技术数据（MSDS）或承运人认可的危险品鉴定机构出具的货物航空运输条件鉴定报告。货物航空运输条件鉴定报告有效期一般为一年，并当年有效。

对于危险品使用的UN规格包装，必须根据《危险品规则》中的相关规定，检查该包装是否具有包装检测机构出具的包装性能测试报告。在中国境内生产的UN规格包装，应该具有国家质量监督检验检疫总局在各地设立的检验检疫机关出具的《出境货物运输包装性能检验结果单》（如图4.2所示）及《出境危险货物运输包装使用鉴定结果单》（如图4.3所示）。

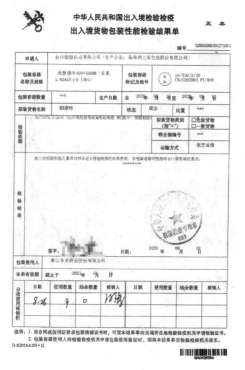

中华人民共和国出入境检验检疫
出入境货物包装性能检验结果单
正本
编号 3200000003642710001

申请人	台州检验认证有限公司（生产企业：临海市三阳包装股份有限公司）		
包装容器名称及规格	纸板桶Φ400*500MM（皮重2.92KGS±0.15KG）	包装容器标记及批号	1G/Y30/S/20 CN/C292003 PI:008
包装容器数量	**8	生产日期	自2020年08月13日至2020年08月17日
拟装货物名称	酮康唑	状态	固态
比重	***	运输方式	航空运输

图4.2 包装性能单

中华人民共和国出入境检验检疫
出境危险货物运输包装使用鉴定结果单
正本

申请人	浙江东亚药业股份有限公司		
使用人	浙江东亚药业股份有限公司		
包装容器名称及规格	纸板桶Φ400*500MM（皮重2.92KGS±0.15KG）	包装容器标记及批号	1G/Y30/S/20 CN/C292003 PI:008
货物包装类别	III		
包装容器性能检验结果单号	3200000003642710001		
运输方式	空运		
危险货物名称	（中文）酮康唑 （英文）TOXIC SOLID,ORGANIC, N.O.S.(Ketoconazole)	危险货物类别	6.1
		联合国编号	2811
危险货物状态	固态	危险货物密度	***
报检包件数量	**9**	单件毛重	**27.92千克
危险货物灌装日期	2020年08月17日	单件净重	**25千克

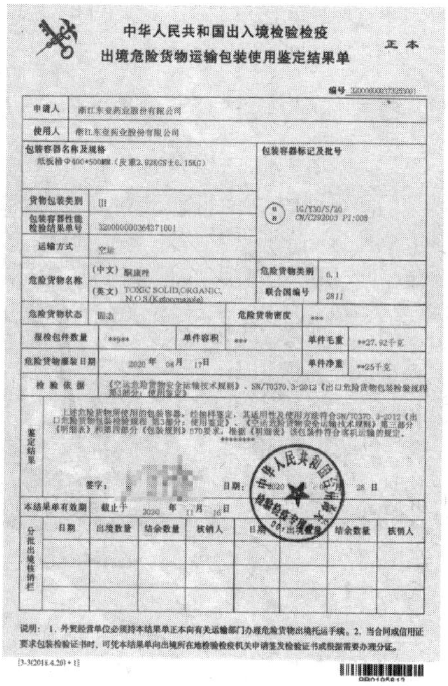

图4.3 包装使用单

对于危险品使用的有限数量包装的生产和测试，必须符合《危险品规则》所规定的有限数量包装的测试标准。托运人必须提供专业包装检测机构出具的有限数量包装的性能测试报告。

3. 收运检查具体要求

（1）危险品收运检查单由危险品收运人员填写，一式两份，经收运人员签字后生效。未填写危险品收运检查单或者危险品收运检查单未经收运人员签字的危险品不得收运。

（2）危险品收运检查单上的各项目必须全部检查完毕后，方能确定该危险品是否可以收运。

（3）经检查，危险品收运检查单上各项目均无问题，该危险品可以收运。

（4）经检查，危险品收运检查单上如有任意一项或几项结果为否定，该危险品不得收运。

4. 对检查出的问题的处理

如果问题出现在托运人危险品申报单上，除货运单号码栏、始发站机场栏和目的站机场栏以外的栏目必须由托运人予以更正。

如果危险品包装件有损坏或包装方法不正确，拒绝收运该危险品。

三、危险品收运检查单

1. 危险品收运检查单种类

危险品收运检查单一般分为三种，第一种为非放射性物品检查单，第二种为放射性物品检查单，第三种为干冰检查单（干冰作为非危险品制冷剂）。三种收运检查单见附件B。

一些承运人还有其他类型的收运检查单，如放射性物品例外包装件收运检查单、感染性物品收运检查单、锂电池第Ⅱ部分收运检查单等。

2. 危险品收运检查单的分配

危险品收运检查单的正本和危险品申报单、货运单附在一起随同货物运输，其副本由始发站留存。

3. 不需要填写危险品收运检查单的物质和物品

下列情况不需要填写危险品收运检查单：

（1）UN3146，液压物品［见包装说明208（a）］；

（2）UN3146，气压物品［见包装说明208（a）］；

（3）UN 3373，B级生物物质（见包装说明650）；

（4）例外数量危险品（见DGR2.6.8）；

（5）UN 3245，转基因生物，转基因微生物（见包装说明959）；

（6）符合包装说明965-970第Ⅱ部分的锂离子或锂金属电池芯或电池；

（7）UN 2807，磁性物质（见包装说明953）；

（8）放射性物品，例外包装件（RRE）（见DGR10.5.8）。

4. 收运检查单检查主要内容

根据托运人提交的托运人危险品申报单、货运单和包装件进行收运前检查。

检查主要内容：

1）文件检查

（1）危险品申报单填写是否正确；

（2）货运单填写是否正确；

（3）托运人提交的其他文件是否符合相关规定。

2）包装件检查

（1）选择的包装是否符合包装说明要求；

（2）包装规格包装等级是否符合要求；

（3）包装件上的标记标签粘贴是否正确。

3）承运人和相关国家差异检查

（1）是否满足承运人差异要求；

（2）是否满足相关国家差异要求。

5. 干冰收运检查单

对于干冰作为非危险品制冷剂，没有在危险品申报单上申报时，需要检查如下内容：

（1）货运单的"货物性质和数量"栏填写是否正确；

（2）国家和承运人是否存在差异，是否满足国家差异要求；

（3）包装件是否满足包装说明要求；

（4）每个包装件的干冰净重是否超过 200 千克；

（5）标记和标签是否正确；

（6）是否满足集合包装要求。

第二节　危险品货物存储管理

一、危险品存储管理

1. 危险品存储管理总政策

危险品存储工作应严格遵守运输过程中有关国家适用的法律、政府规定、命令或要求以及有关承运人的规定。

在中国境内存储危险品，要遵守中国民用航空局《危险品货物航空运输存储管理办法》（AC-276-TR-2018-01）相关要求，承运人开展危险品货物航空运输存储活动，应当取得危险品航空运输许可；地面服务代理人开展危险品货物航空运输存储活动，应当按照 CCAR-276-R1 的相关规定，完成危险品地面服务代理人备案。

危险品存放场所必须设有明显标志，有明显的隔离设施，同时还应具备如下条件：

（1）通风良好，无阳光直射，远离各种热源，夏季温度不宜过高；

（2）消防设备完善，并设置安全、充足的照明设备；

（3）离其他货物较远，发生事故时便于迅速抢运出库；

（4）具有适当的保安措施，以保证未经授权的人员无法进入或接触危险品。

2. 危险品货物存储管理制度

1）建立危险品货物存储管理制度

按照中国民用航空局《危险品货物航空运输存储管理办法》（AC-276-TR-2018-01）要求，应建立完善危险品货物存储管理制度，至少包括如下内容：

（1）危险品货物存储的总政策；

（2）负责危险品货物存储管理和监督机构的相关职责；

（3）危险品货物存储的安全管理及操作要求；

（4）危险品货物存储从业人员的培训要求；

（5）危险品货物存储的安保要求；

（6）危险品货物存储的台账管理要求；

（7）危险品货物存储的应急响应方案；

（8）危险品航空运输事件报告程序；

（9）定期实施自查的程序；

（10）无人提取危险品货物的处置程序。

2）危险品仓库管理

（1）非授权人员不得进入危险品仓库或存放区。

（2）危险品入库和出库时，应核对货物的货运单号码、清点货物的件数、检查货物的包装，并将进出库记录保存在独立的记录本上。

（3）危险品仓库或存放区应定期清库。对于不正常运输的危险品，应定期与查询部门联系其处理情况，避免危险品长期积压。

（4）除相关政府管理部门另有要求外，在危险品货物航空运输存储场所存储国内航线（不含港澳台航线）上运输的危险品货物不得超过3个月，港澳台航线及国际航线上运输的危险品货物不得超过6个月。

（5）无人提取的危险品货物应交有资质的或授权的专业部门进行处理。

3. 危险品货物存储从业人员要求

包括管理人员在内的危险品货物存储从业人员，应当接受符合要求的危险品第8类人员培训并合格。

危险品仓储管理人员还必须受过防火与灭火的专门训练，并了解各类危险品的性质及其事故的处理办法。

危险品货物存储从业人员及从事应急响应的相关人员，应当熟练掌握相应类（项）别的危险品货物存储及应急响应的相关知识，熟悉发生危险品航空运输事件时的应急响应以及信息报送方式。

4. 危险品货物存储安保措施

危险品存储必须具有一定的安保措施，确保只有符合要求的人员方可进入存储场所，避免危险品货物被盗或不正当使用而使人员或财产受到危害。

应按照《技术细则》的相关要求制定高危危险品的安保计划，并按照计划开展相关活动。

应按照国家法规标准的相关要求，针对国家重点管控的危险化学品制定单独的安保措施。

二、危险品货物存放区域设施设备管理

危险品承运人、地面服务代理人应当将危险品货物存储在危险品货物航空运输存储场所。

1. 专业术语

1) 危险品货物

危险品货物是指符合国际民航组织《危险物品安全航空运输技术细则》（以下简称《技术细则》）规定的危险品货物包装件以及危险品货物集合包装。

2) 危险品货物航空运输存储场所

危险品货物航空运输存储场所是指由承运人或地面服务代理人设在民用机场控制区内，用于暂时存放危险品货物的存储专用区、存储专用库以及指定暂存区。

3) 机场控制区

机场控制区是指按照《中华人民共和国民用航空安全保卫条例》的要求，根据安全需要在机场内划定的进出受到限制的区域。

4) 存储专用区

存储专用区是指在危险品货物航空运输存储场所内的普通货物仓库中，划定的仅用于存放危险品货物的区域。如图4.4所示。

图4.4　危险品货物存储专用区

5）存储专用库

存储专用库是指在危险品货物航空运输存储场所内，专门用于存放危险品货物的建筑场所。如图4.5所示。

图4.5　危险品货物存储专用库

6）指定暂存区

指定暂存区是指在危险品货物航空运输存储场所内，承运人或地面服务代理人指定的暂时存放危险品货物的区域，包括露天指定暂存区和其他指定暂存区。如图4.6所示。

图4.6　危险品货物指定暂存区

2. 危险品仓库或存放区要求

危险品的包装件应在专门设计的危险品仓库或危险品存放区中存放。仓库的管理部门必须制定完备、有效的规定和措施，切实做好仓库的防火、防盗、防鼠、防水、防冻等工作。

根据危险品货物实际存储情况，在存储专用区、存储专用库以及指定暂存区内划分不同的区域，按照《技术细则》及相关行业标准中隔离的有关规定分类（项）别存储危险品货物。危险品货物可以按其类别、项别分别放置在不同的仓库中或不同的区域内。

危险品仓库或存放区应保持整齐清洁、干燥卫生。

用于存储放射性物品的仓库，其墙壁及仓库大门必须坚固，在一定程度上具有降低放射性物质辐射水平的功能。没有放射性物质专用仓库的，应根据有关要求存放放射性物品。如图 4.7 所示。

图 4.7　放射性物品存放库区

3. 危险品存储场所标识要求

在危险品货物航空运输存储场所，张贴与存储的危险品货物相一致的相关标识，告知相关人员所存储危险品货物的类（项）别和危险性。如图 4.8 所示。

图 4.8　毒性物质存储内相关标识

在危险品货物航空运输存储场所明显位置，张贴"禁止吸烟""禁止明火""消防疏散"等标识，如图 4.9 所示，有明显的消防设施设备、禁止吸烟标识等。

图 4.9 消防设施设备等

在存储场所相邻、明显的位置张贴信息，包括性质不相容危险品包装件隔离表、出现危险品不安全事件时的应急处置措施和信息报送方式、灭火方法等，如图 4.10 所示。

图 4.10 告知及隔离信息

4. 危险品仓库（含存放区）设施设备

根据所存储危险品货物的种类和危险性，按照相应的标准和要求配备安全作业设施设备、应急设备，并对设施设备进行定期维护和保养，确保设施设备工作正常。

设施设备、应急设备如检测、监控、防爆、泄压、防毒、防辐射、通风、防晒、调温、防潮、防雷、防静电等。

危险品仓库必须设置安全、充足的照明设备和足够、有效的消防设施或器材，以备在发生事故时能及时采取应急措施。

如图 4.11 所示为库房外消防设施设备。

图 4.11　库房外消防设施与器材

比如库房内需配备相应的灭火器，并且标注出不同类别的灭火措施。要求消防设施摆放在库内明显位置，不可被货物遮挡。如图 4.12 所示。定期检查消防设施的有效期，并且能熟练使用。

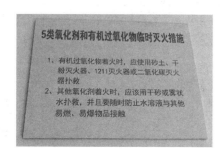

图 4.12　库房内灭火器的摆放和灭火措施

根据所存储危险品货物的种类和危险性，配备必要的个人防护用品，并确保防护用品可以有效使用。

在发生危险品泄漏及危险品事故时，负责危险品货物活动的员工能够及时、从容地采取应急措施，实施个人防护。

在危险品库房或区域应配备适合的自动报警系统。

在放射性物品和剧毒化学品存储场所安装检测设施设备，避免或控制存储相关人员暴露在危险环境。如图 4.13 所示。

图 4.13　库房检测、通风设施设备

危险品仓库应通风良好，以便有效地消除仓库内因储存大量的危险品而难以避免地散发出的化学物品气味。

三、危险品货物的搬运和码放

1. 危险品的搬运

对于危险品货物的搬运，应采取必要的措施，确保只有符合资质要求的人员才能操作危险品货物。

在对危险品货物进行存储操作时，应当做到轻拿轻放，严防撞击、重压、拖拽、倒置和侧放。

操作单件超过 50 kg 的危险品货物时，应当使用相应的设施设备完成装卸、码放等工作，避免由于操作不当造成危险品货物破损、泄漏或跌落。

2. 危险品的码放

性质相抵触的危险品包装件在仓库的码放，必须符合隔离原则。

货物按进出港分区域存放，应按照货物包装上的操作标签、标记进行码放，标记、标签应朝外，以便于观察，码放时还应遵循大不压小、重不压轻、木箱或铁箱不压纸箱的原则。一般情况下，货物码放高度不宜超过同类货物 4 层或 3 米的高度。如图 4.14 所示。

图 4.14　进出港危险品存储及码放

装有多类（项）别危险品货物的拖斗或集装器应当存储在危险品货物航空运输存储场所的指定区域。如图 4.6 所示。

装有危险品货物的拖斗或集装器存储时相互之间应至少保持 50 cm 的距离。

3. 几种危险品存放特殊要求

1）钢瓶

钢瓶可以直立放在瓶架上，也可以平放在干燥的地面上，但不可倒置。钢瓶在平放时，应避免滚动。多个钢瓶存放时，钢瓶的首尾朝向要一致，并应避免将瓶口指向人多的地方。

2）液氮罐

（1）必须保持直立、箭头向上；

（2）数量较多时，如果放置于封闭的空间内，应注意通风，以防窒息。

3）自身反应物质与有机过氧化物的包装件

自身反应物质与有机过氧化物的包装件，在存储过程中，应当避免阳光直射，远离所有热源，存储在通风良好的区域。

4. 其他特殊操作要求

用于存储低温保存危险品货物的存储场所，应满足低温环境的相关规定。比如有温度要求，可存储在相应的冷冻或冷藏库房，4.3 项和第 7 类例外。

图 4.15　露天指定暂存区

干冰或含有干冰作为冷冻剂的货物存储时，应当避免阳光直射，远离所有热源，存储通风透气的区域。如存储在冷库中，操作时应注意通风。

露天指定暂存区仅允许存储汽车、发动机、磁性材料等较低危险性的大件危险品货物。

待出港和刚进港的含有危险品货物的集装器可以存储在露天指定暂存区，但是存放时间不得超过 24 小时。

其他指定暂存区危险品货物存储时间不得超过 48 小时。

四、不相容的危险品

1. 危险品的隔离

有些不同类别的危险品，互相接触时可以发生危险性很大的化学反应，称之为性质抵触的危险品或不相容危险品。

为了避免这样的危险品在包装件偶然漏损时发生危险的化学反应，必须在存储时对它们进行有效隔离。

备注：不相容的危险品也应在收运、操作、装机时采取隔离措施，还应考虑到我国政府主管部门的相关规定。

2. 危险品隔离表

1）隔离表

判断性质抵触的危险品时，除了要考虑主要危险性外，还应考虑其次要危险性。危险品隔离表见表4-1。

表4-1　危险品隔离表

Hazard Label	1 excl. 1.4S	2.1	2.2, 2.3	3	4.1	4.2	4.3	5.1	5.2	8	9 see 9.3.2.1.3
1 excluding 1.4S	See 9.3.2.2.5.	x	x	x	x	x	x	x	x	x	x
2.1	x	—	—	—	—	—	—	—	—	—	x
2.2 2.3	x	—	—	—	—	—	—	—	—	—	—
3	x	—	—	—	—	—	—	x	—	—	x
4.1	x	—	—	—	—	—	—	—	—	—	x
4.2	x	—	—	—	—	—	—	x	—	—	—
4.3	x	—	—	—	—	—	—	—	—	x	—
5.1	x	—	—	x	—	x	—	—	—	—	x
5.2	x	—	—	—	—	—	—	—	—	—	—
8	x	—	—	—	—	—	x	—	—	—	—
9 see 9.3.2.1.3	x	x	—	x	x	—	—	x	—	—	—

行与列交叉点为"×"，表示所对应的两种危险品的性质相互抵触，在存储时需要将装有这些类（项）别的危险品包装件隔离。如行与列交叉处为"—"，表示装有这些类（项）别的危险品包装件不需要隔离。

在上表中不包括含有1.4S、第6类、第7类和第9类（锂电池除外），这些类或项不需要和其他类别或项别的危险品隔离。

2）隔离表的应用

（1）除第1类和第9类外，实际上只有三对需要隔离，即第3类和5.1项、4.2项和5.1项、4.3项和第8类。如图4.16所示。在仓库中存储时，应有两米以上的间隔距离。

图4.16　常见3对隔离的危险品

（2）UN3528（第 3 类，内燃式发动机，易燃液体燃料）不需要与装有 5.1 项危险品的包装件隔离。

3. 第 1 类爆炸品的隔离

不同的爆炸品是否可以码放在一起，取决于其相容性。如果他们可以码放在一起，而不会大幅增加发生事故的可能性，或在一定数量下不会增加此类事故的破坏性，则认为爆炸品是相容的。

S 配装组的爆炸品可以与所有配装组的爆炸品码放在一起。

4. 锂电池与其他危险品货物的隔离

根据 UN3480 PI965IA 或 IB 准备的锂离子电池、UN3090 PI968IA 或 IB 准备的锂金属电池的包装件或集合包装，不能与贴有第 1 类（1.4S 除外）、2.1 项、第 3 类、4.1 项、5.1 项危险性标签的包装件相邻放置或者相互接触。如图 4.17 所示。

图 4.17　锂离子电池货物与 4.1 项易燃固体包装件的隔离

5. 整集装器的隔离

整集装器交接的危险品，存储在大棚下，也要遵守隔离原则。如图 4.18 所示。

图 4.18　集装货物之间的隔离

6. 隔离的方式

性质不相容或灭火方式不同的危险品货物，可按照隔离存储或分离存储的方式进行隔离。

隔离存储就是指在同一个库房（房间）或同一个区域，不同的危险品货物之间分开一定的距离，非禁忌物品间用通道保持空间的存储方式。采用通道隔离，隔离距离不少于两米。

分离存储就是指不同危险品货物存储在不同建筑物中的存储方式。

第三节 危险品货物装载

一、货舱的分类

在大多数国家的适航要求中，将货舱分为 A、B、C、D、E 五个等级。

1. A 级货舱

A 级货舱或行李舱是指机组成员在其工作的位置上易于发现火情；和在飞行中易于接近该级舱内的任何部位。

一般 A 级货舱是小型货舱，可能位于驾驶舱和客舱之间，或者靠近飞机上厨房区，或者在航空器后部。

A 级货舱一般指驾驶舱、客舱的衣帽间、储藏间、杂物柜和行李架。

2. B 级货舱

B 级货舱或行李舱是指：

（1）在飞行中，该级货舱或行李舱有足够的通道，使机组成员能够将手提灭火器的内含物有效地喷洒到舱内任何位置；

（2）当满足可接近性条款时，没有任何危险量的烟、火焰或灭火剂进入机组或旅客所处的客舱；

（3）安装有独立工作的，经适航批准的烟雾探测器或火警探测器系统，在飞行员或飞行机械师的位置上发出警告。

B 级货舱通常要比 A 级货舱大很多，可能位于离驾驶舱较远的地方。在"康比"飞机上，B 级货舱位于驾驶舱和客舱之间或在客舱口面靠近机尾处。

3. C 级货舱

C 级货舱或行李舱是指：

（1）安装有独立工作的，经适航批准的烟雾探测器或火警探测器系统，在飞行员或飞行机械师的位置上发出警告。

（2）安装有经适航批准的内置灭火系统，可在飞行员或飞行机械师工作位置上进行控制。

（3）具有从驾驶舱或客舱清除大量有害烟雾、火焰或灭火剂进入驾驶舱或客舱的装置。

（4）舱内具有控制通风和气流的措施，使所有的灭火剂能够控制舱内任何可能的火情。

C级货舱的容积通常比A级或B级货舱大，一般位于宽体飞机的舱板下。C级货舱可能有两个灭火系统，在第一次喷射灭火剂初步控制火情的一段时间后，能够再次向货舱喷射灭火剂。

4．D级货舱

D级货舱或行李舱是指：

（1）货舱或行李舱内起火将会被完全限制在舱内，不会危及飞机或机上人员的安全。

（2）具有从驾驶舱或客舱清除大量有害烟雾、火焰或其他有毒气体进入驾驶舱或客舱的装置。

（3）每一个货舱内或行李舱内的通风和气流是可以控制的，使任何可能发生的货舱内或行李舱内的火情不会发展到超过安全限度。

（4）考虑到了货舱内或行李舱内的高温对飞机上与其相邻的飞机重要部件产生的影响。

对于A、B、C、D级货舱和行李舱来说，货舱或行李舱小于或等于4.2 m³时，每小时42.5 m³的气流是可接受的。

由于D级货舱没有装备火情探测和灭火系统，而是被设计为严格限制氧气的供给来控制火情。D级货舱在大多数喷气式飞机上都位于客舱舱板之下。

出于安全考虑，目前国内各机型已取消D级货舱的设置。

5．E级货舱

E级货舱或行李舱是指飞机上仅用于运输货物的飞机的货舱：

（1）安装有独立工作的，经适航批准的烟雾探测器或火警探测器系统，在飞行员或飞行机械师的位置上发出警告。

（2）有切断在舱内或向舱内流动的通风气流的装置，并且这些装置的控制按钮是飞机驾驶舱内的飞行机组能够接触到的。

（3）在飞机驾驶舱内有可以消除危险量的烟、火焰或有毒气体进入飞机驾驶舱的装置。

（4）在任何装载的情况下，所要求的机组应急出口时可以接近的。

E级货舱通常由货运航空器的整个主舱构成。

综上所述，A级货舱如机组休息室、客舱内的衣帽间，客舱内的行李架和杂物柜。客机和货机的下货舱均配有C级货舱（前下货舱、后下货舱、散舱），货机主货舱配有E级货舱。"康比"飞机配有B级主货舱。

如图4.19所示，为"康比"飞机的货舱等级分布示意图。图4.20为货机飞机的舱位等级分布图。不再显示D级货舱。

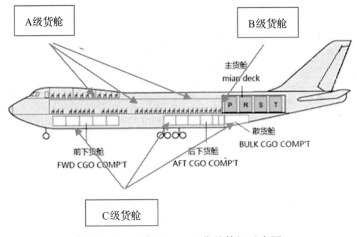

图 4.19 "康比"飞机货舱等级示意图

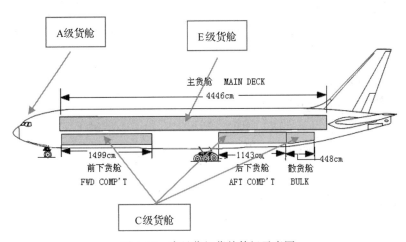

图 4.20 常见货机货舱等级示意图

二、危险品货物装载原则

危险品组装和装载工作中，还应严格遵守以下装载原则。

1. 预先检查原则

危险品的包装件在装机或装入集装器之前，必须进行认真检查并证实包装件完全符合要求的情况下，才可继续进行作业，否则不得装运。检查的内容包括：

（1）外包装无漏洞，无破损；包装件无气味，无任何泄漏及损坏的迹象。

（2）包装件上的危险性标签和操作标签粘贴牢固。当承运人发现标签丢失、脱落或无法辨识时，必须按照"托运人危险品申报单"提供的信息重新粘贴。该要求不适用于在危险品收运时发现标签丢失或无法辨识的情况。

（3）包装件的文字标记字迹清楚。

2. 方向性原则

对于有方向性标签或标记（This Way Up）的危险品货物，操作人员在搬运、装卸、码放、组装集装货物以及装机的全过程中，必须按该指向使包装件始终保持直立向上。装有液体危险品的单一包装件如有顶端封口，即使该单一包装件也可能由侧面封口，也必须包装顶端口朝上码放和装载。如图4.21所示，左图有向上标签，右图无向上标签的单一包装件。

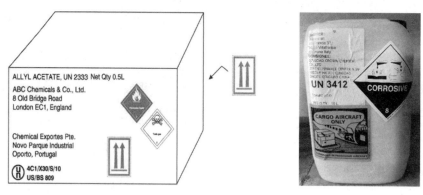

图 4.21　方向性原则示例

3. 轻拿轻放原则

在搬运或装卸危险品包装件时，无论是采用人工操作还是机械操作，都必须轻拿轻放，切忌磕、碰、摔、撞，防止造成包装或集装器破损。

4. 固定货物，防止滑动原则

危险品包装件装入集装器或飞机货舱后，装载人员应将它们在货舱内固定住，以免危险品在飞机飞行中滑动或倾倒。

三、危险品包装件的装载要求

（1）体积小的包装件不能通过网孔从集装板上掉落下来。如图4.22所示。

图 4.22　小件货的装载

（2）散装的包装件不会在货舱内移动。如图 4.23 所示。

图 4.23　危险品货物在窄体飞机下货舱的固定

（3）用其他货物卡住散装的包装件时，必须从五个方向（前、后、左、右、上）卡紧。如图 4.24 所示。

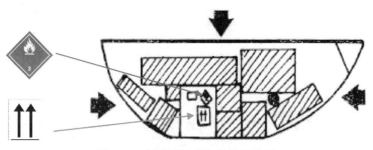

图 4.24　散装危险品包装件的装载

（4）如果集装箱中的货物未装满（已经使用的容积不超过总容积的三分之二），应将货物固定。如图 4.25 所示。

图 4.25　在集装箱内的固定

四、客机与货机的装载限制

除旅客和机组人员可以携带的危险品外，一般不能将危险品装入飞机驾驶舱和客舱。满足适航性要求安装在飞机上或在飞机上使用或销售的危险品除外。

另外，只要客机的主货舱符合 B 级或 C 级货舱的所有适航标准，则可以将危险品装入该货舱。

带有"仅限货机"标签的危险品，不得用客机装运，只能货机运输。如图 4.26、图 4.27 所示。

不符合上述要求的危险品在始发站国家及承运人所在国家的国家主管当局批准后，在特定条件下，装载在客机上的货舱运输。

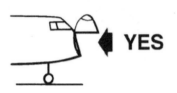  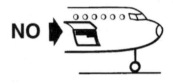

图 4.26　"仅限货机"危险品包装件只能装入货机货舱

图 4.27　货机主货舱装载图例

五、仅限货机危险品的装载

1. 仅限货机危险品装载要求

仅限货机的危险品包装件或集合包装在装机时，应符合如下之一要求：

（1）装载在飞机 C 级货舱。

（2）在带有火灾探测/抑制系统的集装器中，其由国家主管当局确定的效果与 C 级货舱的认证要求相同；或由国家主管当局批准的符合 C 级货舱标准的集装器必须在集装器挂签上标注"C 级货舱"。

（3）在出现涉及包装件或集合包装的紧急情况时，机组成员或其他得到授权的人员，可处理这些包装件或集合包装，并且在尺寸和重量允许情况下，使之与其他货物分离。如图 4.28 所示。

如果仅限货机危险品装载在集装板上，该集装板要能够使机组成员或其他得到授权人员接近。如图 4.29 所示。

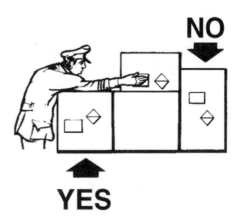

图 4.28　机组可接近仅限货机的包装件

（4）当需要时，贴有"仅限货机"标签的包装件或集合包装应在飞机起飞前提供给机组进行检查。

图 4.29　货机可接近通道

2. 不适用情况

上述所有要求对如下危险品不适用：

（1）UN3529 内燃机发动机，易燃气体驱动、燃料电池发动机，易燃气体驱动、内燃机器，易燃气体驱动及燃料电池机器，易燃气体驱动；

（2）易燃液体（第 3 类），包装等级Ⅲ级，无第 8 类次要危险性；或 UN3528 内燃机发动机，易燃液体驱动、燃料电池发动机，易燃液体驱动、内燃机器，易燃液体驱动及燃料电池机器，易燃液体驱动；

（3）毒性物质（6.1 项），无第 3 类以外的次要危险性；

（4）感染性物质（6.2 项）；

（5）放射性物品（第 7 类）；

（6）杂项危险物品和物质，包括环境危害物质（第 9 类）。

3. 预防仅限货机危险品装入客机的措施

（1）禁止将仅限货机的危险品装入客机。

（2）订舱时将仅限货机代码（CAO）录入货运系统。

（3）对照货邮舱单察看是否有仅限货机的危险品，如果有，察看标签是否牢固、是否被配装到客机航班上。

（4）监装人员或搬运人员客机下发现贴有"仅限货机"标签的货物，及时拉货并报告。

六、非放射性物品的装载

性质抵触的危险品装载时，也应遵守隔离原则。

1. 不相容危险品的装载

彼此可能发生危险反应的危险品包装件，或者码放的位置可能导致危险品在泄漏的情况下，相互发生反应，不得在飞机上相邻放置或者相互接触。

为了确保对装有不同危险性的危险品包装件进行有效隔离，必须遵守表4-2所示隔离要求。隔离要求是以包装件上所有的危险性标签为基础，无论是主要危险性标签还是次要危险性标签都要考虑。

表4-2　危险品隔离表

Hazard Label	1 excl. 1.4S	2.1	2.2, 2.3	3	4.1	4.2	4.3	5.1	5.2	8	9 see 9.3.2.1.3
1 excluding 1.4S	See 9.3.2.2.5.	x	x	x	x	x	x	x	x	x	x
2.1	x	—	—	—	—	—	—	—	—	—	x
2.2 2.3	x	—	—	—	—	—	—	—	—	—	—
3	x	—	—	—	—	—	—	x	—	—	x
4.1	x	—	—	—	—	—	—	—	—	—	x
4.2	x	—	—	—	—	—	—	x	—	—	—
4.3	x	—	—	—	—	—	—	—	—	x	—
5.1	x	—	—	x	—	x	—	—	—	—	x
5.2	x	—	—	—	—	—	—	—	—	—	—
8	x	—	—	—	—	—	x	—	—	—	—
9 see 9.3.2.1.3	x	x	—	x	x	—	—	x	—	—	—

2. 装载隔离方法

一般装在集装板上或散舱时，可采用如下方法中的任何一种：

（1）将性质抵触的危险品分别用尼龙带固定在集装板或飞机货舱地板上，两者的间距至少1米。如图4.30所示。

（2）用普通货物的包装件将性质抵触的两个危险品隔开，两者的间距至少0.5米；不相容的爆炸品需要用普通货物分隔，最短距离是2米。如图4.31所示。

（3）具有多重危险性的危险品包装件，需要按照表4-2要求进行隔离。具有相同UN编号的包装件不需要隔离。

UN3129主要危险性为4.3项，次要危险性为第8类。根据表2.1.1要求，4.3项危险性需要与第8类危险品进行隔离，但如果另外一包装件为相同UN编号UN3129，则不需要隔离。如图4.32所示。

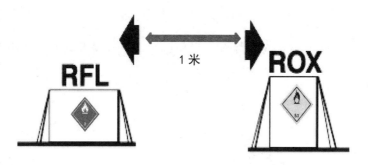

图 4.30 集装货物之间的隔离

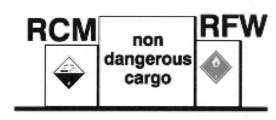

图 4.31 用普通货物进行隔离

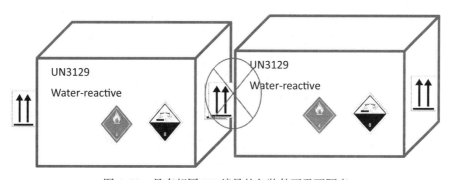

图 4.32 具有相同 UN 编号的包装件不需要隔离

如果 UN3129（主要危险性 4.3 项，次要危险性第 8 类）和另外粘贴第 8 类危险性标签的包装件就需要隔离。如图 4.33 所示。

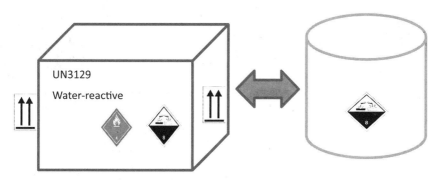

图 4.33 具有多重危险性的包装件的隔离

3. 锂电池与其他危险品货物的隔离

根据 UN3480 PI965IA 或 IB 准备的锂离子电池、UN3090 PI968IA 或 IB 准备的锂金属电池的包装件或集合包装，不能与贴有第 1 类（1.4S 除外）、2.1 项、第 3 类、4.1 项、5.1 项危险性标签的包装件相邻放置或者相互接触。如图 4.34 所示。

图 4.34　UN3480 PI965 IA 与 2.1 项的隔离

4. 爆炸性物质和物品的隔离

（1）只有 1.4S 爆炸品运输使用客机运输。

（2）1.3 项 C 和 G 配装组和 1.4 项 B、C、D、E、G、S 配装组可使用货机运输。

（3）那些爆炸品可码放在一起，取决于其相容性。如果他们能码放在一起，而不会大幅增加事故可能性，或在一定数量下不会增加此类事故破坏性，则认为爆炸品是相容的。

（4）1.4B 爆炸品不得与 1.4S 以外的其他爆炸品装在一起。当 1.4B 与 1.4S 以外的爆炸品装载在同一架飞机上时，必须分别装载在不同的集装器内，装机时集装器之间必须由其他货物隔离并保持 2 米的最小距离。如不使用集装器装载，1.4B 必须与其他爆炸品装载在不同且不相邻的位置，并用其他货物隔离，保持 2 米的最小隔离距离。

（5）除上述第（4）条外，不同配装组的爆炸品可以装载在一起，不论其是否属于同一项别。例如 1.3C 和 1.4G 和 1.4C 可以在一起存储和装载。如图 4.35 所示。

图 4.35　爆炸品间的隔离

七、干冰的装载

固体二氧化碳（简称干冰）可以单独作为货物运输，也可作为其他物品的制冷剂运输。机型不同，干冰装载量不同；同一机型，不同承运人，干冰装载量也不尽相同。因此，装载干冰时，要根据承运人提供的干冰装载限量进行装载。承运人装载干冰的限制主要受机型、飞机通风率、干冰包装与码放方式、在同一航班上是否还装有活体动物及其他因素的影响，事先应做好合理安排。

干冰在航空运输中存在两种危险性。一是放出二氧化碳气体，使人员及动物窒息；二是降低周围温度，使动物及其他对温度敏感的货物受到损害。所以，尽量避免将活体动物与干冰装在同一货舱，确需装在同一货舱内运输时，应遵守其装载要求。

没有通风的货舱内禁止同时装载干冰和活体动物。在通风的货舱内活体动物的装载位置要高于干冰的装载位置，且不能相邻放置。装载干冰时，不能挡住货舱内的通风口。

当某一机型有大批干冰作为货物运输时，其装载限制可按所列数值的两倍计算。如在B737-300飞机上运输干冰货物时（干冰作为货物而非冷藏剂），干冰的装载限量可至400公斤。

表4-3是国内常用空客机型货舱干冰装载限量。

表4-4是国内常用波音机型货舱干冰装载限量。

表 4-3　空客机型干冰装载的重量限制（节选）

机型	货舱	干冰装载限量（kg）
A319-115/131	前货舱	0
	后货舱	0
	飞机上可装载总量	0
A319-111	前货舱	0
	后货舱	200
	飞机上可装载总量	200
A320-214	前货舱	0
	后货舱	200
	飞机上可装载总量	200
A330-200/243	前下货舱	700
	后下货舱	0
	散舱	200
	飞机上可装载总量	900
A340-313	前下货舱	700
	后下货舱	0
	散舱	200
	飞机上可装载总量	900
A340-313E	前下货舱	0
	后下货舱	0
	散舱	200

续表

机型	货舱	干冰装载限量（kg）
A321	前下货舱	250
	后下货舱（包括散舱）	0
	飞机上可装载总量	250

表4-4 波音机型干冰装载的重量限制（节选）

机型	货舱	干冰装载限量（kg）
B737-300/400/500/700/800	前货舱	200
	后货舱	200
	散舱	200
	飞机上可装载总量	200
B737-600	前货舱	100
	后货舱	100
	散舱	100
	飞机上可装载总量	100
B737-300 货机	主货舱	800
	前下货舱	800
	后下货舱	800
	散舱	800
	飞机上可装载总量	800
B747-200 货机	主货舱	1800
	前下货舱	1800
	后下货舱	1800
	散舱	1800
	飞机上可装载总量	1800
B747-400COMBI	上货舱	600
	前下货舱	600
	后下货舱	600
	散舱	600
	飞机上可装载总量	600
B747-400 客机	前下货舱	800
	后下货舱	800
	散舱	800
	飞机上可装载总量	800
B747-400 货机	主货舱	2500

续表

机型	货舱	干冰装载限量（kg）
	前下货舱	2500
	后下货舱	2500
	散舱	2500
	飞机上可装载总量	2500
B757-200	前货舱	250
	后货舱	250
	散舱	250
	飞机上可装载总量	250
B757货机	前货舱	2000
	后货舱	2000
	散舱	2000
	飞机上可装载总量	2000
B767-200	前下货舱	300
	后下货舱	300
	散舱	300
	飞机上可装载总量	300
B777-200	前下货舱	450
	后下货舱	450
	散舱	450
	飞机上可装载总量	450
B777-300ER	前下货舱	600
	后下货舱	600
	散舱	600
	飞机上可装载总量	600
B777货机	主货舱	2200
	前下货舱	550
	后下货舱	550
	散舱	550
	飞机上可装载总量	2200
B747-8I	后下货舱+	950
	散舱	950
	飞机上可装载总量	950
B787-9	前下货舱	700
	后下货+散舱	700
	飞机上可装载总量	700

装有干冰的货舱舱门应在临起飞前关闭。飞机在经停站着陆时，都应打开舱门，以利空气流通而降低货舱内的二氧化碳浓度。如果需要装卸货物，必须待货舱内空气充分流通后，工作人员才可进入货舱进行装卸作业。

八、低温液体的装载

装载其他温度敏感货物且无论是否有活体动物在同一航班上，在承运人根据机型做好适当安排后，可以运输在开放或封闭的低温容器中的含有冷冻液化气体的包装件。

承运人应保证通知地面工作人员，含有低温液体的包装件将装载或已在飞机上，并提出相应的警示，以保证装载人员在进入飞机货舱前货舱门开启并释放所有积压的气体。

九、4.1 项中的自身反应物质和第 5.2 项危险品的装载

在整个装载过程中，含有 4.1 项中的自身反应物质或 5.2 项的有机过氧化物的包装件、集合包装或集装器，应避免阳光直射，远离热源，且通风良好。

十、聚合物颗粒的装载

按照包装说明 957 包装的可膨胀聚合物颗粒或塑料模塑化合物，如果净重不超过 100 kg，可装载于不可接近的货舱内。超过 100 kg 的上述物质，必须装载在可接近的货舱。

十一、磁性物质的装载

不得将磁性物质装载于直接影响飞机的直读磁罗盘或罗盘传感器的位置上，磁性物质应装在飞机后部的货舱内。

多个包装件会产生累积效应。比如铁磁体金属，像汽车、汽车零件、金属栅栏、管道和金属结构材料，即使不满足磁性物质的定义，也可能会影响飞机的直读罗盘的工作。单个包装或物品可能达不到磁性物质的定义，但累积后的磁场强度可能符合磁性物质的定义。

根据包装说明 953 所描述的在批准条件下运输的磁性物质，其装载必须符合主管当局批准的特定条件。

十二、作为交运行李的轮椅或助行器的装载

1. 装有密封型湿电池或符合特殊规定 A123 的电池的轮椅或其他电池驱动的助行器

（1）经承运人批准作为交运行李运输时，必须进行运输准备，以防止意外启动，其密封型电池不得包含任何游离的或未被吸附的液体。

（2）轮椅或助行器的安全固定

承运人必须用绑扎带、捆绳或其他固定装置，对安装了电池的轮椅或助行器进行固定。

轮椅或助行器、电池、电气布线与控制器必须保护以防止受到行李、邮件或货物的移

动带来的损失。

（3）卸下的电池的包装

从轮椅或助行器卸下的电池和其备用电池，必须装入坚固、硬质的包装容器。

（4）卸下的电池的装载

装入货舱安全运输。

（5）电池驱动的轮椅和移动辅助工具标签

为便于操作装有电池的轮椅或助行器，可以使用标签（电池驱动的轮椅和移动辅助工具标签）来帮助识别是否有取出轮椅中的电池。如图 4.36 所示。

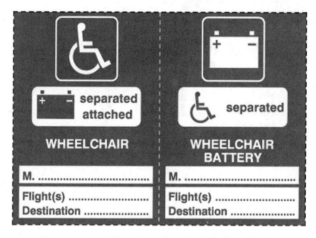

图 4.36 电池驱动的轮椅和移动辅助工具标签

此标签分为两部分，A 部分粘贴在轮椅上，用于注明是否已经去除电池；在电池与轮椅分开运输的特殊情况下，使用 B 部分来识别电池，同时，也可以保证电池和轮椅能够相对应。

2. 装配有非密封型电池的轮椅或其他电池驱动的助行器

1）轮椅或助行器的安全固定

承运人必须以直立方式装载、放置、固定这种轮椅或助行器。如果这种轮椅或助行器不能以直立方式装载、放置、固定，并未被足够保护，则承运人必须卸下此类电池，轮椅和助行器可以作为交运行李运输而不受限制。

2）卸下的电池的包装

卸下的电池必须装入坚固的硬质包装内，防止电池液泄漏。

电池必须防止短路，并直立固定于包装内，周围用合适的吸附材料填满，使之能全部吸收电池所含液体。在可行的情况下，非密封电池应安装防溢阀帽。

3）卸下的电池的装载

卸下的电池装入货舱，并用适当方式固定。

可以使用绑扎带、固定夹或支架，将电池固定在货板上或货舱内，以防翻倒。不得使用货物、行李或邮件支撑。

4）电池驱动的轮椅和移动辅助工具标签

卸下的电池的包装，除粘贴"电池驱动的轮椅和移动辅助工具标签"外，还需要粘贴标有"BANTTERY，WET，WITH WHEEL CHAIR"（轮椅用电池，湿的）或"BANTTERY，WET，WITH MOBILITY AID"（助行器用电池，湿的）字样，并加贴"腐蚀性标签"和方向性标签。如图4.37所示。

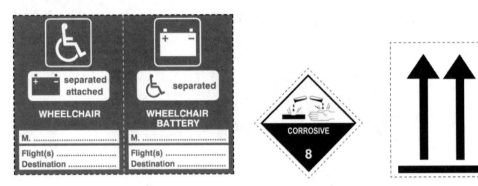

图4.37　卸下的电池的包装上的三种标签

3. 装配有锂电池的轮椅或类似电池驱动的助行器

1）轮椅或助行器的安全固定

承运人必须用绑扎带、捆绳或其他固定装置，对安装了电池的轮椅或助行器进行固定。轮椅或助行器、电池、电气布线与控制器必须保护以防止受到行李、邮件或货物的移动带来的损失。

2）卸下的电池的包装

从轮椅或助行器卸下的电池和其备用电池，防止短路和损坏（如每块电池放入一个保护袋中）。

3）卸下的电池的装载

从轮椅或助行器卸下的电池和其备用电池必须由旅客带入客舱。

4）电池驱动的轮椅和移动辅助工具标签

为便于操作装有电池的轮椅或助行器，可以使用标签（电池驱动的轮椅和移动辅助工具标签）来帮助识别是否以及取出轮椅中的电池。

4. 对于旅客携带的通知机长的信息

（1）装有电池的轮椅或助行器的装载位置。

（2）已包装好的电池的装载位置。

（3）备用电池的位置，或装在货舱内，或锂电池在客舱的位置（含旅客姓名级座位号）。

十三、易燃易爆货物的装载

运输主要和次要危险性为 1 类（爆炸品）、3 类（易燃液体）、4 类（易燃固体、自然物质、遇水释放易燃气体的物质）、5 类（氧化剂和有机过氧化物）和 2.1 项（易燃气体）的危险品（包括货物中的锂电池），要求装载在烟雾探测与灭火系统正常的货舱中。当相关设备故障做故障保留时，按故障保留程序执行并采取相应措施。

十四、国家或承运人差异

不同国家和承运人对于危险品的装载有其特殊的要求，在运输过程中应严格执行。
例如 USG-13 对数量和装载有具体要求，如图 3.38 所示。

适用性	禁止	数量限制：每个货舱净重 25kg 的危险品加 75kg 的 2.2 项	无限制
客机	带仅限货机标签的包装件	不可接近	可接近
货机—包装件允许装在客机上	不适用	不可接近（注 1）	可接近（注 2）
货机—包装件带有仅限货机标签	不可接近（注 1）	不适用	可接近（注 2）

图 3.38　数量和装载限制

十五、危险品集装器挂牌

如果粘贴危险性标签的危险品装入集装器运输，货物组装完毕后应在集装器上拴挂危险品集装器挂牌。危险品从集装器上卸下后，必须立即摘下挂签。

当危险品集装器挂牌放入集装器文件收纳袋，保证集装器挂牌信息从收纳袋外部清晰可读。

常见的两种危险品集装器挂牌如图 4.39 和图 3.40 所示。

1. 图 4.40 危险品集装器挂牌的填写

"DESTINATION 目的站"栏：填写集装器的目的站的三字代码。

"POSITION ON A/C 装机位置"栏：填写集装器在飞机上的装载位置。

"ID CODE 集装器编号"栏：填写集装器的编号。

"ORIGIN 始发站"栏：填写集装器的始发站的三字代码。

"TRANSFER AT（中转站）"栏：填写装载危险品的集装器的中转站三字代码。

"FLIGHT/DATE 航班/日期"栏：填写航班号和航班日期。

"NET WEIGHT（KG）危险品净重（公斤）"栏：填写集装器上装载的危险品净重总和。液体按照1升等于1公斤换算。

"TARE WEIGHT 空重"栏：填写集装器空重。

"TOTAL 危险品毛重（KG）"栏：填写净重和空重的总和。

"NET WEIGHT（KG）危险品净重（公斤）"栏、"TARE WEIGHT"栏、"TOTAL 危险品毛重（KG）"栏在联运时必须填写，其余情况可以不填写。

"CARGO AIRCRAFT ONLY（CAO）（if not applicable delete it）仅限货机（若否划掉）"栏：如果集装器上装载有仅限货机的危险品，则此栏保留，如果没有装载仅限货机的危险品，将该栏文字划掉。

"CLASS OR DIVISION（SHOW THE SUBSIDIARY RISK）类项（次要危险性在括号中填写）"栏：填写集装器上装载的危险品类（项）别，如果装载的危险品中有次要危险性，次要危险性数字在括号中填写。

"SEE ABOVE IF COMPATIBLE（查看是否相容）"栏：如果集装器上装载的危险品满足隔离要求，在此栏打勾。

"CHECK BY（监装人员签字）"栏：填写监装人员的姓名。

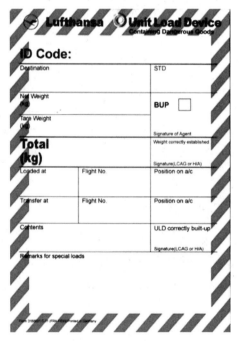

图 4.39　危险品集装器挂牌示例 1　　　　图 4.40　危险品集装器挂牌示例 2

2. 图 4.40 的危险品集装器挂牌的填写

填写内容与图 4.39 基本相同。

在"Contents"栏注明"C"代表货物，"Remarks for special loads"注明本集装货物内的危险品类（项）别数字和操作代码。例如 1.4S/RXS，3/RFL CAO，5.1/ROX，9/ICE。

对于放射性物品，应注明运输指数和装载高度。例如 7/RRY/2PT4/H1（第 7 类，代码 RRY，运输指数 2.4，装载高度等级为 1 级）。

各承运人危险品集装器挂牌内容基本相同，大多数危险品集装器挂牌背面为危险品隔离表或危险性标签及代码。

填写样例如图 4.41 所示。

图 4.41 危险品集装器挂签填写样例

十六、检查

装有危险品的包装件、集合包装和装有放射性物质的专用货箱在装上航空器或者装入集装器之前，检查是否有泄漏和破损的迹象。泄漏或者破损的包装件、集合包装或者装有危险品的专用货箱不得装上航空器。

集装器未经检查并证实其内装的危险品无泄漏或者无破损迹象之前不得装上航空器。

装上航空器的任何危险品包装件出现破损或者泄漏，应当将此包装件从航空器上卸下，或者安排由有关机构从航空器上卸下。在此之后应当保证货物的其余部分符合航空运输的条件，并保证其他包装件未受污染。破损包装件及被污染的其他包装件不得继续运输。

装有危险品的包装件、集合包装和装有放射性物品的专用货箱从航空器或者集装器卸下时，检查是否有破损或者泄漏的迹象。如发现有破损或者泄漏的迹象，对航空器上装载危险品或者集装器的部位进行破损或者污染的检查。

在航空器上发现由于危险品泄漏或者破损造成任何有害污染的，应当立即进行清除。

受到放射性物质污染的航空器应当立即停止使用，在任何可接触表面上的辐射程度和非固着污染超过 IATA《危险品规则》规定数值的，不得重新使用。

第四节 危险品货物机长通知单

一、机长通知单的作用

如果在飞行中出现紧急情况，机长可以根据机长通知单上的信息，履行其对危险品航

空运输的职责。

如果机长可以在情况允许下，将作为货物装载在飞机上的所有危险品信息，尽快通过相关控制交通管制单位通知机场主管部门。

如果情况允许，通知内容应包括危险品的运输专用名称、UN/ID 编号、类别/项别、第 1 类爆炸品的配装组、任何确定的而次要危险性、数量、机上装载位置、应急电话号码。当不可能包括所有信息时，应该提供与紧急情况相关的部分，或每个货舱内所装危险品的数量以及类别或项别。

二、通知相关人员

机长通知单填写完毕后，应在航班离港前尽早送交机长签字接收，以便机长掌握飞机上装载的危险品货物的种类、数量以及装载位置等。

除通知机长外，还要将机长通知单上的信息通知负责运行控制的人员（如飞行调度、航班签派或指定负责航班运行的地面人员），获得的信息与机长获得的信息相同。

每一承运人都必须在其运行手册或其他手册中，明确规定应向哪些人员提供这一信息。

三、机长通知单内容

通知机长的信息主要包括如下内容：

（1）航班号、航班日期、装机站、卸机站、飞机注册号。

（2）货运单号码。

（3）运输专用名称（不需要技术名称或化学名称）；当根据特殊规定 A144 运输含有化学氧气发生器的呼气保护装置时，必须注明 "Air crew protective breathing equipment (smoke hood) in accordance with special provision"［机组呼吸保护装置（防烟罩），符合特殊规定 A144］的声明。

（4）UN 或 ID 编号。

（5）用数字表示的危险品类或项及其次要危险性。如果属于第 1 类危险品，则还应注明其配装组。

（6）包装等级。

（7）对于非放射性物品，注明包装件数目，每个包装件内物品的净数量或毛重（如适用），包括计量单位。对于具有相同运输专用名称和 UN 编号的若干包装件组成的一票货物，只需提供每一装载位置是哪个的总重量，以及最大和最小包装件的重量；对于日用消费品，提供的信息可以是每一包装件的毛重，也可以是危险品运输文件所列包装件的平均毛重；对于集合包装，应指明每个集合包装含有哪些危险品。不同危险品装入同一个外包装，可以不注明每种危险品的数量，但应注明外包装件数和含有哪些危险品。

（8）对于放射性物品，应注明包装件数目，集合包装或放射性专用箱的数目、放射性级别和运输指数（如适用）。

（9）飞机上准确的装载位置。

（10）包装件是否仅限货机运输。

（11）关于该危险品在某一国家豁免的条件下运输的说明（如适用）。

（12）紧急情况时危险品处置的联系人和电话。

（13）集装器的识别编号。

（14）更改后的装机位置。

（15）应急措施代码。

（16）注意事项：

①对于作为非限制性物品制冷剂的干冰和作为货物运输的干冰，填写《危险品货物机长通知单》，只填写 UN 编号、运输专用名称、类别和每个货舱的总数量。

②对于 UN3080（锂离子电池）和 UN3090（锂金属电池），只填写 UN 编号、运输专用名称、类别、每一装载位置的总数量、包装件卸机航站及包装件是否必须仅限货机装载的信息。

③如果 UN3080 和 UN3090 是在政府豁免的情况下运输的，需要在机长通知单上注明"对该危险品在某一国家豁免的条件下运输的说明"。

④机长通知单必须由负责装机的人员签字，确认装机的货物无任何破损与渗漏迹象或集装器无泄漏现象。

⑤地面部门必须保留一份清晰的机长通知单，上面必须注明或随附说明机长已签收此通知单。通知单中所包含的信息，必须随时能提供给下一个预定到达站和最后始发站，直到通知单所涉及的航班飞行结束。

⑥除了承运人所在国所要求的语言外，机长通知单中还应使用英语。

⑦考虑到在紧急情况下，由于机长通知单的内容过多，不适合通过飞行中的无线电话进行传输，承运人还应另提供一份通知单的概要，其中至少包括每个货舱中危险品的数量以及类别和项别。

四、危险品货物机长通知单的填写

机长通知单可以手工填写，也可以电脑打印。

1. 危险品货物机长通知单通用栏目的填写

①栏：装机站（Station of Loading）：填写装机站机场的三字代码。

②栏：航班号（Flight No.）：填写装载危险品的航班号。

③栏：离港日期（Date）：填写航班的离港日期。

④栏：飞机注册号（Aircraft Registration）：填写飞机的注册号。

⑤栏：填写人签字（Prepared by）：填写制作者姓名。

⑥栏：检查人签字（Checked by）：填写检查人姓名。

⑦栏：卸机站（Station of Unloading）：填写卸机站机场的三字代码。

⑧栏：货运单号码（Air Waybill No.）：按照《托运人危险品申报单》所示填写危险品的货运单号码。

⑨栏：UN 或 ID 编号，如适用，注明"RQ"（UN UN or ID No. "RQ" if applicable）：按照《托运人危险品申报单》所示填写危险品的 UN 或 ID 编号；如果危险品数量超过了美国政府规定的报告数量，在 UN 或 ID 编号后注明"RQ"；对于相同 UN 或 ID 编号、相

同运输专用名称的多件危险品，只显示总重和最大及最小包装件的装载位置。对于单一托运人的含有消费品（consumer commodities）的集装设备，显示件数和平均毛重。

⑩栏：运输专用名称（以英文为主）（Proper Shipping Name），如适用，注明豁免证书编号（Exemption No.，if applicable）：按照《托运人危险品申报单》所示填写危险品的运输专用名称。如果在北美航线上，该运输专用名称的危险品在政府批准豁免的情况下运输，还要注明豁免证书编号，并按照"DOT-E 豁免编号"的形式表示；如果承运人要求在机长通知单上运输专用名称栏增加中文译名时，应注明其中文名称。

按照 A144 运输的呼吸保护装置中的化学氧气发生器，要求在运输专用名称后添加"机组呼吸保护装置（烟罩）按照 A144 运输"或"Air CREW Protective Breathing Equipment（smoke hood）in accordance with Special Provision A144"。

⑪栏：类或项（第 1 类爆炸品的配装组）（次要危险性）（Class or Division for Class Comp. Grp（Sub. Risk）：按照《托运人危险品申报单》所示填写危险品的类别或项别，对于第一类爆炸品，还要注明配装组；如果危险品有次要危险性，在括号中注明次要危险性。

⑫栏：包装等级（Packing Group）：按照《托运人危险品申报单》所示注明危险品相应的包装等级。

⑬栏：包装件数（No. of Packages）：填写危险品货物的包装件数。

填写集合包装（OVERPACK）的件数和含有的危险品信息。"OVERPACK"字样要在危险品信息后紧邻显示。

填写包装在一起（all packed in one）的件数和危险品信息。"all packed in one"字样要在危险品信息后紧邻显示。

⑭栏：包装类型和危险品数量（Type of Packages and Quantity）：填写危险品的净数量，单位用"L"或"KG"表示，如果是毛重，注明"kgG"。在北美航线上，还要按照《托运人危险品申报单》所示填写危险品的包装类型。包装类型可以用代码表示，如木箱可以表示成 4C 或 Wooden Box。

⑮栏：第 7 类放射性物品（Radioactive Material For Class 7 Only），核素名称（nuclide），物理或化学状态（Physical or Chemical Form），级别（Category），运输指数（Trans index）：填写放射性物品的核素名称及放射级别和运输指数等内容。在北美航线上，要求填写放射性物品的核素名称，除钚（plutonium）-238、钚-239、钚-241 外，其余放射性物品可以使用核素代码，如 Co-60。在此栏中，还要按照《托运人危险品申报单》内容注明核素的物理和化学状态、放射级别和运输指数等内容。

⑯栏：IMP 代码（见背面）［IMP Code（See Reverse）］：注明危险品对应的 IMP 代码，代码及隔离要求见背面。

⑰栏：仅限货机或客货机（CAO or PAX）：如果是仅限货机危险品，注明 CAO；如果是客货机运输的危险品，注明 PAX。

⑱栏：集装器识别编号（ULD ID）栏：注明装载危险品的集装器的编号，如：PMC12345CA。

⑲栏：装机位置（Position）：注明危险品在货舱中的装载位置。

⑳栏：变更后位置（Moved to Position）：如果危险品的装载位置发生变更，注明变更

后的位置。

㉑栏：应急措施代号（Drill Code）：注明机上危险品应急措施代码，如《危险品规则》中 4.2 表 N 栏所示。

㉒栏：应急电话和联络人（Emergency Tel No. and person）：在北美航线上运输的危险品，注明《托运人危险品申报单》中所示的应急电话和应急联络人。应急联络人可以是交运商业危险品的个人、公司、协会、企业、政府等（注：美国邮政和 49 U. S. C. 5123 及 5124 所列的政府部门、机构等不能作为应急联络人）。该要求 FAA 将于 2010 年 10 月 1 日后强制执行。

㉓栏：监装负责人签字（Loading Supervisor's Signature）：注明监装危险品的负责人的姓名。

㉔栏：装载位置变更人签字（Position Changed By）：注明变更危险品装载位置人员的姓名。

㉕栏：机长签字（Captain's Signature）：执飞航班的机长签字。

㉖栏：接班机长签字（Captain Signature）：接班机长签字。

2. 机长通知单的分发和留存

危险品货物机长通知单一式四份，分发如下：

（1）交载重平衡部门一份；

（2）交机长一份；

（3）装机站留存一份；

（4）备用一份。

3. 不需要填写《危险品货物机长通知单》的情况

以下危险品货物不需要填写《危险品货物机长通知单》：

（1）例外数量危险品（Dangerous Goods in Excepted Quantities）；

（2）放射性物品例外包装件（Excepted Package of Radioactive Material）（UN2908、UN2909、UN2911）；

（3）生物物质、B 级，UN3373（Biological Substance, Category B UN3373）；

（4）磁性物质，UN2807；

（5）转基因物质、转基因微生物，UN3245；

（6）符合包装说明 PI965-970 SECTION Ⅱ 的锂离子或锂金属电池芯或电池；

（7）符合包装说明 208（a）含有非易燃气体的液压/气压物品（UN3164）。

除上述几种情况外，当危险品作为货物运输时，必须填写《危险品货物机长通知单》。需要强调的是，运输作为普通货物制冷剂的干冰时，虽然无须填写《托运人危险品申报单》，但无论其重量多少，必须填写《危险品货物机长通知单》。除始发站、目的站、航班日期等基本信息外，只填写 UN 编号、运输专用名称、类别、飞机装载位置的装载总量和卸机站对应的卸机件数。

图 4.42 和图 4.43 为国货航危险品货物机长通知单样本（正面和背面）。

图 4.44 位某航空公司填写的危险品货物机长通知单样例。

图 4.45 为国货航/国航货运系统机长通知单样本。

中国国际货运航空
AIR CHINA CARGO

DANGEROUS GOODS NOTIFICATION TO CAPTAIN （NOTOC）

危险品货物机长通知单

Emergency Phone:
危险品应急电话:
86-10-64599996

装机的危险品包装件/集合包装件已确认无破损和泄漏！
Packages or overpacks containing dangerous goods loaded on the aircraft are confirmed without any damage or leakage

Station of Loading: 装机站:	Flight No. 航班号:	Date: 离港日期:	Aircraft Registration: 飞机注册号:	Prepared by: 填写人签字:	Checked by: 检查人签字:

Station of Unloading 卸机站	Air Waybill No. 货运单号	UN or ID No. UN 或 ID 编号 "RQ" or "LTD QTY", if applicable 如适用，注明"RQ"或"LTD QTY"	Proper Shipping Name 运输专用名称（以英文为准） Exemption No., if applicable: 如适用,注明豁免证书编号	Class or Division for Class1 Comp. Groups (Sub. Risk) 类或项（第1类爆炸品的配装组）（次要危险性）	Packing Group 包装等级	No. of Packages 包装件数	Type of Packages and Quantity 包装类型和危险品数量	Radioactive Material For Class 7 Only 第七类放射性物质 Nuclide 核素名称 Physical or Chemical Form 物理或化学状态 Category 级别 Transport index 运输指数	IMP Code (See Reverse) 代码（见背面）	CAO or PAX 仅限货机或客货机	Loaded 装载信息: ULD ID 集装器识别编号	Loaded 装载信息: Position 装机位置	Loaded 装载信息: Moved to Position 变更后位置	Drill Code 应急措施代号

When an incident occurs, please refer to the *Emergency Response Manual For Aircraft Incidents Involving Dangerous Goods* of Air China or Air China Cargo. First, determine the Drill Code by using the table 4-2 or table 4-3 set out in the Manual according to the UN/ID number or the Proper Shipping Name shown on the NOTOC. Second, determine the procedure by using the table 4-1 set out in the Manual in accordance with the Drill Code. Checklist For Dangerous Goods Incidents in Chapter 3 of the Manual should be another reference.
当机上危险品出现事故时，第一步：根据本通知单上列出的 UN/ID 编号或运输专用名称，使用国航/国货航《机上危险品事故应急处理手册》中表 4-2 或表 4-3，查找所对应的应急处理措施操作代号。第二步：根据查出的操作代号，使用国航/国货航《机上危险品事故应急处理手册》中表 4-1，查找措施操作代号所对应的详细处理措施。同时请参考国航/国货航《机上危险品事故应急处理手册》中第 3 章的危险品不安全事故检查单。

Loading Supervisor's Signature: 监装负责人签字:	Position Changed by: 装载位置变更人签字:	Captain's Signature: 机长签字: →	Captain's Signature: 接班机长签字:

Original: For Station of Loading. 正本：装机站留存
Copy 1: For Weight & Balance. 副本 1：载重平衡部门留存
Copy 2: For Captain 副本 2：机长留存
Copy 3: For Extra Use 副本 3：备用

DG FORM 2018（29.7cm×21cm）

图 4.42 国货航危险品货物机长通知单样本（正面）

隔 离 条 件
SEGREGATION REQUIREMENTS

Code 代码	Class or Division Compt Group 类别、项别 配装组	RCX 1.3C Note 2	RGX 1.3G Note 2	RXB 1.4B Note 3	RXC 1.4C Note 2	RXD 1.4D Note 2	RXE 1.4E Note 2	RXG 1.4G Note 2	RXS 1.4S Note 4	RFG 2.1	RNG 2.2	RPG 2.3	RFL 3	RFS 4.1 Note 5	RSC 4.2	RFW 4.3	ROX 5.1	RGP 5.2 Note 5	RPB 6.1	RIS 6.2	RRW RRY 7 Note 6	RCM 8	RMD 9 Note 7	RBI RSM Note 8	HUM Note 8	EAT Note 8	HEG Note 9	AVI Note 10
RCX	1.3C			X						X	X	X	X	X	X	X	X	X				X		X				
RGX	1.3G			X						X	X	X	X	X	X	X	X	X				X		X				
RXB	1.4B	X	X		X					X	X	X	X	X	X	X	X	X				X		X				
RXC	1.4C			X						X	X	X	X				X	X				X		X				
RXD	1.4D			X						X	X	X	X				X	X				X		X				
RXE	1.4E			X						X	X	X	X				X	X				X		X				
RXG	1.4G			X						X	X	X	X				X	X				X		X				
RXS	1.4S																											
RFG	2.1	X	X	X	X	X	X	X																X				
RNG	2.2	X	X	X	X	X	X	X																				
RPG	2.3	X	X	X	X	X	X	X																				
RFL	3	X	X	X	X	X	X	X									X											
RFS	4.1	X	X	X	X	X	X	X																				
RSC	4.2	X	X	X	X	X	X	X																				
RFW	4.3	X	X	X	X	X	X	X														X						
ROX	5.1	X	X	X	X	X	X	X																				
RGP	5.2	X	X	X	X	X	X	X																				
RPB	6.1																								X	X		
RIS	6.2																										X	
RRW RRY	7																											
RCM	8	X	X	X	X	X	X	X									X											
RMD	9																											
RBI RSM		X	X	X	X	X	X	X									X	X	X									
HUM																									X	X		
EAT																						X	X					X
HEG																							X					X
AVI																						X	X	X		X	X	

Note 1　"X"表示含有这些类别、项别的危险品包件必须隔离存放。
An 'X' indicates that packages containing these classes/divisions of dangerous goods must be segregated.

Note 2　此隔离条件只能适用全货机上运输。
These explosives are acceptable only on cargo aircraft.

Note 3　1.4B 爆炸品不得装载在与其他爆炸品同一货舱（1.4B 除外）装载位置飞机上。1.4B 必须装载在独立的单元载具设备内，并与其他爆炸品需间隔至少为 2 米。当装载在同一飞机上，1.4B 要装载在飞机不同的、非相邻的装载位置，并与其它货物分开，间隔应分为 2 米。
1.4B must not be loaded with other explosives except for Div1.4B. When loaded on the same aircraft with explosives other than Div1.4B, Div1.4B must be loaded into separate unit load devices and when stowed aboard the aircraft, Div1.4B must be separated by a minimum separation distance of 2m. When not loaded in a ULD,1.4B and other explosives must be loaded into different, non-adjacent loading positions and separated other cargo a minimum separation distance of 2m.

Note 4　只有 1.4S 爆炸品才可以在客机上运输，B 配装组的爆炸品可以与其它配装组的爆炸品一起装载。
Only 1.4S explosives are permitted to be transported on passenger aircraft. Explosives in compatibility Group S may be stowed with explosives in all compatibility groups.

Note 5　装有 4.1 项自反应物质或 5.2 项有机过氧化物的包件或成组集装设备必须避开阳光直射、热源，并放置在通风良好处。
Packages or unit load devices containing self-reactive substance of Div 4.1 or organic peroxides of Div 5.2 must be protected from direct sunlight and all sources of heat and be placed in adequately ventilated areas.

Note 6　装有易裂变物质的包件的临界安全指数总和不超过 50，每组分放距离最小保持至少为 6 米。
The sum of the criticality safety indices of packages containing fissile material must not exceed 50 or maintain at least 6 m(20ft)from each group of each packages.
b. 请人员的隔离要求见 DGR 10.9C 和 10.9D 段。
See tables 10.9C and 10.9D in DGR for the information on separation from persons.
c. 与胶片隔离的要求见 DGR 10.9E 段。
See table 10.9E in the DGR for the separation information.

Note 7　磁性材料不得装载在飞机任何位置上以防其对飞机直读罗盘产生显著影响。
Magnetized material must not be loaded in such position that they will have a significant effect on the direct-reading magnetic compass or on the master compass detector units of the aircraft.
See a particular Dangerous Goods Transportation Manual for the dry ice limited amount aboard on each aircraft type.

Note 8　不能装载于同一货舱。除非装载型号符合的集装箱上/内。
Should not be loaded in same compartment, unless be loaded oMin ULDs in adjacent.

Note 9　不能装载于接近液态或固态二氧化碳处。
Should not be loaded in close proximity of cryogenic or Carbon dioxide, hold (dry ice)

Note 10　a. 不能装载于接近液态或固态二氧化碳处。
Should not be loaded in close proximity of cryogenic or Carbon dioxide, solid (dry ice)
b. 与 III 级黄色标签包件、外包装及运输集装箱的隔离距离为 0.5 米或更远。
Should be separated from cat. III yellow packages, overpacks and freight containers by a distance of 0.5m or more.

Code 代码	Meaning 含义	Code 代码	Meaning 含义	Code 代码	Meaning 含义
RCX	Div1.3 Explosive compt C 1.3 级爆炸品 C 配装组	RGX	Div1.3 Explosive compt G 1.3 级爆炸品 G 配装组	RXB	Div1.4 Explosive compt B 1.4 级爆炸品 B 配装组
RXC	Div1.4 Explosive compt C 1.4 级爆炸品 C 配装组	RXD	Div1.4 Explosive compt D 1.4 级爆炸品 D 配装组	RXE	Div1.4 Explosive compt E 1.4 级爆炸品 E 配装组
RXG	Div1.4 Explosive compt G 1.4 级爆炸品 G 配装组	RXS	Div1.4 Explosive compt S 1.4 级爆炸品 S 配装组	RFG	Flammable Gas 易燃气体
RNG	Non. Flammable Gas 非易燃气体	RPG	Toxic Gas 毒性气体	RFL	Flammable Liquid 易燃液体
RFS	Flammable solid 易燃固体	RSC	Substance Liable to Spontaneous Combustion 自燃物质	RFW	Dangerous When Wet 遇水释放易燃气体物质
ROX	Oxidizer 氧化剂	RGP	Organic Peroxide 有机过氧化物	RFB	Toxic 毒性物质
RIS	Infectious Substance 感染性物质	RRW	Radioactive White 放射性物质白色	RRY	Radioactive Yellow 放射性物质黄色
RCM	Corrosive 腐蚀性物质	RMD	Miscellaneous Dangerous Goods 杂项危险品	ICE	Dry Ice 干冰
MAG	Magnetized Material 磁性材料	RCL	Cryogenic Liquid 冷冻液化气体	CAO	Cargo Aircraft Only 只限货机装载
RSS	Polymeric Beads 聚合珠粒	AVI	Live Animal 活体动物	HUM	Human Remains 骨灰
RBI	Fully Regulated Lithium Ion Batteries as per IA and IB of P1965 按照规范操作的 965 IA 和 IB 锂离子电池	RLI	Fully Regulated Lithium Ion Batteries as per Section II of P1965 按照规范操作 966-967 第一部分 锂离子电池	ELI	Lithium Ion Batteries accepted as per Section II of P1965-967 按照规范操作 966-967 第二部分锂离子电池
RBM	Fully Regulated Lithium Metal Batteries as per IA and IB of P1968 按照规范操作的 968 IA 和 IB 锂金属电池	RLM	Fully Regulated Lithium Metal Batteries as per Section I of P1968-972 按照规范操作 968-972 第一部分锂金属电池	ELM	Lithium Metal Batteries accepted as per Section II of P1968-972 按照规范操作 968-972 第二部分锂金属电池

图 4.43　国货航危险品货物机长通知单样本（背面）

ABC AIRLINE

SPECIAL LOAD — NOTIFICATION TO CAPTAIN

Station of Loading	Flight Number	Date	Aircraft Registration	Prepared by
JFK	AB-1309	3 JAN 19	N-18805	B. Watkins

DANGEROUS GOODS

Station of Unloading	Air Waybill Number	Proper Shipping Name	Class or Division For Class 1 compt. grp.	UN or ID Number	Sub Risk	Number of Packages	Net quantity or Transp. Ind. per package	Radioactive Mat. Categ.	Packing Group	Code (see reverse)	CAO (X)	ULD ID	Position Loaded
CDG	12345675	METHYL ACETATE	3	UN1231	—	10	14 L	—	II	RFL	X	AA201	A
CDG	123456675	SELENIUM OXYCHLORIDE	8	UN2879	6.1	4	0.5 L	—	I	RCM		AF5040	23
CDG	123456675	RADIOACTIVE MATERIAL, TYPE A PACKAGE	7	UN2915	—	1	3.5	III	—	RRY			53
CDG	2345678	CONSUMER COMMODITIES	9	ID8000	—	50	100 kg 0.6 kg 2.5 kg	—	—	RMD		D123AN	11R

*There is no evidence that any damaged or leaking packages containing dangerous goods have been loaded on the aircraft.

OTHER SPECIAL LOAD

Stat. of Unload	Air Waybill Number	Contents and Description	Number of Packages	Quantity	Supplementary Information	Code (see reverse)	ULD ID	Position Loaded

Other Information

Loading Supervisor's Signature	Captain's Signature
J. Smith	R. Martin

*This signature must be shown on the NOTOC. The location is left to the discretion of the carrier.

图 4.44　某公司危险品货物机长通知单填写样例

Dangerous Goods By Flight Print

NOTIFICATION TO CAPTAIN　　　Prepared By YANGZHAO

From PVG	Flight CA1067/04JAN17	Date 04JAN17 0943					A/C Registration B2046	
Line	UN-or ID- Number	Proper Shipping Name						
	Class or Division	(Subsidiary Risks)	Packing Group	Drill Code/Suffix	Dangerous Pieces	Quantity or T1	Total	CAO	Load Position
To	Air Waybill	Exemption					Special Handling Codes	ULD

1.	UN3091	LITHIUM METAL BATTERIES CONTAINED IN EQUIPMENT						
	9			9FZ	7 X 4.950KG = 34.65KG	CAO		HL
YEG	999-16120903X					RLM		PMC12345CA

SI 1.PACKAGING TYPE:4G

2.	UN3091	LITHIUM METAL BATTERIES CONTAINED IN EQUIPMENT						
	9			9FZ	1 X 1.430KG = 1.43KG	CAO		HL
YEG	999-16120903X					RLM		PMC12345CA

SI 2.PACKAGING TYPE:4G

SI .1-2 OVERPACK USED X 8

3.	UN1263	PAINT						
	3		III	3L		12.000L	CAO	HR
YEG	999-16120905X					RFL		PMC88888CA

SI 3.PACKAGING TYPE:4G

4.	UN1263	PAINT RELATED MATERIAL						
	3		III	3L		4.000L	CAO	HR
YEG	999-16120905X					RFL		PMC88888CA

SI 4.PACKAGING TYPE:4G

SI .3-4 ALL PACKED IN ONE X 53 (Q = 0.073)

5.	UN1263	PAINT						
	3		III	3L	5 X 12.000L = 60L	CAO		ML / LL
YE	999-17010301X					RFL		PMC99999CA

SI 5.PACKAGING TYPE:4G

装机位置变更时，划掉原位置，手工填写变更位置。

Other Special Load

To	Air Waybill	Contents	Piece Count	Quantity	Special Handling Code	Load Position	ULD
1.YEG	999-17010302X	DOG	1	10.000KG	AVI	HL	PMC11111CA

SI	EMERGENCY PHONE 86-10-64599996 ←——（注：公司应急电话）
	VERIFIED BY ZHANGBO

THERE IS NO EVIDENCE THAT ANY DAMAGED OR LEAKING PACKAGES CONTAINING DANGEROUS GOODS HAVE BEEN LOADED ON THE AIRCRAFT.

LOADING SUPERVISOR'S SIGNATURE:　　　　　　　　　　EMPL#

THE DATE AND FLIGHT NUMBER ARE CORRECT. I ACKNOWLEDGE RECEIPT OF THIS FORM.

CAPTAIN'S SIGNATURE:　张旻/黄河

（一程机长／二程机长）
(First Leg/Second Leg)

图 4.45　国货航/国航货运系统打印的机长通知单样例

五、机长通知单的交接

危险品装机前，应根据托运人危险品申报单填制危险品货物机长通知单并尽早与机长进行交接。机长阅后无异议应在该危险品货物机长通知单上签字。机长有权检查特种货物装载情况，如发现不符合规定之处可通知装机人员卸货或重新装机。如图 4.46 所示。

图 4.46　与机长交接 NOTOC

飞机在中途站更换机组，机长应将危险品货物机长通知单转交接班机长，并向其说明危险品装载情况。

飞机在中途站货物装载位置发生变更，应划掉原位置内容，重新填写变更后的位置。

六、应急响应代码含义

在航空运输中，应急响应代码要填写在机长通知单上，其所代表的含义，如图 4.47 航空器应急响应操作方法所示。可分别查阅到字母和数字分别代表的含义。

1. 完成相应的航空器应急响应程序。
2. 考虑尽快着陆。
3. 使用以下图表中的操作方法。

操作方法代号	固有危险	对航空器的危险	对乘员的危险	溢出或渗漏的处理程序	灭火程序	其他考虑
1	爆炸可能引起结构破损	起火和/或爆炸	操作方法字母所指出的危险	使用 100%氧气；禁止吸烟	使用所有可用的灭火剂；使用标准灭火程序	可能突然失去增压
2	气体、非易燃，压力可能在火中产生危险	最小	操作方法字母所指出的危险	使用 100%氧气；对于操作方法字母为"A""i"或"P"的物品，要建立和保持最大通风量	使用所有可用的灭火剂；使用标准灭火程序	可能突然失去增压
3	易燃液体或固体	起火和/或爆炸	烟、烟雾和高温；以及操作方法字母所指出的危险	使用 100%氧气；建立和保持最大通风量；禁止吸烟；尽可能少地使用电气设备	使用所有可用的灭火剂；对于操作方法字母为"W"的物品，禁止使用水	可能突然失去增压
4	当暴露于空气中时，可自动燃烧或发火	起火和/或爆炸	烟、烟雾和高温；以及操作方法字母所指出的危险	使用 100%氧气；建立和保持最大通风量	使用所有可用的灭火剂；对于操作方法字母为"W"的物品，禁止使用水	可能突然失去增压；如果操作方法字母为"F"或"H"，尽可能最少地使用电气设备
5	氧化性物质，可能引燃其他材料，可能在火的高温中爆炸	起火和/或爆炸、可能的腐蚀损坏	刺激眼睛、鼻子和喉咙，接触造成皮肤损伤	使用 100%氧气；建立和保持最大通风量	使用所有可用的灭火剂；对于操作方法字母为"W"的物品，禁止使用水	可能突然失去增压
6	有毒物质*，如果吸入、摄取或被皮肤吸收，可能致命	被有毒*的液体或固体污染	剧毒，后果可能会延迟发作	使用 100%氧气；建立和保持最大通风量；不戴手套不可接触	使用所有可用的灭火剂；对于操作方法字母为"W"的物品，禁止使用水	可能突然失去增压；如果操作方法字母为"F"或"H"，尽可能最少地使用电气设备
7	从破损的/未防护的包装件中产生的辐射	被溢出的放射性物质污染	暴露于辐射中，并对人员造成污染	不要移动包装件；避免接触	使用所有可用的灭火剂	请一位有资格的人员接机
8	具有腐蚀性，烟雾如果被吸入或与皮肤接触可致残	可能造成腐蚀损坏	刺激眼睛、鼻子和喉咙；接触造成皮肤损伤	使用 100%氧气；建立和保持最大通风量；不戴手套不可接触	使用所有可用的灭火剂；对于操作方法字母为"W"的物品，禁止使用水	可能突然失去增压；如果操作方法字母为"F"或"H"，尽可能最少地使用电气设备
9	没有一般的固有危险	操作方法字母所指出的危险	操作方法字母所指出的危险	使用 100%氧气；对于操作方法字母为"A"的物品，要建立和保持最大通风量	使用所有可用的灭火剂	无
10	气体、易燃，如果有任何火源，极易着火	起火和/或爆炸	烟、烟雾和高温；以及操作方法字母所指出的危险	使用 100%氧气；建立和保持最大通风量；禁止吸烟；尽可能少地使用电气设备	使用所有可用的灭火剂	可能突然失去增压
11	感染性物质，如果通过粘膜或外露的伤口吸入、摄取或吸收，可能会对人或动物造成影响。	被感染性物质污染	对人或动物延迟发作的感染	不要接触。在受影响区域保持最低程度的再循环和通风	使用所有可用的灭火剂；对于操作方法字母为"Y"的物品，禁止使用水	请一位有资格的人员接机
12	起火、高温、冒烟和有毒燃烧蒸气	起火和/或爆炸	烟、烟雾、高温	使用 100%氧气；建立和保持最大通风量	使用所有可用的灭火剂；使用水（如有）	可能突然失去增压；考虑立即着陆

操作方法字母	附加危险	操作方法字母	附加危险
A	有麻醉作用	N	有害
C	有腐蚀性	P	有毒（TOXIC）*（POISON）
E	有爆炸性	S	自动燃烧或发火
F	易燃	W	如果潮湿，释放有毒*或易燃气体。
H	高度可燃	X	氧化性物质
i	有制激性/催泪	Y	根据感染性物质的类别而定，有关国家主管当局可能需要对人员、动物、货物和航空器进行隔离。
L	其他危险低或无		
M	有磁性	Z	航空器货舱灭火系统可能不能扑灭或抑制火情；考虑立即着陆。

*Toxic 与 poison（有毒）意思相同。

图 4.47 航空器应急响应操作方法

章节练习题

1. 判断性质抵触的危险品时，除了要考虑＿＿＿＿＿＿＿＿＿＿＿＿＿，还需要考虑＿＿＿＿＿＿＿＿＿。

2. ＿＿＿＿＿＿＿＿＿这些危险品物品的类或项不需要和其他类别或项别的危险品隔离。

3. ＿＿＿＿＿＿＿＿＿配装组的爆炸品可以与所有配装组的爆炸品码放在一起。

4. 根据 UN3480PI965IA 或 IB 准备的锂离子电池、UN3090PI968IA 或 IB 准备的锂金属电池的包装件或集合包装，不能与贴有＿＿＿＿＿＿＿＿＿、＿＿＿＿＿＿＿＿＿、＿＿＿＿＿＿＿＿＿、＿＿＿＿＿＿＿＿＿、＿＿＿＿＿＿＿＿＿危险性标签的包装件相邻放置或互相接触。

5. 危险品包装件的装载要求：＿＿＿＿＿＿＿＿＿＿＿＿＿＿＿。

6. 带有"＿＿＿＿＿＿＿＿＿"标签的危险品，不得用客机装载，只能用货机运输。

7. 如果仅限货机危险品装载在集装板上，该集装板要能够使＿＿＿＿＿＿＿＿＿接近。

8. 放射性物质装载的时候也需要遵守＿＿＿＿＿＿＿＿＿原则。

9. 将性质抵触的危险品分别用尼龙带固定在集装板或飞机货舱地板上，两者的间距至少是＿＿＿＿＿＿＿＿＿米。

10. 用普通货物的包装件将性质抵触的两个危险品隔开，两者的间距至少是＿＿＿＿＿＿＿＿＿米；不相容的爆炸物品需要用普通货物分隔，最短距离是＿＿＿＿＿＿＿＿＿米。

11. 具有多重危险性的危险品包装件，需要按照 DGR4.3.1 需求进行隔离。具有相同＿＿＿＿＿＿＿＿＿的包装件不需要隔离。

12. 干冰对于活体动物存在＿＿＿＿＿＿＿＿＿两种危险性。

13. 含有第 4.1 项中的自反应物质或第 5.2 项的有机过氧化物的包装件或集装器，应该＿＿＿＿＿＿＿＿＿、＿＿＿＿＿＿＿＿＿、＿＿＿＿＿＿＿＿＿。

14. UN3373 的 B 级生物物质，放射性例外数量包装件不需要危险品申报单和危险品检查单，但是需要做 NOTOC 对吗？为什么？＿＿＿＿＿＿＿＿＿。

15. 运输作为普通货物制冷剂的干冰时，可以不填写＿＿＿＿＿＿＿＿＿，但无论其重量多少，必须填写＿＿＿＿＿＿＿＿＿。

第五章　放射性物品

第一节　概述

一、空运放射性物品的依据

在 IATA《危险品规则》的第 10 单元，详细介绍了放射性物品航空运输相关内容。航空运输放射性物品是以国际原子能机构的《放射性物品安全运输条例》（封面如图 5.1 所示）为基础制定的运输规则，旨在放射性物品空运过程中建立安全保护人身、财产和环境免受辐射影响的要求。可通过以下条件实现防护：

（1）规定放射性内装物的容器；

（2）控制外部辐射水平；

（3）防止达到临界值；

（4）防止热损伤。

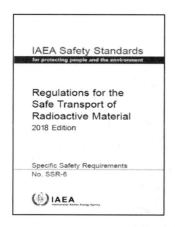

图 5.1　《放射性物品安全运输条例》封面

为满足航空运输的要求，首先按放射性的级别规定包装件和航空器内装物的限值，并根据放射性内装物的危害情况，规定适用于包装件设计的性能标准；其次是对包装件的设计、生产、维护和修理，以及托运准备、收货、装载、运输（包括转运中的储存）和卸机制定规则；最后要求实施行政管理，包括相关国家主管部门的批准。

二、基本概念

放射性物品是指自发和连续地放射出电离辐射的物质和物品，它们对人类和动物健康产生危害，并可使照相底片或 X 光片感光。这种辐射不能被人体的任何感官（视觉、听觉、嗅觉、触觉）所觉察，但可用合适的仪器探测和测量。

为便于学习和理解放射性物品运输相关知识，下面介绍几种与放射性物品相关概念和单位。

1. 放射性

放射性是自然界存在的一种自然现象。世界上一切物质都是由一种叫"原子"的微小粒子构成的，每个原子的中心有一个"原子核"。大多数物质的原子核是稳定不变的，但有些物质的原子核不稳定，会自发地发生某些变化。某些物质的原子核能发生衰变，放出我们肉眼看不见也感觉不到、只能用专门的仪器才能探测到的射线，物质的这种性质叫放射性。

有的放射性物品在地球诞生时就存在，如铀、钍、镭等，它们叫作天然放射性物品。另一方面，人类出于不同的目的制造了一些具有放射性的物质，这种物质叫人工放射性物品。

2. 放射性元素及其危害性

地球上的一切自然物质中都含有不同数量的放射性元素，整个地球乃至整个宇宙的一切自然物质，实际上都是由 103 种天然元素（不包括人造元素）组成的。在 103 种天然元素中，有一族元素具有放射性特点，被称为"放射性元素族"。所谓放射性元素，是指这些元素的原子核不稳定，在自然界的自然状态下不断地进行核衰变，在衰变过程中放射出 α、β、γ 三种射线和有放射性特点的惰性气体氡气。其中的 α 射线（粒子）实际上是氦（He）元素的原子核，由于它质量大、电离能力强和高速的旋转运行，所以是造成对人体内照射危害的主要射线；β 射线是负电荷的电子流；γ 射线是类似于医疗透视用的 X 射线一样和波长很短的电磁波，由于它的穿透力很强，所以是造成人体外照射伤害的主要射线；由衰变而产生的氡（Rn）气是自然界中仍具有放射性特点的惰性气体，由于它还要继续衰变，因此被吸入肺部后，容易造成对人体内照射（特别是对肺）的伤害。

β 射线速度接近光速。α 射线（粒子）速度大约是光速的十分之一，电离强度是 α、β、γ 中最强的，但穿透性最弱，只释放出 α 粒子的放射性同位素在人体外部不构成危险。然而，释放 α 粒子的物质（镭、铀等等）一旦被吸入或注入，那将是十分危险的，它就能直接破坏内脏的细胞。γ 是光子，没有静止质量，比 X 射线的穿透力强，被照射时间长了，会对人的健康危害很大。

3. 放射源

放射源是指用放射性物质制成的能产生辐射照射的物质或实体，放射源按其密封状况可分为密封源和非密封源。

密封源是密封在包壳或紧密覆盖层里的放射性物质，工农业生产中应用的料位计、探伤机等使用的都是密封源，如钴-60、铯-137、铱-192 等。非密封源是指没有包壳的放射性物品，医院里使用的放射性示踪剂属于非密封源，如碘-131、碘-125、锝-99m 等。

4. 放射性活度

放射性活度是指对放射性同位素所释放出的放射性强度的一种测量方式，用以确定各种类型包装中可运输的放射性物品的总数。

放射性物品活度是指单位时间内某放射性物质核衰变的次数。单位时间内发生衰变的核子数目越多，也就是说射出的相应的粒子的数目越多，这种物质的放射性活度越大，放射性越强。

放射性物质的原子核由于放出某种粒子而转变为新核的变化叫衰变。衰变是自发的连续不断地进行的，并且不受任何外界条件的影响，一直衰变到原子处于稳定状态。

放射性活度随着放射性物质的不断衰变而下降。半衰期也可理解为放射性物质的活度减少到原来一半所需的时间。

放射性活度单位为贝克勒尔（Bq），一个原子蜕变/每秒。这一单位非常小，运输时常用大倍数单位，即千贝克勒尔（$1 \text{ kBq} = 10^3 \text{ Bq}$），兆贝克勒尔（$1 \text{ MBq} = 10^6 \text{ Bq}$），吉贝克勒尔（$1 \text{ GBq} = 10^9 \text{ Bq}$），太贝克勒尔（$1 \text{ TBq} = 10^{12} \text{ Bq}$），这些单位是《危险品规则》中所使用的标准单位。

$$1 \text{ TBq} = 10^3 \text{ GBq} = 10^6 \text{ MBq} = 10^9 \text{ KBq} = 10^{12} \text{ Bq}$$

连续衰变的量度为半衰期。半衰期就是指特定放射性物质衰变到初始活度的一半所需要的时间。连续的半衰期使放射性物质的强度降到原强度的 1/2、1/4、1/8……因此，可预计在将来的一个任何时间其余留的强度。每种放射性核素都有特有的半衰期，从十亿分之几秒到几十亿年不等。半衰期极短的放射性物质衰变相当迅速，以至无法运输，运输速度对中—短期半衰期至关重要，特别是半衰期只有几天的放射性物品。

5. 放射性比活度

比活度是指单位质量核素的放射性活度。

使用放射性比活度，可以更准确地表示某种放射性物质放射性的大小。

某物质的比活度必须是放射性核素均匀分布物质的单位质量或单位体积的放射性活度。

6. 剂量率

剂量当量是放射性原子在衰变和蜕变过程中，电子轨道转移后所释放出的能量。常用剂量当量来衡量人体被射线辐射的程度。

国际单位制用西沃特（Sv）作为计量单位，旧单位制用雷姆（rem）作为计量单位。

$$1 \text{ Sv} = 100 \text{ rem}$$

$$1 \text{ Sv} = 10^3 \text{ mSv} = 10^6 \text{ } \mu\text{Sv}$$

$$1 \text{ rem} = 10^3 \text{ mrem} = 10^6 \text{ } \mu\text{rem}$$

单位时间的剂量当量又称为剂量当量率（剂量率），是一个衡量放射性危险性的一个很重要的参数。计量单位为西沃特每小时（Sv/h），或雷姆每小时（rem/h）。以毫西沃特每小时或毫雷姆每小时为单位的相应的剂量当量率又称为辐射水平。很明显，剂量当量越大，货物的剂量率就越高，放射性货物的放射危险性就越大。通常所说的表面最大剂量率

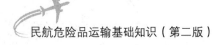

是距放射性物质包装件表面 5 cm 处的最大剂量率。

7. 运输指数

在运输时，把剂量率转化为运输指数（Transport Index，简称 TI），以确定放射性货物的危险程度。

运输指数是指距放射性货包或货物外表面一米处最大剂量率的数值。即当一个人站在离包装件表面一米处一个小时时，他所承受的最高辐射剂量。运输指数是个测量值，其数值越高表示剂量率越高。除等于或者小于 0.05 的数值考虑作为零值外，根据上述步骤确定的数值进位到第一位小数。

如果测量单位是毫西弗沃特/小时（mSv/h），则测量值应乘以 100 后再向上进位到小数点后 1 位数字；如果测量单位是毫雷姆/小时（mrem/h），则运输指数与测量值相同。

例如，在距离放射性物品包装件 1 米处，测量的最大辐射水平值为 0.0346 mSv/h，则运输指数为 3.5（0.0346×100 = 3.46 = 3.5）。

除专载运输外，任何单个包装件或集合包装的运输指数都不得超过 10，每个包装件和集合包装的任一外表面的任何一点上的最大辐射水平不得超过 2 mSv/h。

属于专载运输的包装件，任一外表面的任何一点上的最大辐射水平不得超过 10 mSv/h。

运输指数是用于控制包装件、集合包装（Overpack）或放射性专用货箱的辐照的一个数字，是提供给承运人来隔离放射性物品和人、动物、未冲洗的胶片和其他放射性物品的依据，保证公众和搬运人员在存储和运输中的安全和所受辐射最低。

运输指数还是运输中对放射性物品进行管理的一个重要参数。它可用于确定标签的级别，确定是否需要专载运输，确定中转存储的空间间隔要求，确定放射性专用货箱内或航空器内允许装的包装件数量。

8. 临界安全指数

临界安全指数（CSI）是指给含有裂变物质的包装件、集合包装或放射性物品专用箱的数字，用于控制装有裂变物质的包装件、集合包装或放射性物质专用箱堆积码放的数量。

含有裂变物质的包装件的临界安全指数必须由 50 被 N 除而得出。即 CSI = 50/N，N 值由根据 IATA《危险品规则》中规定的方法求得。

每一批货物的临界安全指数必须为该批货物中所有包装件临界安全指数的总和。

9. 单方批准和多方批准

单方批准是指单方批准是指只要求原始设计国的主管当局对设计的批准。

多方批准，视情况由原始设计国或运输始发国相关主管当局批准，并且当货物通过或进入另外任何国家时，由该国主管当局批准。术语"通过或进入"特将"飞越"排除在外，即该批准或通知要求不得适用于载运放射性物品的航空器无计划经停而只飞越领空的国家。

10. 专载运输

专载运输是指单个托运人对航空器或大型放射性专用货箱的独家使用。其所有初始、

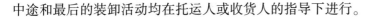

中途和最后的装卸活动均在托运人或收货人的指导下进行。

11. 放射性专用货箱

为方便放射性物品货物运输而设计的运输设备。以一种或多种方式运输时，中途不再重新装货，其具有永久性封闭性，且足够坚固以重复使用。还必须配备方便搬运的装置，特别是在两个航空器之间，以及不同模式之间的转运过程中需要符合此要求。此外，小型放射性专用货箱的内部容积不超过 3 m^3。大型放射性专用货箱的内部容积超过 3 m^3。对于第 7 类放射性物品的运输，放射性专用货箱可以起到包装的作用。

三、放射性物品的定义及危险性

1. 放射性物品的定义

货物中含有放射性核素的活度浓度和货物的总活度均超过了《危险品规则》规定的数值，或者均高于《危险品规则》表 10.3.A 第 5 和 6 栏的限制时，该货物才属于按照危险品运输的放射性物品。

下列放射性物品不属于定义的范围：

（1）为诊断或治疗的目的，植入或与人体或活体动物体成为一体的放射性物品。

（2）涉及放射性物质事故或摄入污染，并准备运输去医疗救护的人，在其身体内或外有放射性物质。应考虑对其他旅客及机组采取必要的放射防护措施，并符合承运人的批准要求。

（3）已获得主管部门批准，并已出售给最终用户的消费品中的放射性物品。

（4）含有天然放射性核素的天然材料和矿石（可能已经被加工）。这类物质的活度浓度满足规定的限制。

（5）表面有放射性物品的非放射性固态物体，在任一表面上的数量未超过污染定义的限量。

2. 放射性物品的危险性

放射性物品具有如下危险性：

（1）放射性。虽然各种放射性物品放出的射线种类和强度不尽相同，但是各种射线对人体的危害都很大，它们具有不同程度的穿透能力，过量的射线照射，对人体细胞有杀伤作用。若放射性物质进入体内，能对人体造成内照射危害。

（2）不可抑制性。不能用化学方法使其不放出射线，只能设法把放射性物质清除或者用适当的材料吸收、屏蔽射线。

（3）易燃性。多数放射性物品具有易燃性，有的燃烧十分强烈，甚至引起爆炸。

（4）氧化性。有些放射性物品有氧化性。

在运输中，放射性物品具有两种主要危险性，一个是污染，通过与放射性物质外部或内部的直接接触；另外一个是辐射，放射性物质释放出的 α、β、γ 射线和中子射线对人体产生危害。

α射线：α射线是带正电的粒子流。α粒子在物质中的电离能力很强，射线很短，穿透能力很弱。对人体不存在外照射危害；由于它的电离作用，一旦进入人体，因电离能力很强而大量损耗能量，穿不透人体就会积蓄在体内，使人体器官和组织受到严重损伤，而且致伤集中，不宜恢复。所以，α粒子的内照射危害最大，要特别注意防止放射α射线的物质进入体内。

β射线：β射线是带负电的粒子流。β粒子速度很快，穿透能力很大。较大剂量的β射线能穿透人体皮肤角质层而使组织受到损害。所以，β射线对人体可以造成外照射危害。同时，由于β粒子比α粒子质量小，速度快，电荷少，电离作用小的多，约是α射线的百分之一。所以，β射线对人体内照射危害比α射线小。

α射线和β射线均可被常规包装材料完全吸收。

γ射线：γ射线是一种波长很短的电磁波（光子流），不带电，以每秒30万公里的速度运动，不宜被其他物质吸收，穿透能力很强，外照射会破坏人体细胞，对有机体造成伤害。电离作用最弱，不会滞留在体内。所以γ射线不存在内照射危害。

γ射线因在理论上有无限大的射程，但可用高密度的屏障材料减弱到可接收的水平。在任何情况下，随着距离的增加而迅速降低。

中子射线：在原子核裂变时，才能从原子核里释放出中子。放射性物质衰变时放出α粒子轰击非放射线物质放出中子。中子不带电，不能直接由电离作用而消耗能量，所以，穿透能力很强。中子流不带电，在人体内的射程较长。又因为，人体是一个有机体，有大量的碳、氢轻质元素，中子流在人体内长距离穿透时，撞击碳、氢的原子核，发生核反应，都有γ射线放出，对人体的危害极大。外照射和内照射危害都极严重。

三种类型的核辐射与它们的穿透能力如图5.2所示。

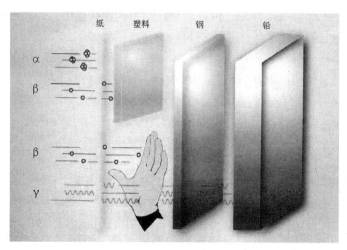

图5.2　三种类型的核辐射与它们的穿透能力示意图

四、放射性物品防护措施

为将放射性物品在运输中产生的辐射、临界性和热对人身、财产和环境造成的危险性控制在可接受的水平，国际原子能机构（IAEA）颁布了《放射性物品安全运输条例》安全标准系列丛书第SSR-6号。条例明确对产生辐射的设施和活动负有责任的个人或组织，必须对安全承担主要责任。

为确保放射性物品在空运过程中的安全，保护人身、财产和环境免受辐射影响，必须满足一定的要求。可通过约束放射性内装物、控制外部辐射水平、防止达到临界值和防止热损伤的手段来实施防护。为达到上述防护，需要满足如下条件：

（1）对包装件及飞机内装物限制，并根据放射性内装物的危害情况，规定包装件设计的性能标准。

（2）强化对包装件的设计和操作，以及对包装维护规定的严格条件，包括放射性内装物的性质。

（3）要求从行政上加以控制，包括必须得到相关国家主管部门的批准。

（4）对应急响应的计划和准备做出安排，以保护人身、财产和环境。

第二节　放射性物品的分类、识别、包装、标记和标签、文件

一、分类

1. 放射性物品的分类

放射性物品按其形态或特性分为 6 种类型：特殊形式放射性物品、低比活度放射性物品、表面污染物体、裂变物质、低弥散放射性物品和其他形式放射性物品。一种放射性物品可能符合上述一个或多个定义。

1）特殊形式放射性物质（SPECIAL FORM）

特殊形式放射性物质是指不会弥散的固体放射性物质或装有放射性物质的密封盒。

装有放射性物质的密封盒必须在结构上制作成只有破坏密封盒后才能被打开，特殊形式放射性物质密封盒至少有一边尺寸不小于 5 mm。

特殊形式的设计必须得到单方批准，并满足《危险品规则》的有关实验规定要求的性能和设计。

特殊形式放射性物质必须符合 DGR10.3 中的有关试验规定。

2）低比活度放射性物质（LSA）

低比活度放射性物质是指其本身活度有限的放射性物质，或适于使用估计的平均活度限值的放射性物质。低比活度放射性物质可划分为三类：
- 低比活度放射性-Ⅰ级（LSA-Ⅰ）
- 低比活度放射性-Ⅱ级（LSA-Ⅱ）
- 低比活度放射性-Ⅲ级（LSA-Ⅲ）

3）表面污染物体（SCO）

表面污染物体是指本身没有放射性，但其表面散布有放射性物质的固态物体。表面污染物体分为三个等级：
- 表面污染物体-Ⅰ级（SCO-Ⅰ）

- 表面污染物体-Ⅱ级（SCO-Ⅱ）
- 表面污染物体-Ⅲ级（SCO-Ⅲ）

4）裂变物质（FISSILE MATERIAL）

裂变物质是指铀-233、铀-235、钚-239、钚-241或它们之中任意组合，但不包括未经辐照过的天然铀及贫化铀，以及仅在热反应堆中辐照过的天然铀及贫化铀。

5）低弥散放射性物品

低弥散放射性物品是指弥散性有限的非粉末状固体放射性物品，或装入密封容器中的固体放射性物品。

低弥散放射性物品的设计需要多方批准。

6）其他形式放射性物品（OTHER FORM）

其他形式放射性物品是指不符合特殊形式放射性物品定义的放射性物品。

2. 活度的确定

对于装入放射性物品的包装件，其活度限制根据"特殊形式"放射性物品的活度值 A_1 和"非特殊形式"放射性物品的活度值 A_2 确定。

在《危险品规则》10.3.A 表列出了常用放射性核素的 A_1 和 A_2 值。见表5-1。

表5-1　常用放射性核素的 A_1 和 A_2 值（DGR10.3.A）节选

Radionuclide	Element (Atomic No)	A_1 (Special Form) (TBq)	A_2 (Other form) (TBq)	Activity concentration limit for exempt material (Bq/g)	Activity limit for an exempt consignment (Bq)
Ac-225[a]	Actinium (89)	0.8	0.006	1×10^1	1×10^4
Ac-227[a]		0.9	0.00009	1×10^{-1}	1×10^3
Ac-228		0.6	0.5	1×10^1	1×10^6
Ag-105	Silver (47)	2	2	1×10^2	1×10^6
Ag-108m[a]		0.7	0.7	$1 \times 10^{1\ b}$	$1 \times 10^{6\ b}$
Ag-110m[a]		0.4	0.4	1×10^1	1×10^6
Ag-111		2	0.6	1×10^3	1×10^6
Al-26	Aluminium (13)	0.1	0.1	1×10^1	1×10^5
Am-241	Americium (95)	10	0.001	1×10^0	1×10^4
Am-242m[a]		10	0.001	$1 \times 10^{0\ b}$	$1 \times 10^{4\ b}$
Am-243[a]		5	0.001	$1 \times 10^{0\ b}$	$1 \times 10^{3\ b}$
Ar-37	Argon (18)	40	40	1×10^6	1×10^8
Ar-39		40	20	1×10^7	1×10^4
Ar-41		0.3	0.3	1×10^2	1×10^9
As-72	Arsenic (33)	0.3	0.3	1×10^1	1×10^5
As-73		40	40	1×10^3	1×10^7
As-74		1	0.9	1×10^1	1×10^6
As-76		0.3	0.3	1×10^2	1×10^5
As-77		20	0.7	1×10^3	1×10^6
At-211	Astatine (85)	20	0.5	1×10^3	1×10^7
Au-193	Gold (79)	7	2	1×10^2	1×10^7
Au-194		1	1	1×10^1	1×10^6
Au-195		10	6	1×10^2	1×10^7
Au-198		1	0.6	1×10^2	1×10^6
Au-199		10	0.6	1×10^2	1×10^6

对于不同的化学元素，放射性核素以其化学元素符号的字母顺序列出；同一化学元素，其不同的放射性核素以同位素原子量的大小数字顺序列出。如"Ac"在"Ag"之前，Ac-225 在 Ac-227 之前。

每栏内容如下：

第一栏（Radionuclide）：放射性核素。

第二栏［Element（Atomic No.）］：元素（原子序数）。

第三栏 A_1（Special Form）：A_1（特殊形式），单位为 TBq。

第四栏 A_2（Other form）：A_2（其他形式），单位为 TBq。

第五栏（Activity concentration limit for exempt material）：豁免物质的活度浓度限制，单位为 Bq/g。

第六栏（Activity limit for an exempt consignment）：豁免货物的活度限制，单位为 Bq。

A 型包装件内的活度不得大于上表中的活度限制，特殊形式的放射性物品活度不能超过 A_1 值，其他形式放射性物品活度不能超过 A_2 值。也就是说上表是判断能否使用 A 型包装件或免管放射性物品的依据。

3. 豁免的放射性物品

当货物中含有放射性核素的活度浓度和货物的总活度未同时超过表 5-1 第五和第六栏的限值时（即低于这两栏任何一列的豁免值），则该货物不受《危险品规则》的限制，称之为豁免的放射性物品（在国内也叫作免管放射性物品）。

如某托运货物中的放射性物质为 Ag-105，放射性活度浓度为 90 Bq/g，放射性活度为 1.5×10^6 Bq，是否属于航空运输中的放射性物品？

（1）查阅表 5-1 得知，Ag-105 的豁免物质的活度浓度限值是 1×10^2 Bq/g，豁免货物的活度限值是 1×10^6 Bq。

（2）比较。

放射性活度浓度（90 Bq/g）低于标准（100 Bq/g）。

放射性活度为（1.5×10^6 Bq）超过标准（1×10^6 Bq）。

未同时超过限值时，可按照免管放射性物品运输。

4. 限制

（1）只有豁免条件下才能运输的放射性物品。

只有符合国家豁免规定条件才能用飞机运输的放射性物品包括：

①通风型的 B（M）型包装件；

②需要一个辅助的冷却系统进行外部冷却的包装件；

③在运输中需要操作控制的包装件；

④具有放射性的爆炸品；

⑤具有放射性的自燃液体。

（2）航空邮件中的放射性物品。

在符合相关国家邮政当局和《危险品规则》有关章节条款的条件下，万国邮政联盟（UPU）允许运输仅限 UN2910 及 UN2911 的放射性物品的例外包装件。但应满足如下条件：

放射性物品的放射性活度不得超过 DGR 表 10.3.C 中相关限量的十分之一。

且未达到 DGR 第 3 章中除第 7 类以外的其他类或项的分类标准。

在航空邮件中装有放射性物品例外包装件，必须进行正确标记和贴标签。

标记包括托运人及收货人的姓名地址，以及 "Radioactive material-quantities permitted for movement by post（放射性物品—邮件运输允许数量）" 字样。

标签包括 "放射性物品例外包装件" 标签。

DGR10.8 中有关文件的规定，不适用于航空邮件中运输的此类放射性物品。

二、识别

1. 考虑因素

对放射性物品进行识别时，应考虑如下因素：

（1）包装件剂量率；

（2）裂变还是非裂变；

（3）包装类型；

（4）特殊形式还是非特殊形式；

（5）特殊安排。

2. 常见放射性物品 UN 编号和运输专用名称

放射性物品的运输专用名称和 UN 编号在 DGR 10.4.A 表列出。

下面列出常见的放射性物品的 UN 编号和运输专用名称：

UN 2908—Radioactive material, excepted package，（放射性物质，例外包装件，空包装）。

UN 2910—Radioactive material, excepted package, limited quantity of material（放射性物质，例外包装件，限量物质）。

UN 2911—Radioactive material, excepted package, instruments（放射性物质，例外包装件，仪器）。

UN 2911—Radioactive material, excepted package, articles（放射性物质，例外包装件，制成品）。

UN 2915—Radioactive material, Type A package（放射性物质，A 型包装，非特殊形式，非裂变物质或裂变物质例外）。

UN 2916—Radioactive material, Type B（U）package［放射性物质，B（U）型包装，非裂变物质或裂变物质例外包装件］。

UN 3332—Radioactive material, Type A package, Special Form（放射性物质，A 型包装，特殊形式，非裂变物质或裂变物质例外包装件）。

三、包装

1. 一般要求

放射性物品的包装要求应当随所包装的放射性核素的不同而变化。设计包装件时，必须考虑包装件的重量、体积和形状，使其能够容易和安全地操作和运输。包装外表尽量平滑，避免凹凸，易于去污。装有放射性物品时，包装材料以及任何其他部件和构件在物理上和化学上必须相互兼容，必须考虑在辐照下，内装物的变化情况。

包装件必须被设计成使其提供足够的屏蔽，以保证在正常运输条件下，含有包装件设计的最大放射性含量时，包装件外表面上任意一点的剂量率，对于例外包装件不超过 5 Sv/h，对于其他包装件不超过 2 mSv/h，对于专载运输不超过 10 mSv/h。

除此之外，还要考虑温度、压力等变化对包装的影响。

在环境温度为 38℃ 和不考虑曝晒的情况下，其可接近表面的温度不得高于 50℃。

包装件必须设计成即使处于 −40℃ 至 +55℃ 的环境温度下，也不会有损于容器系统的完好性。

含放射性物品的包装件必须能承受产生压差不小于正常工作压力加 95 kPa 的内压而封闭系统中的放射性含量无损伤及弥散。

2. 放射性物品包装的功能

为了确保安全以及保护人身、财产和环境免受放射性物品航空运输期间产生的有害电离辐射的影响，放射性物品包装应具有如下功能实现防护。

（1）具有密封容器功能，以防止污染人类和环境；

（2）提供辐射防护，包装类型取决于辐射线的数量和类型（α、β、γ、中子）；

（3）防止运输的裂变物质的临界变化；

（4）防止内部生热，能够对内部辐射产生的热量散热。

3. 包装类型和包装要求

（1）例外包装件；

（2）工业包装件；

（3）A 型包装件；

（4）B（U）型包装件和 B（M）型包装件；

（5）C 型包装件。

4. 例外包装件

例外包装件（Excepted Packages），指其含有的放射性物品数量小到其潜在的危险在运输中可以忽略的程度。可以是有限数量的物质、仪器和制成品、用天然铀、贫铀或天然钍制造的物品、空包装件等，在符合《危险品规则》中相关规定的下列情况下，可以作为例外包装件运输。

（1）包装件外表面任一点的剂量率不超过 5 μSv/h。

（2）若例外包装件内含有裂变物质，还应符合有关裂变物质的例外规定。

（3）在例外包装件任一外表面的非固着放射性污染不超过例外规定的限值。

例外包装件不需要分类、粘贴危险性标签和填写危险品申报单。

具有其他危险性的放射性物品的例外包装件，其他危险性优先。

5. 工业包装

工业包装可用于低比活度放射性物品和表面污染物体。

工业包装件包括 1 型工业包装件、2 型工业包装件和 3 型工业包装件。

单个低比活度放射性物质包装件或单个表面污染物体的数量，无论哪一种包装件，必须在离未屏蔽的物质 3 米处的剂量率不超过 10 mSv/h。单个非易燃固体的 LSA-Ⅱ、LSA-Ⅲ 的单一包装其活度值不能超过 3000 A_2。

6. A 型包装件

当放射性物品超过例外包装件的活度或辐射限制时，需要使用 A 型包装件。特殊形式放射性物品活度不大于 A_1 值，其他形式放射性物品活度值不大于 A_2 值。

包装件最小外部尺寸不得小于 10 cm。

每个包装件外面都必须有铅封之类不易损坏的装置，当包装件未被开启时封志完好无损。常见封志如图 5.3 所示。

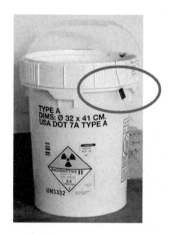

图 5.3　包装件上的封志

A 型包装为运输相对少量的放射性物品提供了一个安全且经济的运输包装类型。

如果超过了包装件的活度限值（A_1 或 A_2），托运人应考虑将托运的核素分为几个较小的部分，以使其每个部分都不超过活度限值。否则，可考虑使用 B 型或 C 型包装件。

A 型包装件的设计不需要主管当局的批准。

特殊形式的放射性物品的设计，要求单方批准。

7. B 型包装件

当 A 型包装件的活度超过限制时，将用 B 型包装件。具有较高活度的放射性物品也用 B 型包装件运输。

B 型包装件主要由铅和贫铀制成。

B 型包装件的活度限值：

（1）对于低弥散放射性物品，符合包装件设计批准证书上许可的活度限制。

（2）对于特殊形式的放射性物品的活度，不能超过 3000 A_1 和 100000 A_2 值的较低者。

（3）对于其他形式的放射性物品的活度不得超过 3000 A_2 值。

（4）B 型包装件中的活度限值是在包装批准证明书上标出的限值。

B（U）型包装件的设计需要单方批准。

B（M）型包装件的设计需要多方批准，禁止客机运输，只能仅限货机运输。

8. C 型包装件

C 型包装件的测试要求比 B 型包装件更加严格。

C 型包装件所含活度可以超过 A_1 值或 A_2 值，活度限值是在包装批准证书上标出的限值。

C 型包装件的设计需要单方批准。为盛装裂变物质或低弥散放射性物品设计的 C 型包装件，必须经多方批准。

9. 含裂变物质的包装件

任何含裂变物质的包装件必须符合《危险品规则》中列出的限制规定或批准证书的规范。

每个含裂变物质的包装件的设计，需要多方批准。

四、标记和标签

托运人有责任对放射性物品包装件进行正确的标记和标签，确保交付给承运人前完成所有准备工作。

1. 放射性物品标记

1）总则

含有放射性物品的所有包装件（除放射性物品例外包装件）上均应标记：

（1）运输专用名称；

（2）UN 编号，前面冠以字母"UN"；

（3）托运人和收货人全称和地址；

（4）重量超过 50 kg 时，应标明允许的毛重；

（5）干冰作为制冷剂时，还需要标注干冰的净重。

2）放射性物品例外包装件标记

放射性物品例外包装件上必须标明：

（1）UN 编号，前面冠以字母"UN"；

（2）托运人和收货人全称和地址；

（3）重量超过 50 kg 时，应标明允许的毛重，如图 5.4 所示；

（4）干冰作为制冷剂时，还需要标注干冰的净重；

（5）不同批准类型时的标记。

3）工业包装标记

IP-1 型工业包装的每个包装件，标注 TYPE IP-1。

IP-2 和 IP-3 工业包装的每个包装件，标注相应的 TYPE IP-2 或 TYPE IP-3，以及包装设计国的国际机动车

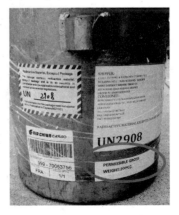

图 5.4　允许的最大毛重标记

注册代码（简称 VRI 代码），原设计国主管当局规定的生产商品名称或其他包装识别标记。如图 5.5 所示。

4）A 型包装件的规格标记

如图 5.6 所示。

A 型包装件的标记包括"Type A"字样、VRI 代码及主管当局规定的包装生产厂商名称和其他识别标记。

如图 5.6 所示中的"TYPE A/CN/11806/CNGT CO.，LTD"。

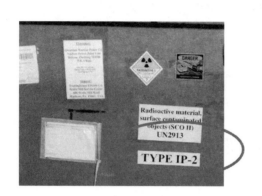

图 5.5　工业包装标记

图 5.6　A 型包装件标记样例

5）B 型和 C 型包装件的规格标记

B 型和 C 型包装件的标记：

（1）相应的"Type B（U）""Type B（M）"或"Type C"。

（2）由主管当局为设计而指定的识别标记；

图 5.7　B（U）型包装件标记实例

7）无关标记

（3）能确认每个包装件符合设计的顺序编号；

（4）在能防火防水的最外层容器上，用压纹、冲压或其他方式清楚地标出防火、防水的三叶形符号。

如图 5.7 所示的三叶形符号、Type B（U）、识别标记和最大允许重量等标记。

6）裂变物质的规格标记

每个装有裂变物质的包装件，按照其类型要求进行标记，其识别标记包括类型代码"AF""B（U）F""B（M）F""CF"或"IF"。

所有主管当局设计或装运批准的包装件要求的包装识别标记。

包装上那些不对应于联合国编号和运输专用名称的包装类型标记，例如"IP-1 型""A 型""B（U）型"等，必须除去或覆盖。

2. 放射性物品的标签

1) 危险性标签

在《危险品规则》的危险品识别表中，详细说明了放射性物品包装件和集合包装上使用的危险性标签。如图 5.8 所示。

例如，UN2913，需要粘贴放射性物品危险性标签；UN3326，需要粘贴放射性物品危险性标签和裂变物质标签。

UN/ID no.	Proper Shipping Name/Description	Class or Div. (Sub Hazard)	Hazard Label(s)	PG	EQ see 2.6	Passenger and Cargo Aircraft Ltd Qty				Cargo Aircraft Only		S.P. see 4.4	ERG Code
						Pkg Inst	Max Net Qty/Pkg	Pkg Inst	Max Net Qty/Pkg	Pkg Inst	Max Net Qty/Pkg		
A	B	C	D	E	F	G	H	I	J	K	L	M	N
2913	Radioactive material, surface contaminated objects (SCO-II) non-fissile or fissile excepted	7	Radioactive			Forbidden		See 10.3		See 10.3		A78 A139 A159	7L
3326	Radioactive material, surface contaminated objects (SCO-II), fissile	7	Radioactive & Fissile			Forbidden		See 10.3		See 10.3		A78 A159	7L
2919	Radioactive material, transported under special arrangement non-fissile or fissile excepted	7	Radioactive			Forbidden		See 10.3		See 10.3		A23 A78 A139	7L
3331	Radioactive material, transported under special arrangement, fissile	7	Radioactive & Fissile			Forbidden		See 10.3		See 10.3		A76 A78	7L
2915	Radioactive material, Type A package non-special form, non-fissile or fissile excepted	7	Radioactive			Forbidden		See 10.3		See 10.3		A23 A78 A139	7L
3327	Radioactive material, Type A package, fissile non-special form	7	Radioactive & Fissile			Forbidden		See 10.3		See 10.3		A76 A78	7L
3332	Radioactive material, Type A package, special form non-fissile or fissile excepted	7	Radioactive			Forbidden		See 10.3		See 10.3		A78 A139	7L
3333	Radioactive material, Type A package, special form, fissile	7	Radioactive & Fissile			Forbidden		See 10.3		See 10.3		A78	7L
2917	Radioactive material, Type B(M) package non-fissile or fissile excepted	7	Radioactive			Forbidden		Forbidden		See 10.3		A23 A78 A139 A160	7L

图 5.8　危险品品名表节选

2) 标签类别

每个放射性物品包装件（除了例外包装件）、集合包装和放射性专用货箱，必须按照 DGR10.5.C 表划分的类别粘贴标签。见表 5-2。

第一栏：运输指数。

第二栏：外表面任一点的最大剂量率。

第三栏：级别。

表 5-2　包装件和集合包装以及放射性物品专用箱级别的确定（DGR10.5.C 表）

Categories of Packages (Other Than Excepted Packages) and Overpacks		
Transport index	Maximum Radiation Level at any Point on External Surface	Category
0*	Not more than 0.005 mSv/h (0.5 mrem/h)	I-White
More than 0 but not more than 1*	More than 0.005 mSv/h (0.5 mrem/h) but not more than 0.5 mSv/h (50 mrem/h)	II-Yellow
More than 1 but not more than 10	More than 0.5 mSv/h (50 mrem/h) but not more than 2 mSv/h (200 mrem/h)	III-Yellow
More than 10	More than 2 mSv/h (200 mrem/h) but not more than 10 mSv/h (1000 mrem/h)	III-Yellow **

* If the measured TI is not greater than 0.05, the value quoted may be zero in accordance with 10.5.14.1.1(c).

** Must be transported under exclusive use and special arrangement (see 10.5.16 and 10.5.17).

危险性标签根据上表确定其级别：Ⅰ级—白色放射性物品标签，Ⅱ、Ⅲ级—黄色放射性物品标签，如图 5.9 所示。

Ⅰ级—白色标签：运输指数为 0（不超过 0.05 时，可视为 0）；外表面最大剂量率不超过 0.005 mSv/h。

Ⅱ级—黄色标签：运输指数大于 0，不超过 1.0；外表面最大剂量率大于 0.005 mSv/h，不超过 0.5 mSv/h。

Ⅲ级—黄色标签：运输指数大于 1.0，但不超过 10.0；外表面最大剂量率大于 0.5 mSv/h，但不超过 2 mSv/h。

Ⅲ级—黄色标签：运输指数大于 10.0；外表面最大辐射水平大于 02 mSv/h，但不超过 10 mSv/h。这种情况下，必须专载运输。

特别注意：在确定粘贴哪种危险性标签时，要同时考虑运输指数和表面最大剂量率。当两者符合不同的危险性标签时，选择较严格的危险性标签类别。

例如，某放射性包装件，运输指数为 0.4，外表面最大剂量率为 0.9 mSv/h。不含裂变物质。

按照运输指数，应选择Ⅱ级—黄色标签；

按照外表面最大剂量率，应选择Ⅲ级—黄色标签。

最终应选择较严格的Ⅲ级—黄色标签。

第 7 类放射性物质标签，如图 5.9 所示。

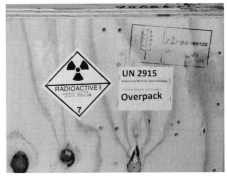

图 5.9　第 7 类放射性物质标签及实例

图形符号（三叶形标记）：黑色

底色：Ⅰ级白色标签底色为白色。

Ⅱ级和Ⅲ级黄色标签，上半部分为黄色，下半部分为白色。

文字（必须有）：Ⅰ级白色标签上的文字，用黑色字体写在标签下半部分：Radioactive（放射性物质），其后有一条红色竖条。Contents（内装物）及活度。

Ⅱ级和Ⅲ黄色标签与Ⅰ级白色标签的区别：增加一黑框，内为 Transport Index（运输指数），Radioactive（放射性物质）；Ⅱ级黄色标签其后有两条红色竖条。Ⅲ级黄色标签其后三条红色竖条。

3. 裂变物质标签

每个裂变物质包装件必须粘贴临界安全指数（CSI）标签，紧邻放射性危险性标签。如图 5.10 所示的裂变物质标签。

危险性标签为临界安全指数标签，白色底色标签上半部标注黑色文字，中间方框里为需要填写的"临界安全指数"。

4. 标签标记

内装核素、放射性活度、运输指数（Ⅱ级和Ⅲ级黄色标签）必须清晰而耐久地标注在标签上，裂变物质标签上应标记临界安全指数。

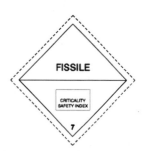

图 5.10　裂变物质标签

1）第一种：内装物标记

除Ⅰ类低比活度放射性（LSA-I）物质外，应填写 IATA《危险品规则》10.3.A 表中列出的放射性核素符号，而不是核素名称；

对于放射性核素的混合物，或者同一包装件内不同的单个放射性核素，必须将限制最严的那些核素在线上允许的空白处列出；

低比度放射性（LSA-I 除外）或表面污染物体（SCO），在放射性核素符号之后，标记相应的"LSA-Ⅱ"，"LSA-Ⅲ"，"SCO-Ⅰ"或"SCO-Ⅱ"。；

对于 LSA-Ⅰ物质，只需要标记"LSA-Ⅰ"。

2）第二种：活度标记

放射性内装物的最大放射性活度，必须以贝克勒尔或其倍数为单位表示。以居里或其倍数为单位表示的等量放射性活度，可以写在贝克勒尔单位后面的括号内。

每种情况都必须用全名或正确的缩写来表明所使用的单位。

对于裂变物质，可用克或千克为单位的裂变放射性核素的总质量代替放射性活度。在所有情况下，都必须清楚地表明所使用的单位。

3）第三种：运输指数标记

仅对Ⅱ级和Ⅲ级黄色标签的指定方框内填写运输指数，且必须进位至第一位小数。

5. 次要危险性标签

对于危险性符合一种或多种其他类别危险品标准的放射性物品，必须在其包装件上粘贴次要危险性标签。

非易燃无毒的非压缩气体，不需要次要危险性标签。

6. 质量和规格

每个标签打印或粘贴材料必须具有足够的耐久性，以确保正常运输条件下运输时标签可辨认和醒目。

7. 标签粘贴的总则

（1）所有标签必须牢固地粘贴或印制在包装上，清晰可见、易读且不被包装的任何部分或被其他标签或标记所遮盖或模糊不清。

（2）每一标签必须粘贴或印制在反衬色背景上，或者标签的外边缘必须有虚线或实线。

（3）标签不得折叠，不得将同一标签贴在包装件的不同面上。

（4）如果包装件的形状不规则，其表面无法粘贴或打印标签，可以使用牢固的挂签作为包装件标签，

（5）包装件的尺寸必须能为所有需要的标签提供足够的位置。

8. 标签粘贴的位置

如图5.11所示。

（1）如果包装件有足够的尺寸，必须在包装件的同一面上将一套标签粘贴在运输专用名称旁边。

（2）标签应紧邻包装件上托运人或收货人的地址粘贴。

（3）如适用，次要危险性标签应紧邻主要危险性标签粘贴在包装件的统一侧面上。

（4）如果需要仅限货机操作标签，必须粘贴在包装件同一面的危险性标签旁边。

图5.11　放射性物品包装标签粘贴示例

9. 标签粘贴的标签的数目

（1）放射性物质标签连同次要危险性标签、临界安全指数标签（如适用）以及仅限货机标签（如适用），必须粘贴在包装件相对的两个侧面上。

（2）放射性专用货箱的四个侧面都必须粘贴标签。

（3）对于圆筒形的包装件，应在包装件圆桶两个相对的中心位置粘贴两套标签。

（4）对于尺寸非常小的包装件，包括圆筒形包装件，如果两套标签会互相叠盖，则只需粘贴一个标签，但标签不得自身叠盖。

10. 操作标签

1）仅限货机操作标签

含有放射性物质的 B（M）型包装件或内装 B（M）型包装件的放射性专用货箱，必须使用"仅限货机"标签。

2）包装件方向性标签

含液态放射性物质的包装件不必粘贴"方向性"标签。

3）放射性物质例外包装件标签

放射性物品例外包装件操作标签必须粘贴或印制在颜色对比明显的包装件侧面上。如图 5.12 所示。

颜色：标签的边线必须带有红色斜纹阴影。标签可以用黑色和红色打印在白纸上或仅用红色打印在白纸上。规格为 105 mm×74 mm。

对于内装有放射性物品例外包装件的集合包装，此标签必须清晰可见，否则重新粘贴。

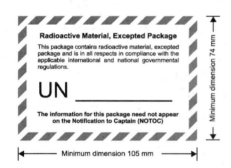

图 5.12　放射性物品例外包装件操作标签

当放射性物品例外包装件还存在其他危险性时，应粘贴其他危险性标签，且其他危险性优先。如图 5.13 所示。

图 5.13　放射性物品例外包装件的其他危险性

当符合特殊规定 A130（b）或 A194 时，不需要"放射性物质例外包装件"操作标签。

11. 其他方式的标记和标签

除使用上述标记和标签外，还允许使用其他国际或某国家运输规则所要求的标记和标签，但是这些标记和标签在颜色、设计或形式上不得与上述规定的任何标记和标签相混淆或矛盾。

标记标签粘贴样例如图 5.14 所示。

基本标记：托运人、收货人姓名地址；UN2915；运输专用名称"RADIOACTIVE MATERIAL, TYPE A PACKAGE"。

附加标记：TYPE A GB/Amersham，超过 50 kg 时，标注允许的最大毛重。

危险性标签：两套 Ⅱ 级—黄色标签，粘贴在相对两个侧面上。

标签上的标记：内装物 Sb-125；活度 0.4 TBq，运输指数 0.9。

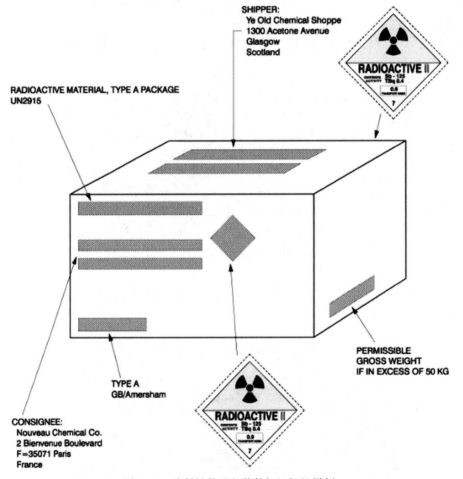

图 5.14　放射性物品包装件标记标签样例

图 5.15 为 Ⅰ 级白色、裂变物质、A 型包装件、第 8 类次要危险性包装件上标记标签的粘贴。

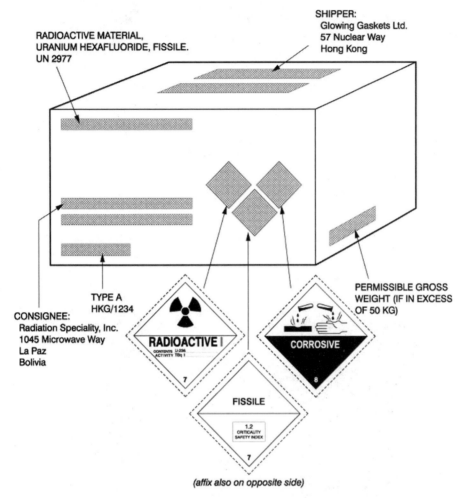

图 5.15　放射性物品包装件标记标签样例 2

不同核素装入同一外包装的危险性标签上的标记填写和标签粘贴样例，如图 5.16
所示。

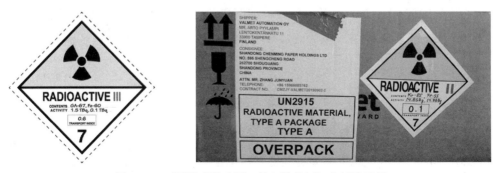

图 5.16　不同核素装入同一外包装的标记和标签示例

12. 集合包装标记和标签

集合包装标记和标签原则同非放射性物品。

如果集合包装内的标记、标签不能清晰可见，需要重新标记和标签。

1）标记

（1）UN 编号、运输专用名称、托运人和收货人全称和地址；

（2）重量超过 50 kg 时，应标明允许的毛重；

（3）详细的操作说明；

（4）一件以上的集合包装，需要标注其识别标记；

（5）"Overpack" 字样。

包装规格标记不需要重新标记在集合包装的外表面。

2）标签

危险性标签上的"内装物"和"放射性活度"的信息，是集合包装内所有内装物的总和。

标记和标签粘贴示例如图 5.17 所示。

图 5.17　集合包装标签的粘贴实例

对于混装了含有不同放射性核素的包装件的集合包装，可以注明 "See Shipper's De-claration（见托运人申报单）"字样。

五、文件

1. 责任

托运人在托运放射性物品时，应填写"托运人危险品申报单"（放射性物品例外包装件不需要填写申报单）。托运人必须保证做到：

只能使用正确的表格用正确的方法填写；

确保信息的准确、易辨识、清晰、持久；

确保在向承运人交运货物时，申报单已由受过培训的人员签署；

确保危险品的交运，完全符合 DGR 及国家和承运人的规定。

2. 《放射性物品货包辐射水平及表面污染检查证明书》

在中国境内运输放射性物品时，托运人必须出具填开的《放射性物品运输货包辐射水平及表面污染检测报告单》，如图 5.18 所示。

申报单上所申报的放射性物品包装等级、核素活度及运输指数必须与《放射性物品运输货包辐射水平及表面污染检测报告单》中的相应技术参数一致。

放射性物品运输货包辐射水平及表面污染监测报告单
Radiation level and surface contamination inspection certification for the transport package of radioactive materials

受理单位(Consignee): 日本 HONEYWELL JAPAN INC 公司   编号(Serial Number): 1701963

货物名称: Description of goods	Kr-85放射源					货包总件数 Total number of packages		贰件		源总个数 Total number of Source		贰个
射线类型 Ray type	□ α	■ β	□ γ		□ 中子 Neutron	物理状态 Physical condition		□ 固态 Solid	□ 液态 Liquid	□ 粉末 Powder	■ 气体 Gas	□ 结晶态 Crystal
总放射性活度 Total radioactive activity	29.6GBq					备注 remarks						

货包号码 Package number	货包类型 Package type	核素名称 Nuclide	活度 Activity Bq(mCi)	源个数 Source number	件数 Number of packages	表面辐射水平 Radiation level (aSv/h)	运输指数 Transport index	表面污染 (Bq/cm²) Surface contamination		货包等级 Package category
								α	β	
1440-1-2	A	Kr-85	14.8GBq	1	2	<40	0.2	-	-	II

检测结论(Conclusion): 符合放射性物质安全运输规程（GB11806-2004）中相关要求，合格。

发货单位:
Consignor: 霍尼韦尔（天津）有限公司

运输单位: 天津开发区远洲国际货运代理有限公司

联系单位: 优乐聚（北京）国际贸易发展有限公司

联系人员: 罗紫, 电话: 13510600200

证书有效期至2018年03月20日，过期作废、需重新检测。

声明: 本报告单属技术文件，仅供相关单位作为技术参考，不是音器机场到货提货依据，也不是相关监管和行政许可受到指定依据。

检测单位（盖章）:
Inspection unit (Seal):

检验人员（签字）:
Inspector (sign):

签发日期:
Sign date: 2017.12.21

委托单位留存

图 5.18 《放射性物品运输货包辐射水平及表面污染检测报告单》样例

3. 托运人申报单

货物类型选择"放射性"，划去"Non-Radioactive（非放射性）"字样。

除 Nature and Quantity of Dangerous Goods（危险品种类、性质、数量和包装等的填写说明）一栏外，放射性物品申报单的填写要求与其他危险品填写要求相同。

下面重点介绍"Nature and Quantity of Dangerous Goods"部分的填写要求。

1）"Dengerous Goods Identification"，危险品识别

UN No.，联合国编号：填写编号时，冠以前缀"UN"。

Proper Shipping Name，运输专用名称：填写放射性物品的运输专用名称。

Class or Division，类别或项别：填写放射性物品类别"7"。

Subsidiary Risk，次要危险性。任何次要危险性的类别或项别，标注在"7"后面的括号内。主要/次要危险性类别或项别号前也可以冠以"类（Class）"或"项（Division）"。

Packing Group，对于有次要危险性的放射性物品，应注明包装等级（适用的话）。包装等级前也可冠以"PG"。

2）"Quantity and Type of Packing"，数量和包装种类

按照如下顺序填写：

（1）每种放射性核素的名称或符号，对于放射性核素的混合物，最受限制放射性核素的恰当的一般性描述或一览表。

（2）物质的物理状态和化学状态的描述，表示物质是"特殊形式放射性物品"（不适用于 UN3332 和 UN3333）或低弥散物质（根据情况注明 LSA-Ⅰ、LSA-Ⅱ、LSA-Ⅲ）。对于化学形式来说，普通化学描述是可以接收的。

对于符合规范要求的 B（U）或 B（M）型空包装件，屏蔽物质的放射性核素的名称或符号后必须跟随物理或化学形式。例如 U-dep.，solid，metal oxide（U-dep，固体，氧化金属）。在这种情况下，指明的核素可能与授权的包装件设计证书中的核素不同。

（3）包装件数量。

相同类型和相同内装物的包装件数量，包装件类型和每一包装件的放射性活度（注明使用的单位，一般为 Bq 的倍数，常见的 TBq、GBq）。

例如：Iridium 192，2 Type B（U）packages×1925 GBq each

对于裂变物质，用 g 或 kg 表示的裂变物质的总重量代替放射性活度。

不同的单个放射性核素装入同一包装件，注明每一种核素的放射性活度，及紧随其后的"All packed in one 包装件描述"字样。如图 5.19 所示，两种核素，Sr-90 活度 1.48 GBq，Am-74 活度 74 MBq，再加上 5 kg 的干冰，装入一个 A 型包装内（ALL PACHED IN ONE TYPE A PACKAGE）。

NATURE AND QUANTITY OF DANGEROUS GOODS						
Dangerous Goods Identification						
UN or ID No.	Proper Shipping Name	Class or Division (Subsidiary Hazard)	Packing Group	Quantity and type of packing	Packing Inst.	Authorization
UN2915	RADIOACTIVE MATERIAL, TYPE A PACKAGE	7		Sr-90, METAL SOLID 1.48 GBq Am-241, METAL SOLID 74 MBq	Ⅱ-YELLOW TI 0.2 Dims (L)20x (W)20x (H)20 cm	
UN1845	CARBON DIOXIDE, SOLID	9		5 kg ALL PACKED IN ONE TYPE A PACKAGE	954	

图 5.19　不同核素装入同一 A 型包装的申报单填写样例

（4）集合包装填写要求与其他危险品填写要求相同。

3）Packing Instructions，包装说明

对于包装件、集合包装、放射性专用货箱在包装说明栏的填写顺序：

（1）包装件级别

填写每一包装件的级别，即Ⅰ—白色，Ⅱ—黄色，Ⅲ—黄色。有集合包装的，还要标注集合包装的级别。

（2）运输指数

对于Ⅱ级—黄色和Ⅲ级—黄色包装件，应填写每一包装件的运输指数。有集合包装的，还要标注集合包装运输指数。运输指数必须进位到小数点后第一位，如1.04，进位后为1.1；

（3）包装件尺寸

对于Ⅱ级—黄色和Ⅲ级—黄色包装件，要标注其三维尺寸，按照"长×宽×高"顺序填写。圆桶的尺寸为桶的"直径×直径×高"顺序表示。有集合包装的，也要注明其尺寸。

如果顺序不同于长×宽×高，则必须明确指出每个尺寸的代表含义。例如（L）30×（H）30×（W）45CM。

4）Authorization，批准

（1）有关主管当局签发的文件识别标记，以及这些文件随附申报单的声明。

主管部门核发的批准证书应随附在申报单上，包括如下证书：

● Special Form approval certificate 特殊形式批准证书

● Low Dispersible Material certificate 低弥散物质批准证书

● Type B package design approval certificate B 型包装件设计批准证书

● Type B（M）package shipment approval certificate B（M）型包装件装运批准证书

● Type C package design approval and package shipment approval certificateC 型包装件设计和装运批准证书

● Fissile material package design approval certificate 裂变物质包装件设计证书

● Fissile material package shipment approval certificate 裂变物质包装件装运批准证书

● Special arrangement approval certificate Any similar documents 特殊安排批准证书

● 含有 0.1 公斤或更多六氟化铀 uranium hexafluoride 的包装件的批准证书

● Any similar documents 任何类似的文件

许可、批准和豁免证书必须随附在申报单，如果证书是英语以外的文字，则必须附有准确的英文翻译。

（2）如为专载运输，注明"Exclusive Use Shipment（专载运输货物）"的声明。

（3）对于LSA-Ⅱ、LSA-Ⅲ、SCO-Ⅱ及SCO-Ⅲ，货物的总活度与A_2的倍数一样。对于放射性物品A_2值不受限制。A_2值的多重倍数必须是 0。

5）附加操作说明栏的填写

填写与装运有关的特殊操作说明，对于涉及主管当局批准证书的放射性物品，则必须包括：

● 包装件安全散热所要求的任何特殊存储规定，必要时应在运输中包装件的平均表面热流量超过 $15W/m^2$ 的说明；

- 对 B（M）型包装件，必要时应注明不需要辅助操作控制的任何说明；
- 对于飞机机型的限制和必要的航线说明；
- 适用于货物突发事件时的应急措施。

申报单填写样例：

样例 1，申报单"Nature and Quantity of Dangerous Goods"填写节选，见图 5.20 所示。

图 5.20　申报单填写样例

运输专用名称：Radioactive material，Type A package

UN 编号：UN2915

物理和化学形式：铁-55（Iron 55），物理形式是固体（solid），化学形式是金属（Metal）。

包装数量级类型：1 Type A package

活度：29 TBq

级别：Ⅱ-Yellow

运输指数：0.3

包装尺寸：30×30×30 cm

样例 2，手工填写的完整申报单的填写样例如图 5.21 所示。

UN 编号：UN2916

运输专用名称：Radioactive material，Type B（U）package

类别/项别：第 7 类放射性物品，无次要危险性

核素：IRIDIUM-192

类别：特殊形式

包装数量及类型：1 TYPE B（U）package

活度：1.925 TBq

级别：Ⅲ—黄色

运输指数：3.0

包装件外形尺寸：30×30×40 cm

批准：特殊形式批准证书，编号 No.9999；B（U）型包装件设计批准证书，编号 UK1735/B（U）S

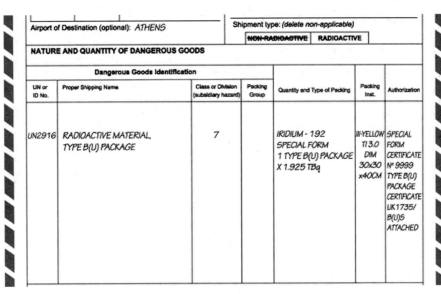

图 5.21　申报单填写样例

样例 3，不同核素装入同一外包装的申报单填写样例

两种核素装入一 A 型包装件。如图 5.22 所示。

UN 编号：UN2915

运输专用名称：Radioactive material，Type A package

类别/项别：第 7 类放射性物品，无次要危险性

包装数量及类型：1 TYPE A package

核素及活度：C-14，1.11 TBq，P-32，0.03 TBq

级别：Ⅰ级—白色

Dangerous Goods Identification						
UN or ID No.	Proper Shipping Name	Class or Division (subsidiary hazard)	Packing Group	Quantity and Type of Packing	Packing Inst.	Authorization
UN2915	RADIOACTIVE MATERIAL, Type A package	7		C-14, Liquid Acetate 1.11 TBq P-32, Liquid Acetate 0.03 TBq ALL PACKED IN ONE TYPE A PACKAGE	I WHITE	

图 5.22　不同核素装入同一外包装申报单填写样例

样例 4，集合包装的申报单填写样例，如图 5.23 所示。

NATURE AND QUANTITY OF DANGEROUS GOODS						
Dangerous Goods Identification				Quantity and Type of Packing	Packing Inst.	Authorization
UN or ID No.	Proper Shipping Name	Class or Division (subsidiary hazard)	Packing Group			
UN 2915	Radioactive material, Type A package	7		Strontium 90 Solid, Salt 1 x Type A package x 0.32 Tbq	II-Yellow TI 0.6	
UN 2915	Radioactive material, Type A package			MO-93 Metal, Solid 1 x Type A package x 0.8 Tbq	II-Yellow TI 0.7	
				Overpack used	III-Yellow TI 1.3	
					DIMS 80 x 80 x 40cm	

图 5.23　集合包装申报单的填写样例

从图 5.23 可以看出，集合包装内的两个放射性包装件粘贴的都是 II—黄色标签。集合包装的运输指数是内装两件的运输指数之和（1.3），根据 DGR 表 10.5.C 表应该粘贴的是 III—黄色标签。

对于集合包装的运输指数，也可以根据组成集合包装后实际测量的剂量率确定。但非刚性的集合包装的运输指数只能根据内装所有包装件的运输指数总和来确定。

4. 航空货运单

1）货运单的填写

货运单填写要求与其他危险品货物填写要求相同。

填写样例如图 5.24（客货机运输）和图 5.25（仅限货机运输）所示。

Handling Information		
DANGEROUS GOODS AS PER ASSOCIATED SHIPPER'S DECLARATION		
		SCI
	Nature and Quantity of Goods (incl. Dimensions or Volume)	
	RADIOACTIVE MATERIAL	

图 5.24　客货机运输的放射性物品货运单的填写样例

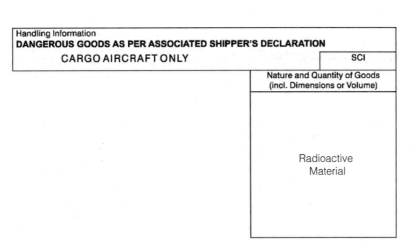

图 5.25　仅限货机运输的放射性物品货运单的填写样例

2）放射性物品例外包装件货运单的填写

放射性物品例外包装件（不含其他危险性）不需要申报单，需要在货运单上申报。货运单的填写要求同其他危险品。

对于含有其他危险性的放射性物品例外包装件仍需要申报单，但其他危险性属于例外数量的危险品除外。

对于放射性物品例外包装件，应在货运单的"Nature and Quantity of Goods"栏内注明如下内容：

托运人和收货人姓名和地址（实际托运人和收货人的姓名地址在货运单的其他地方显示是可以接收的）；

UN 编号；运输专用名称；

主管当局证书的识别标记（适用时）；

包装件数（除非一票货物只有一个包装件）。

常见放射性物品例外包装件货运单的填写样例如图 5.26 所示。显示托运人和收货人姓名地址的填写样例见图 5.27 所示。

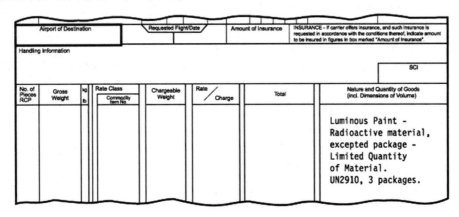

图 5.26　例外包装件货运单填写样例

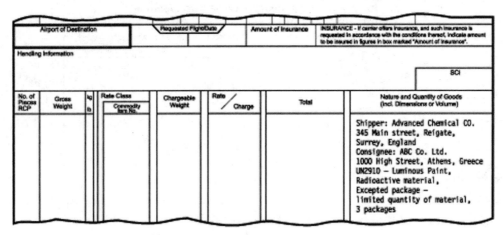

图 5.27　例外包装件货运单填写样例

第三节　放射性物品操作

一、收运

危险品收运工作应严格遵守运输过程中有关国家适用的法律、政府规定、命令、规章或要求以及有关承运人和地面代理人的规定。危险品收运人员按照要求并使用相应的危险品收运检查单对所收运的危险品进行逐项检查。对局方定期通报的危险品航空运输违法记录的合作方要采取更严格的收运检查程序，避免危险品航空运输事件的发生。

根据托运人提交的申报单、货运单、包装件，完成放射性物品收运检查单（见附录B）的填制，确定是否接收该放射性物品。

放射性物品收运检查单中有一项或多项不符合要求，应拒绝收运。对于拒收的货物，收运人员应将申报单和危险品收运检查单各留存一份，其他文件退给托运人。退回的申报单不得重新使用。托运人对于不符合要求的文件或货物包装可重新进行准备。对于完全符合规定且完全具备收运条件的危险品，方可收运。

主管当局批准证书可能包括有效日期。收运人员必须检查并确保在申报单中的证书是在有效日期内，并适用于此批货物。

在中国境内收运放射性物质时，托运人必须出具省、自治区、直辖市环保部门填开的《放射性物质货包辐射水平及表面污染检查证明书》。

申报单上所申报的放射性物质包装等级、核素活度及运输指数必须与《放射性物质货包辐射水平及表面污染检查证明书》中的相应技术参数一致。

中国境外收运放射性物质时，应符合所在国的有关规定。

二、存储

1. 人员接触的辐射限量

由于运输行为造成的工作接触，如果经评估每年的有效剂量几乎不可能超过 1 mSv，则不需要采取特殊的工作方式、详细监测、测量评估方案或保存个人激励。

如果有效剂量为每年在 1 mSv~6 mSv 之间时，必须通过工作场地监测或个人监测实施剂量评估方案。

每年可能超过 6 mSv 时，必须进行个人监测。

当进行工作场地或个人监测时，必须保留相关记录。

放射性物品必须与工作人员和公众有足够的隔离。

所有与存储有关的人员，必须得到其面临的危险及预防措施等必要指导。

为保证射线辐照越低越好的原则，Ⅱ级黄色和Ⅲ级黄色的包装件、集合包装及放射性专用货箱，在临时存储时应与人员隔离。最低隔离距离可按照图 5.28 的距离要求进行隔离。此距离从包装件、集合包装及放射性专用货箱的外表面测量，而不用考虑放射性物品存储期间的时间。

在收运和操作期间，射线辐射应保持越低越好。

Total Sum of TI	Minimum Distance[1]	
	metres	ft. in.
0.1 to 1.0	0.30	1'0"
1.1 to 2.0	0.50	1'8"
2.1 to 3.0	0.70	2'4"
3.1 to 4.0	0.85	2'10"
4.1 to 5.0	1.00	3'4"
5.1 to 6.0	1.15	3'10"
6.1 to 7.0	1.30	4'4"
7.1 to 8.0	1.45	4'9"
8.1 to 9.0	1.55	5'1"
9.1 to 10.0	1.65	5'5"
10.1 to 11.0	1.75	5'9"
11.1 to 12.0	1.85	6'1"
12.1 to 13.0	1.95	6'5"
13.1 to 14.0	2.05	6'9"
14.1 to 15.0	2.15	7'1"
15.1 to 16.0	2.25	7'5"
16.1 to 17.0	2.35	7'9"
17.1 to 18.0	2.45	8'1"
18.1 to 20.0	2.60	8'6"
20.1 to 25.0	2.90	9'6"
25.1 to 30.0	3.20	10'6"
30.1 to 35.0	3.50	11'6"
35.1 to 40.0	3.75	12'4"
40.1 to 45.0	4.00	13'1"
45.1 to 50.0	4.25	13'11"

图 5.28 放射性物品隔离距离

2. 放射性物品的存储

含有放射性物质包装件、集合包装及放射性专用箱，无论在什么地方摆放，每一堆货物的包装件、集合包装和放射性专用箱的总运输指数或总临界安全指数不得超过50。对于总运输指数或总临界安全指数超过50的一堆货物，须将超出指数部分的包装件分开码放，且分开的两堆货物之间距离至少保持6米。

3. 无人提取的放射性物品

对于无人提取的放射性物品，必须存放在安全的场所，立即通知相关的国家主管部门，并向其征求进行进一步处理工作的指导。

三、装载

1. Ⅰ级放射性物品的装载

Ⅰ级白色放射性物品包装件，可以装在任何机型的飞机货舱内，既无数量限制也无特殊要求。

2. Ⅱ级、Ⅲ级放射性物品的装载

放射性物品包装件在客机货舱内的限制，放射性物品包装件在货机货舱内的限制，如图5.29所示。

Total Sum of TI	Minimum Distance[1]		Total Sum of TI	Minimum Distance[1]	
	metres	ft. in.		metres	ft. in.
0.1 to 1.0	0.30	1'0"	50.1 to 60	4.65	15'4"
1.1 to 2.0	0.50	1'8"	60.1 to 70	5.05	16'8"
2.1 to 3.0	0.70	2'4"	70.1 to 80	5.45	17'10"
3.1 to 4.0	0.85	2'10"	80.1 to 90	5.80	19'0"
4.1 to 5.0	1.00	3'4"	90.1 to 100	6.10	20'0"
5.1 to 6.0	1.15	3'10"	100.1 to 110	6.45	21'2"
6.1 to 7.0	1.30	4'4"	110.1 to 120	6.70	22'0"
7.1 to 8.0	1.45	4'9"	120.1 to 130	7.00	23'0"
8.1 to 9.0	1.55	5'1"	130.1 to 140	7.30	24'0"
9.1 to 10.0	1.65	5'5"	140.1 to 150	7.55	24'10"
10.1 to 11.0	1.75	5'9"	150.1 to 160	7.80	25'8"
11.1 to 12.0	1.85	6'1"	160.1 to 170	8.05	26'6"
12.1 to 13.0	1.95	6'5"	170.1 to 180	8.30	27'2"
13.1 to 14.0	2.05	6'9"	180.1 to 190	8.55	28'0"
14.1 to 15.0	2.15	7'1"	190.1 to 200	8.75	28'10"
15.1 to 16.0	2.25	7'5"	200.1 to 210	9.00	29'6"
16.1 to 17.0	2.35	7'9"	210.1 to 220	9.20	30'2"
17.1 to 18.0	2.45	8'1"	220.1 to 230	9.40	30'10"
18.1 to 20.0	2.60	8'6"	230.1 to 240	9.65	31'8"
20.1 to 25.0	2.90	9'6"	240.1 to 250	9.85	32'4"
25.1 to 30.0	3.20	10'6"	250.1 to 260	10.05	33'0"
30.1 to 35.0	3.50	11'6"	260.1 to 270	10.25	33'8"
35.1 to 40.0	3.75	12'4"	270.1 to 280	10.40	34'2"
40.1 to 45.0	4.00	13'1"	280.1 to 290	10.60	34'10"
45.1 to 50.0	4.25	13'11"	290.1 to 300	10.80	35'6"

（客货机上的隔离）　　　　　　　　　　　（货机上的隔离）

图5.29　放射性物品包装件与人员的间隔距离

每个放射性物品包装件的运输指数不得超过 10。

每架客机，放射性物品包装件的总运输指数不得超过 50；每架货机，放射性物品包装件的总运输指数不得超过 200；对于裂变放射性物品，客、货机上总临界安全指数不得超过 50。

3. 放射性物品与人员的隔离

（1）在运输过程中，尽可能把机组人员和旅客所受到的辐照降到最低水平，放在货舱中的放射性物品Ⅱ级—黄色和Ⅲ级—黄色包装件，必须与人员所处的位置保持一定的间隔距离。

（2）装载在飞机货舱内放射性物品包装件外表面至驾驶舱或客舱的最近隔板或地板的最小间隔距离，如图 5.30 所示。间隔距离的大小依放射性物品包装件的总运输指数而定，不必考虑飞机连续飞行的时间。

（3）位于客舱下面的货舱内，放射性物品包装件最好直接放在地板上或集装板上。

（4）货机装载中，将放射性物品装载在尽量远离驾驶舱的位置。

（5）当有多个放射性物质包装件，经查对所需最小间隔距离超过飞机货舱高度时，可以采取分散放置的装载办法。

具体方法：找出运输指数最大的包装件，按其运输指数在图 5.29 中查出最小间隔距离即为纵向最小间隔距离，数值乘以 3 得出的结果，即为包装件之间横向间隔的最小距离。如图 5.30 所示。运输指数 5.5 大于 4.2，其最小隔离距离为 1.15 米，两个包装件间的最小隔离距离为 1.15 的三倍，即 3.45 米。

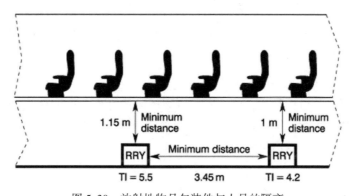

图 5.30　放射性物品包装件与人员的隔离

4. 放射性物品与摄影底片的隔离

（1）放射性物品必须与未冲洗的摄影胶卷或胶片充分隔离，否则受到辐射将会完全报废。

隔离距离必须保证未冲洗的摄影胶卷或胶片与放射性物品一起运输时，装有胶卷或胶片的每件货物接触的辐射低于 0.1 mSv。

（2）最小隔离距离的确定

在无法确定该辐射量时，粘贴Ⅱ级黄色和Ⅲ级黄色危险性标签的放射性物品包装件，与未冲洗的摄影胶卷或胶片的最小间隔距离，按图 5.31 确定。

Total	Duration of Carriage										
Sum of	2 hours or less		2-4 hours		4-8 hours		8-12 hours		12-24 hours		24-48 hours
TI	metres	ft. in.	metres	ft. in.	metres	ft. in.	metres	ft. in.	metres	ft. in.	metres	ft. in.
1	0.4	1'4"	0.6	2'0"	0.9	3'0"	1.1	3'8"	1.5	5'0"	2.2	7'2"
2	0.6	2'0"	0.8	2'8"	1.2	4'0"	1.5	5'0"	2.2	7'2"	3.1	10'2"
3	0.7	2'4"	1.0	3'4"	1.5	5'0"	1.8	5'10"	2.6	8'6"	3.8	12'6"
4	0.8	2'8"	1.2	4'0"	1.7	5'8"	2.2	7'2"	3.1	10'2"	4.4	14'6"
5	0.8	2'8"	1.3	4'4"	1.9	6'2"	2.4	7'10"	3.4	11'2"	4.8	15'10"
10	1.4	4'8"	2.0	6'6"	2.8	9'2"	3.5	11'6"	4.9	16'0"	6.9	22'8"
20	2.0	6'6"	2.8	9'2"	4.0	13'2"	4.9	16'0"	6.9	22'8"	10.0	32'10"
30	2.4	7'10"	3.5	11'6"	4.9	16'0"	6.0	19'8"	8.6	28'2"	12.0	39'4"
40	2.9	9'6"	4.0	13'2"	5.7	18'8"	6.9	22'8"	10.0	32'10"	14.0	45'10"
50	3.2	10'6"	4.5	14'10"	6.3	20'8"	7.9	25'10"	11.0	36'0"	16.0	52'6"

图 5.31　放射性物品与摄影底片的最小间隔距离（单位：m）

间隔距离的大小与包装件的总运输指数和照射时间有关。例如总运输指数为 5，运输时间 2 个小时的最小隔离距离为 0.8 米，运输时间为 10 个小时的最小隔离距离为 2.4 米。

5. 放射性物品与活体动物的隔离

Ⅱ级—黄色和Ⅲ级—黄色包装件，集合包装或专用货箱，必须与活体动物包装件进行隔离装载。

运输时间小于或等于 24 小时，最小间隔距离为 0.5 米；运输时间大于 24 小时，最小间隔距离为 1 米。

6. TYPE A 型放射性物品包装件

TYPE A 型放射性物品包装件其上所压的货物不得超过该包装件自身重量的 5 倍。

四、交付

国内收货人提取放射性物质，应在省、市级环保部门及提货地点所在地区的公安部门办理提取货物的放行手续，同时向承运人出示放射性同位素工作许可证以及《放射性物品运输货包辐射水平及表面污染检测报告单》。

章节练习题

1. B（U）型放射性物质的包装件必须经_____批准。

2. 运输指数是 0.4，表面辐射水平为 900 uSv/h，此包装件的级别是_____。

3. 运输指数为 0，便面辐射水平为 6 uSv/h，此包装件的级别是_____。

4. 放射性物质的三种防护方法：_____。

5. 请写出放射性例外数量件（空包装）在空运时，运单品名栏填写的内容_____。

第六章　危险品应急处置

第一节　危险品航空运输事件

本节内容依据为中国民用航空局运输司咨询通告《危险品航空运输事件判定和报告管理办法》（AC-276-TR-2016-05）。

一、危险品航空运输事件相关定义

危险品航空运输事件是指危险品事故、危险品事故征候及危险品一般事件。

1. 危险品事故

危险品事故是指与危险品航空运输有关联，造成致命或者严重人身伤害或者重大财产损坏或者破坏环境的事故。

2. 危险品事故征候

危险品事故征候是指不同于危险品事故，但与危险品航空运输有关联，不一定发生在航空器上，但造成人员受伤、财产损坏或者破坏环境、起火、破损、溢出、液体渗漏、放射性渗漏或者包装物未能保持完整的其他情况。任何与危险品航空运输有关并严重危及航空器或者机上人员的事件也被认为构成危险品事故征候。

危险品事故征候分为危险品严重事故征候和危险品一般事故征候。

危险品严重事故征候是指构成运输航空严重事故征候的危险品事故征候。

危险品一般事故征候是指未构成运输航空严重事故征候的危险品事故征候。

危险品一般事件是指与危险品航空运输有关联，违反《民用航空危险品运输管理规定》，但不构成危险品事故或危险品事故征候的事件。

二、危险品航空运输事件的判定

1. 危险品事故

因航空运输危险品造成下列情形之一的，应当被判定为危险品事故：

（1）人员死亡或重伤；其中，人员死亡是指自危险品事故发生之日起 30 天内，由本次事故导致的死亡。

（2）重大财产损失，即直接经济损失 300 万元以上。

（3）重大环境损害，即《国家突发环境事件应急预案》中的突发环境事件。

2. 危险品事故征候

因航空运输危险品造成下列情形之一的，应当被判定为危险品严重事故征候：

（1）航空器运行阶段，驾驶舱（内）、客舱（内）或货舱（内）起火或冒烟。

机上人员携带的或机供品所含的锂电池在驾驶舱内或客舱内冒烟但未发现明火，机组人员及时发现并妥善处置，且不需要采取进一步措施，未造成航空器受损和人员轻伤的情形除外。

（2）导致发生了运输航空严重事故征候。

（3）类似上述条款的其他情况。

3. 危险品一般事故征候

因航空运输危险品造成下列情形之一的，应当被判定为危险品一般事故征候：

（1）人员轻伤；

（2）环境损害，但未构成《国家突发环境事件应急预案》中的突发环境事件；

（3）运输国际民航组织《危险物品安全航空运输技术细则》（以下简称《技术细则》）规定的在任何情况下禁止运输的危险品；

（4）未经批准运输需经民航管理部门批准方可运输的危险品；

（5）未经豁免运输需经民航管理部门豁免方可运输的危险品；

（6）机上人员携带的或机供品所含的锂电池在驾驶舱内或客舱内冒烟，但未构成危险品严重事故征候；

（7）在地面因危险品引起的起火；

（8）因危险品破损、溢出、液体渗漏、放射性渗漏或包装物未能保持完整的其他情况导致发生了运输航空一般事故征候；

（9）因危险品破损、溢出、液体渗漏、放射性渗漏或包装物未能保持完整的其他情况导致发生了航空器地面事故征候；

（10）类似上述条款的其他情况。

4. 危险品一般事件

因航空运输危险品造成下列情形之一的，应当被判定为危险品一般事件：

（1）危险品破损、溢出、冒烟、液体渗漏、放射性渗漏或包装物未能保持完整等情况，但未构成危险品事故征候；

（2）提供不真实的危险品运输相关文件；

（3）运输未按照《技术细则》的规定填写危险品运输相关文件的危险品；

（4）运输未按照《技术细则》的规定向机长提供信息的危险品；

（5）运输未按照《技术细则》的规定进行包装的危险品；

（6）运输未按照《技术细则》的规定加标记或贴标签的危险品；

（7）运输未按照《技术细则》的规定进行装载、隔离、分隔或固定的危险品；

（8）未经批准，在行李中运输需获得承运人批准方可运输的危险品；

（9）货物或邮件中运输未申报或错误申报的危险品；

（10）行李中运输《技术细则》禁止通过行李运输的危险品；

（11）类似上述条款的其他情况。

三、危险品航空运输事件报告

危险品航空运输事件报告分为危险品紧急事件报告和危险品非紧急事件报告，实行分类管理。

1. 危险品紧急事件

（1）因危险品航空运输导致航空器受损或人员伤亡；

（2）危险品起火或冒烟；

（3）危险品破损、溢出、液体渗漏、放射性渗漏、包装物未能保持完整等情况，需要应急处置；

（4）类似上述条款的其他情况。

2. 危险品非紧急事件

未列为危险品紧急事件的危险品航空运输事件为危险品非紧急事件。

3. 在我国境内发生的危险品航空运输事件的报告

（1）发生危险品紧急事件，事发相关企事业单位应当立即通过电话将事发时间、事发地点、事件描述、人员伤亡情况、已采取的措施、当前现场状况、航班号等信息向事发地监管局运输部门进行初始报告；监管局在收到事件信息后，应当立即报告所属地区管理局；地区管理局在收到事件信息后，应当立即报告民航局运输司。

（2）发生危险品紧急事件，事发相关企事业单位应当在事件发生后 12 小时内，使用危险品航空运输事件报告系统，按规范如实填报危险品航空运输事件信息报告表，主报事发地监管局，抄报事发地地区管理局、所属地地区管理局及监管局，并保存一份书面报告。

（3）发生危险品非紧急事件（上述情况除外），事发相关企事业单位应当在事件发生后 48 小时内，使用危险品航空运输事件报告系统，按规范如实填报危险品航空运输事件信息报告表，主报事发地监管局，抄报事发地地区管理局、所属地地区管理局及监管局。

事发相关企事业单位包括承运人、地面服务代理人等相关机构。

危险品航空运输事件发生在地面操作环节的，由地面服务代理人或承担地面服务职责的承运人负责报告；发生在飞行中的，由承运人负责报告。

4. 在我国境外发生的危险品航空运输事件

除按照事发地所在国有关当局的规定报告外，还应按照以下规定报告：

（1）发生危险品紧急事件，国内承运人应当立即通过电话，将事发时间、事发地点、事件描述、人员伤亡情况、已采取的措施、当前现场状况、航班号等信息向所属地监管局运输部门进行初始报告；监管局在收到事件信息后，应当立即报告所属地区管理局；

地区管理局在收到事件信息后，应当立即报告民航局运输司。

（2）发生危险品紧急事件，国内承运人应当在事件发生后 24 小时内，使用危险品航空运输事件报告系统，按规范如实填报危险品航空运输事件信息报告表，主报所属地监管局，抄报所属地地区管理局，并保存一份书面报告。

（3）发生危险品非紧急事件（上述条款除外），国内承运人应当在事件发生后 48 小时内，使用危险品航空运输事件报告系统，按规范如实填报危险品航空运输事件信息报告表，主报所属地监管局，抄报所属地地区管理局。

（4）发生危险品非紧急事件，国内承运人应当进行月度汇总，每月使用危险品航空运输事件报告系统，统一报告上月事件发生数量。

本条规定不适用于外国承运人。

对已上报的事件，事发相关企事业单位如果获得新的信息，应当及时使用危险品航空运输事件报告系统补充填报。

第二节　危险品应急处置原则

一、火灾的应急处置

（1）首先明确燃烧物，然后正确选择灭火器和灭火方法，并积极扑救。
（2）火势过大，不能自救，应尽快报警。
（3）堵截火势，防止蔓延，防止二次爆燃。
（4）灭火后要清理现场，防止复燃。
（5）部分危险品货物的灭火方法。

二、泄漏的应急处置

1. 对洒落固体物品的应急处置

及时用水湿润（遇水爆燃物除外），撒以松散物（湿锯末等）轻轻收集。

2. 对气体钢瓶泄漏的应急处置

（1）根据泄漏气体的性质特点，处置人员应佩戴相应的防护装备。
（2）旋紧阀门或用堵漏材料对漏气处进行封堵。
（3）无法封堵易燃气体时，应尽快移出库外，可用点火棒将其点燃，待钢瓶中的气体缓慢燃尽。
（4）将无法控制或容易引起爆炸的钢瓶用冷水降温或放入冷水。
（5）处理有毒气体泄漏时，应迅速疏散无关人员，并界定禁戒范围。

3. 对液体泄漏的应急处置

（1）处置人员应佩戴相应的防护装备。
（2）迅速用泡沫或沙土覆盖后进行收集。
（3）对残留物可用水清洗。对酸、碱残留物可用中和水进行清洗，清洗废水须回收处理。

4. 对毒害品泄漏的应急处置

（1）处置人员应佩戴相应的防护装备。

（2）对泄漏的毒害品要用专用工具进行收集清理，不得遗有残留物。收集的毒害品要妥善处理。

（3）收集、清理剧毒品的人员，作业后要进行专项检查。

5. 对感染性物质的应急处置

1）火灾的应急处置

（1）应迅速疏散无关人员，建立方圆至少 25 米的禁戒范围。

（2）应避免接触燃烧的物质，现场人员应处于上风口。

（3）应立即通知有关主管部门，等待专业处置人员处置。

（4）应佩戴相应的防护装备，使用适当的灭火器，对外围火情进行扑救，严禁使用高压水枪。

2）泄漏的应急处置

（1）应避免接触泄漏的物质，现场人员应处于上风口。

（2）应迅速疏散无关人员，建立方圆至少 25 米的禁戒范围。

（3）应立即通知有关主管部门，等待专业处置人员处置。

（4）应佩戴相应的防护装备，检查相邻包装件的污染情况，将可能污染的包装件分开放置。

（5）可使用土、砂石、非易燃材料吸附泄漏的物质。

6. 对放射性物品的应急处置

1）火灾的应急处置

（1）应迅速疏散无关人员，建立方圆至少 25 米的禁戒范围。

（2）应立即通知有关主管部门，等待专业处置人员处置。

（3）应佩戴相应的防护装备，使用适当的灭火器，对外围火情进行扑救。

（2）泄漏的应急处置

（1）禁止非授权人员接近破损或泄漏的包装件。

（2）应迅速疏散无关人员，建立方圆至少 25 米的禁戒范围。

（3）应立即通知有关主管部门，等待专业处置人员处置。

（4）应佩戴相应的防护装备，检查相邻包装件的污染情况，将可能污染的包装件分开放置。

（5）可使用土、砂石、非易燃材料覆盖泄漏的液体，可使用塑料薄膜或罩子覆盖撒漏的固体。

第三节   危险品 1~9 类应急处置

一、紧急情况下应采取的安全措施

（1）撤离和疏散群众；

（2）保持距离；

（3）避免吸入有害烟雾或气体；

（4）警戒和避免起火；

（5）从消防武警或其他应急服务机构处，寻求专业救助。

二、1~9 类危险品应急处置指南

1. 第 1 类   爆炸品

（1）严禁吸烟或明火。

（2）直接的健康危害。

2. 第 2 类   气体

1）一般处置要求

（1）严禁吸烟或明火。

（2）穿防护服应对低温液体或有毒气体。

（3）严禁野蛮操作气瓶，因为这可能会使情况恶化。

2）火灾

（1）小火：虽然 BCF 灭火器对扑灭小股逃窜火苗最有效，但是所有的灭火器都可以使用。

（2）大火：喷水或喷水雾。

3）急救

（1）将患者移到空气新鲜处；

（2）脱去并隔离受感染的衣服和鞋子；

（3）保持患者温暖和安静；

（4）处理受伤部位。

3. 第 3 类易燃液体

1）一般处置要求

（1）严禁吸烟或明火。

（2）用喷水来减少蒸汽。

2）火灾

（1）小火：干式化学灭火剂、BCF 灭火器、二氧化碳、抗溶性泡沫、水幕。

（2）大火：

①喷水、喷水雾或抗溶性泡沫灭火剂；

②如果可能，使用大量流水冷却容器；

③避免易燃液体的扩散。

3）泄漏

（1）小泄漏：用沙子或其他不可燃物质吸收或覆盖，然后冲洗泄漏区。

（2）大泄漏：远离泄漏液体，修筑围堤，待后续处理。

4）急救

（1）将患者移到空气新鲜处；

（2）如果患者停止呼吸，应实施人工呼吸；

（3）如果出现呼吸困难，要进行吸氧；

（4）脱去并隔离受感染的衣服和鞋子；

（5）若皮肤或眼睛不慎接触到该类物质，要立即用自来水冲洗至少15分钟；

（6）处理受伤部位。

4. 第4类易燃固体

1）一般处置要求

（1）严禁吸烟或明火。

（2）严禁接触该类物质的泄漏物。

2）火灾

显示"遇水放出易燃气体的物质"的货物，不能用水灭火。

小火：干式化学灭火剂、沙子、BCF灭火器、二氧化碳、抗溶性泡沫、水幕。

大火：

（1）喷水、喷水雾或抗溶性泡沫灭火剂；

（2）如果可能，使用大量流水冷却容器；

（3）用干燥的沙子灭镁金属元素的火灾，严禁用水。

3）泄漏

（1）小泄漏：用干净的铲子把泄漏物放入干净、干燥的容器中，将其运离泄漏区，然后用水冲洗泄漏区。

（2）大泄漏：远离泄漏液体，修筑围堤，待后续处理。

如果是"遇水放出易燃气体的物质"，用沙子或其他不可燃物质吸收或覆盖。

4）急救

（1）将患者移到空气新鲜处；

（2）如果出现呼吸困难，要进行吸氧；

（3）若皮肤或眼睛不慎接触到该类物质，要立即用自来水冲洗至少15分钟；

（4）脱去并隔离受感染的衣服和鞋子。

5. 第 5 类氧化剂和有机过氧化物

1）一般处置要求

（1）严禁吸烟或明火。

（2）用喷水来减少蒸汽。

2）火灾

显示"遇水放出易燃气体的物质"的货物，不能用水灭火。

（1）小火：干式化学灭火剂、BCF 灭火器、二氧化碳、抗溶性泡沫、水幕。

（2）大火：

- 抗溶性泡沫、喷水、喷水雾或泡沫灭火剂；
- 如果可能，使用大量流水冷却容器；
- 避免易燃液体的扩散。

3）泄漏

（1）小泄漏：用沙子或其他不可燃物质吸收或覆盖，然后冲洗泄漏区。

（2）大泄漏：远离泄漏液体，修筑围堤，待后续处理。

4）急救

（1）将患者移到空气新鲜处；

（2）如果患者停止呼吸，应实施人工呼吸；

（3）如果出现呼吸困难，要进行吸氧；

（4）若皮肤或眼睛不慎接触到该类物质，要立即用自来水冲洗至少 15 分钟；

（5）脱去并隔离受感染的衣服和鞋子。

6. 6.1 项 毒性物质

1）一般处置要求

（1）严禁接触该类物质的泄漏物。

（2）用喷水来减少蒸汽和尘埃。

2）火灾

显示"遇水放出易燃气体的物质"的货物，不能用水灭火。

（1）小火：干式化学灭火剂、BCF 灭火器、二氧化碳、抗溶性泡沫、水幕。

（2）大火：喷水、喷水雾或泡沫灭火剂。

3）泄漏

（1）小泄漏：用沙子或其他不可燃物质吸收或覆盖，然后冲洗泄漏区。

（2）大泄漏：远离泄漏液体，修筑围堤，待后续处理。

4）急救

（1）将患者移到空气新鲜处；

（2）呼叫 120 或者其他急救医疗服务中心；

（3）如果患者停止呼吸，应实施人工呼吸；

（4）如果出现呼吸困难，要进行吸氧；

（5）若皮肤或眼睛不慎接触到该类物质，要立即用自来水冲洗至少15分钟；

（6）脱去并隔离受感染的衣服和鞋子；

（7）患者的不良反应可能滞后，必须对患者保持观察。

7. 6.2项　感染性物质

如果负责运输感染性物质或打开感染性物质包装件的任何人，清楚包装件破损或泄漏所带来的危害，这个人必须：

（1）避免操作包装件或尽量少操作包装件；

（2）检查相邻的包装件是否被污染，如果怀疑或已发生污染，要将疑似或已被污染的包装件隔离；

（3）通知适当的公共卫生机构或农业畜牧机构，并通知所有的感染性物质中转机场以免当地有人被感染；

（4）通知收货人和/或托运人。

8. 第7类　放射性物质

当有证据显示或怀疑有放射性物质包装破损或泄漏时，应采取：

（1）立即隔离包装件；

（2）进入泄漏区也只是为了救人，且将进入时间控制在最短；

（3）尽快请专业人士来评估污染范围，以及对包装件、飞机、机上设备和飞机上所有其他物品所造成的辐射水平；

（4）按照有关放射性主管当局的指令，采取进一步措施将泄漏或损害的后果降到最低；

（5）通知合适的国家主管当局，确保相邻的装机区域和卸机区域也进行了污染评估；

（6）当所泄漏的放射性内容物超过正常运输许可限值时，破损的包装件只有在监控下才可移动，并且在修复和清污之前，不得继续运输。

急救

● 呼叫120或者其他急救医疗服务中心；

● 如果不影响受伤处，可以脱下和隔离受污染的衣服和鞋子，在运输之前，将伤员用毯子包裹；

● 如果没有受伤，用水和肥皂冲洗患者；

● 告诉医护人员患者可能受到辐射；

● 除了伤员，只有在放射防护管理主管当局下达指令或到来后，才可对污染的人和设备进行去污清理。

9. 第8类　腐蚀性物质

（1）严禁接触该类物质的泄漏物。

（2）火灾

某些腐蚀性物质可能遇火发生剧烈反应。

小火：干式化学灭火剂、BCF灭火器、二氧化碳、水幕或泡沫灭火剂。

大火：喷水、喷水雾或泡沫灭火剂。

（3）泄漏

小泄漏：用沙子或其他不可燃物质吸收或覆盖，然后冲洗泄漏区。

大泄漏：远离泄漏液体，修筑围堤，待后续处理。

（4）急救

- 将患者移到空气新鲜处；
- 如果出现呼吸困难，要进行吸氧；
- 若皮肤或眼睛不慎接触到该类物质，要立即用自来水冲洗至少 15 分钟；
- 脱去并隔离受感染的衣服和鞋子。

10. 第 9 类　杂项危险品

某种危险品的潜在危害可能是其所特有的。

因此，列举属于第 9 类的某些危险品的应急响应如下：

1）硝酸铵化肥

当与烃类燃料，例如煤油，混合时，可能会发生爆炸反应。但是，一般情况下，它需要其他的爆炸品来引燃。

参见第 1 类　爆炸品。

2）石棉（所有类型）

（1）产生的细小矿物纤维，会停留在肺中并引起疾病。

（2）隔离有害区域。

3）日用消费品

可能含有易燃液体（第 3 类）、气溶胶（第 2 类）或有毒物质（6.1 项）。根据具体的类别，做相应的反应。

4）固体二氧化碳（干冰）

物质的温度大约是−80℃，可能因冻伤对皮肤组织造成严重损坏。干冰"蒸发"形成看不见、无味的比空气重的气体，该气体可以置换空气，并使人和动物造成窒息。

（1）避免操作；

（2）带自给式呼吸器，穿防护服；

（3）对装干冰的封闭空间进行通风；

（4）将患者移到空气新鲜处。

5）救生筏、救生衣

内部装有含压缩气体的气瓶，如果意外触发，可能会对机身及其机构施加巨大压力。谨防气瓶意外膨胀或爆炸的危险。

6）轮胎组件

轮胎组件通常带压力并可能发生爆炸，特别是在受热或明火的作用下。按照压缩气体（第 2 类）进行应急响应。

7）磁性物质

磁性物质可能影响导航设备，并在紧急情况下产生轻微的危害。

8）机动车辆，发动机，内燃车辆，电池驱动车辆等

可能含有燃料，按照易燃液体（第3类）来进行应急响应。

也可能含有电池，可能发生电池的电解液泄漏，按照腐蚀性物质（第8类）来进行应急响应，另外，还要注意电池可能发生短路并释放出易燃气体和蒸汽。

9）亚硫酸氢盐（及其他亚硫酸盐）

在受热作用下，可能会放出毒性和腐蚀性气体。根据情况，按照气体（第2类）和/或腐蚀性物质（第8类）来进行应急响应。

章节练习题

1. 危险品事故的定义_____。

2. 危险品事故征候的定义_____。

3. 感染性物质泄漏的应急处置_____。

4. 磁性物质可能影响飞机的_____设备。

5. 若眼部不慎接触了腐蚀性物质要立即_____。

第七章　锂电池货物运输

第一节　锂电池基本知识

一、锂电池的主要危险性

锂电池可能在运输过程中构成严重风险，使用、搬运、包装、存储不当、过充电或存在缺陷可能导致电池过热，引起爆炸和燃烧。

锂电池高度易燃。

不管因为内部原因还是外部加热或物理撞击，它都能产生足够的热使毗邻的电池也发生热失控。

二、锂电池运输相关术语

1. 电池芯（cell）

由一个正极和一个负极组成且两个电极之间有电位差的单一的、封闭的电化学装置。

2. 电池（battery）

用电路连接在一起的两个或两个以上的电池芯，并固定在必须使用的装置中，如外壳、电极、标记和保护装置等。

单电芯电池在航空运输中被认为是"电池芯"。

3. 锂金属电池芯或电池（lithium metal cell or battery）

以锂金属或锂合金作为阳极的电池芯或电池。

锂金属电池芯或电池为一次性（非充电型）电池。

4. 锂离子电池芯或电池（lithium ion cell or battery）

正负电极没有金属锂，而是将离子态或类原子态锂嵌于正负极材料的晶格种的电池芯或电池。

锂离子电池芯或电池通常是可充电的电池。锂离子电池还包括锂聚合物电池。

5. 原型样品锂电池芯或电池（prototype lithium cell or battery）

未经过联合国《试验和标准手册》第 38.3 章节（以下简称 UN38.3）规定的测试要求的锂电池样品。

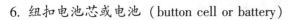

6. 纽扣电池芯或电池（button cell or battery）

整体高度小于直径的圆形小电池芯或电池。

7. 额定容量（rated capacity）

电池芯或电池在制造商规定的负荷、温度和电压截断点下测得的容量，单位为安培小（A/h）。

8. 标称电压

用以标明或识别电池芯或电池的电压的近似值。单位为伏特（V）。

9. 额定能量（rated energy）

由生产商公布的在规定条件下确定的电池芯或电池的能量值。

额定能量的单位为瓦特小时（Wh），计算方法是将标称电压乘以额定容量。

2011 年 12 月 31 日之后生产的锂离子电池必须在外壳标注瓦特小时率。

10. 锂含量（lithium content）

锂金属或锂合金电池芯或电池阳极中锂的质量。

11. 合计锂含量（aggregate lithium content）

组成一个电池的所有电池芯的锂含量的总和。

12. 充电宝（power bank）

由锂电池芯或电池、相应的电路以及外壳组合而成，主要功能是为其他设备提供稳定直流输出的动力源，且可由使用者随身携带的小型移动电源。

在航空运输中，充电宝被视为锂电池，而不是含锂电池的设备。

13. UN38.3 测试

每个锂离子或锂聚合物电池芯和电池，经测试证明其符合联合国《试验和标准手册》第 38.3 章节的所有要求。

UN38.3 是指在联合国针对危险品运输专门制定的《试验和标准手册》的第Ⅲ部分38.3 款，即要求锂电池运输前，必须要通过高度模拟、高低温循环、振动试验、冲击试验、55℃外短路、撞击试验、过充电试验、强制放电试验，才能保证锂电池运输安全。

电池包括翻新或改造的电池，必须按照上述要求进行测试，不论其中的电池芯是否为测试过的型号。

14. 坚固的外包装，并经受 1.2 m 跌落试验。

外包装为坚固外包装并能通过 1.2 m 跌落试验，是指外包装必须使用桶、方形桶和箱这三种包装类型，并且每个包装件必须能承受任何取向的 1.2 m 的跌落试验，而不损坏包装件内的电池或电池芯，并没有改变其中电池的位置以致电池与电池（或电池芯与电池芯）互相接触，没有电池自包装中漏出。

第二节　锂电池分类、识别、标记、标签和文件

一、锂电池分类和识别

锂电池属于第 9 类危险品，UN 编号和运输专用名称见表 7-1。

表 7-1　锂电池 UN 编号、运输专用名称和包装说明对照表

UN 编号	运输专用名称（英文）	运输专用名称（中文）	包装说明
UN3480	lithium ion batteries	锂离子电池	PI965
UN3481	lithium ion batteries packed with equipment	与设备包装在一起的锂离子电池	PI966
UN3481	lithium ion batteries contained in equipment	安装在设备中的锂离子电池	PI967
UN3090	lithium metal batteries	锂金属电池	PI968
UN3091	lithium metal batteries packed with equipment	与设备包装在一起的锂金属电池	PI969
UN3091	lithium metal batteries contained in equipment	安装在设备中的锂金属电池	PI970

二、锂离子电池

1. 锂离子电池分类

第一种情况：一个包装件内均为锂离子电池或电池芯（简称"纯电池"）；

第二种情况：一个包装件内的锂离子电池或电池芯与设备包装在一起（简称"合包"）；

第三种情况：一个包装件内的锂离子电池或电池芯内置于设备内（简称"内装"）。

2. 锂离子电池运输一般要求

锂离子电池运输要求见表 7-2。

表 7-2　锂离子电池运输要求汇总表

包装方式	电池单独运输（纯电池）			与设备包装在一起的锂离子电池（合包）		安装在设备中的锂离子电池（内装）	
包装说明	965IA	965IB	965 II	966I	966 II	967I	967 II
在 DGR3.9.2.6（e）规定的质量体系下制造	√	√	√	√	√	√	√
电池或电芯通过 UN38.3 测试	√	√	√	√	√	√	√
包装件通过 1.2 米跌落试验	×	√	√	×	√	×	√
使用 UN 包装	√	×	×	√	×	√	×
需要填制申报单	√	√	×	√	×	√	×

续表

包装方式	电池单独运输（纯电池）			与设备包装在一起的锂离子电池（合包）		安装在设备中的锂离子电池（内装）	
包装说明	965IA	965IB	965Ⅱ	966I	966Ⅱ	967I	967Ⅱ
在货运单品名栏进行申报	×	×	√	×	√	×	√
粘贴第9类锂电池危险性标签	√	√	×	√	×	√	×
粘贴锂电池标记	×	√	√	×	√	×	√备注2
每个包装件客货机限量	禁运	禁运	禁运	5 kg	5 kg	5 kg	5 kg
每个包装件仅限货机限量	35 kg	10 kg	备注1	35 kg	5 kg	35 kg	5 kg

备注：

（1）一票货物中PI965Ⅱ的包装件不能超过1件，且需要与其他非限制性物品分开交运。

（2）一票货物不超过2件，如果包装件内电芯不超过4块，或电池不超过2块，可以不粘贴锂电池标记。

（3）电池单独运输时，荷电量（SoC）不能超过30的额定设计容量。

（4）按包装说明965IA和965IB包装的锂电池包装件，必须与第1类（1.4S除外）、第2.1项、第3类、第4.1项和5.1项危险品包装件进行隔离。

3. 锂离子电池单独运输的具体要求

1）锂离子电池（PI965 第Ⅱ部分）

当锂离子电池芯或锂聚合物电池芯瓦特小时率不超过20 Wh时，可以按照PI965 第Ⅱ部分运输。但要满足表7-3所列条件。即，电池芯额定能量不超过2.7 Wh时，每个包装件内的锂电池芯净重合计不能超过2.5 kg；锂电池芯额定能量大于2.7 Wh而不超过20 Wh时，每个包装件内不能超过8个锂电池芯。

当锂离子电池瓦特小时率不超过100 Wh时，可以按照PI965 第Ⅱ部分运输，但也要满足表7-3所列条件。即，电池额定能量不超过2.7 Wh时，每个包装件内的锂电池净重合计不能超过2.5 kg；锂电池额定能量大于2.7 Wh而不超过100 Wh时，每个包装件内不能超过两块锂电池。

表7-3　锂离子电池（第Ⅱ部分）汇总表

额定能量（Wh）	每个包装件内的净数量
电池芯/电池≤2.7 Wh	净重≤2.5 kg
2.7 Wh<电池芯≤20 Wh	≤8个电池芯
2.7 Wh<电池≤100 Wh	≤2块电池

满足PI965 第Ⅱ部分的锂离子电池和电池芯，必须单独装在密封的内包装内，然后装于坚固的硬质外包装内。外包装应为坚固外包装，并能通过1.2米跌落试验。

一票货物，只能一个包装件，并且仅限货机运输。

托运人不需要填写托运人危险品申报单（DGD）向承运人申报，但需要在航空货运单（AWB）中进行申报。

在货运单品名栏注明"Lithium ion batteries in comliance with Section Ⅱ of PI965-Cargo Aircraft Only or CAO"字样。

在包装件上不需要粘贴第9类锂电池危险性标签，需要粘贴锂电池标记和仅限货机操作标签，如图7.1所示。

图7.1　锂电池标记和仅限货机操作标签

锂电池标记上的第一行"＊"处填写 UN 编号（UN3480），UN 编号至少12毫米。第二行"＊＊"处需要填写额外信息的电话号码。

对于满足锂电池第Ⅱ部分的锂电池货物，不能与其他危险品装入同一个外包装，组成一个包装件。

对于满足锂电池第Ⅱ部分的锂电池货物，一个集合包装内只能是一个锂电池第Ⅱ部分的包装件。可以与其他危险品货物组成集合包装，但不能与含有第1类爆炸品、2.1项易燃气体、第3类易燃液体、4.1项易燃固体、5.1项氧化性物质的危险品包装件组成集合包装，但可以与1.4S的爆炸品组成集合包装。

如果集合包装属于封闭性类型（包装件上的标记、标签不能清晰可见），需要在集合包装的外面标注至少12毫米高"OVERPACK"（国际运输）或"集合包装"（国内运输）字样，并粘贴锂电池标记。

2）锂离子电池 IB 部分（PI965 IB）

对于锂离子电池芯和锂离子电池额定能量与上述第Ⅱ部分相同，但每个包装件内的净数量超过了第Ⅱ部分的限制，在航空运输中按照锂离子电池ⅠB部分运输。

表7-4　锂离子电池（PI965 IB 部分）汇总表

额定能量（Wh）	每个包装件内的净数量
电池芯/电池≤2.7 Wh	净重超过2.5 kg
2.7 Wh<电池芯≤20 Wh	超过8个电池芯
2.7 Wh<电池≤100 Wh	超过2块电池

电池和电池芯必须单独装在密封的内包装内，然后装于坚固的硬质外包装内，并能通过1.2米跌落试验。

　　每个包装件内的锂电池芯或锂电池的净重不超过 10 kg，只能仅限货机运输。

　　满足锂电池ⅠB 部分的锂电池货物，托运人需要填写托运人危险品申报单（DGD）向承运人进行申报。

　　在货运单操作注意事项栏注明 "Dangerous goods as per attached Shipper's Declaration" or "Dangerous Goods as per attached DGD - Cargo Aircraft Only or CAO" 字样。

　　在包装件上需要粘贴第 9 类锂电池危险性标签，同时也需要粘贴锂电池标记，如图 7.2 所示，粘贴锂电池标记填写要求同锂电池第Ⅱ部分。对于锂电池标记的填写要求同锂电池第Ⅱ部分内容，以下涉及锂电池标记的填写时，不再重复介绍。

图 7.2　锂离子电池（PI965 IB）需要粘贴的标记和标签

　　满足锂电池ⅠB 部分的锂电池货物，可以与其他危险品装入同一个外包装，组成一个包装件。但不能与第 1 类爆炸品、2.1 项易燃气体、第 3 类易燃液体、4.1 项易燃固体、5.1 项氧化性物质的危险品包装件装入同一外包装，但可以与 1.4S 的爆炸品装入同一外包装。

　　满足锂电池ⅠB 部分的锂电池货物，可以与其他危险品货物组成集合包装，但不能与含有第 1 类爆炸品、2.1 项易燃气体、第 3 类易燃液体、4.1 项易燃固体、5.1 项氧化性物质的危险品包装件组成集合包装，但可以与 1.4S 的爆炸品组成集合包装。

　　3）锂离子电池ⅠA 部分

　　当超过 PI965ⅠB 锂离子电池芯或电池的允许量时，按照 PI965ⅠA 部分运输。

　　锂离子电池芯或锂聚合物电池芯额定能量超过了 20 Wh，锂离子电池额定能量超过了 100 Wh，要按照第 9 类锂离子电池（PI965 ⅠA）运输。

　　外包装为通过 UN 规格包装等级Ⅱ试验的包装。每个包装件内的锂电池芯或锂电池的净重不超过 35 kg，只能仅限货机运输。

　　托运人需要填写托运人危险品申报单（DGD）向承运人进行申报。

　　在货运单操作注意事项栏注明 "Dangerous goods as per attached Shipper's Declaration" or "Dangerous Goods as per attached DGD - Cargo Aircraft Only or CAO" 字样。

　　在包装件上需要粘贴第 9 类锂电池危险性标签和仅限货机操作标签，如图 7.3 所示。

　　可以与其他危险品装入同一个外包装，组成一个包装件。但不能与第 1 类爆炸品、2.1 项易燃气体、第 3 类易燃液体、4.1 项易燃固体、5.1 项氧化性物质的危险品包装件装入同一外包装，但可以与 1.4S 的爆炸品装入同一外包装。

　　可以与其他危险品货物组成集合包装，但不能与含有第 1 类爆炸品、2.1 项易燃气体、第 3 类易燃液体、4.1 项易燃固体、5.1 项氧化性物质的危险品包装件组成集合包装，但可以与 1.4S 的爆炸品组成集合包装。

图 7.3　锂离子电池（PI965 IA）需要粘贴的标签

4. 与设备包装在一起的锂离子电池（PI966）

1）与设备包装在一起的锂离子电池（第Ⅱ部分）

锂离子电池芯额定能量不超过 20 Wh，锂离子电池额定能量不超过 100 Wh，按照 PI966 第Ⅱ部分运输。

锂电池必须单独装在密封的内包装内，然后装于坚固的硬质外包装中。或锂电池单独装在密封的内包装内，然后与设备装于坚固的硬质外包装内，设备必须固定防止在外包装内移动，并且有有效防止意外启动的措施。

每一包装内的锂电池数量不能超过每一设备运行所需数量，并外加两套备用锂电池。一套锂电池是运行设备所需的锂离子电池数量。

外包装为坚固的外包装，并承受 1.2 米跌落试验。

不管客货机还是仅限货机，每一包装件的锂离子电池芯或电池允许的最大净数量为 5 kg。

托运人不需要填制危险品申报单向承运人申报，但需要在货运单上进行申报。

在货运单"品名和数量"栏填写"Lithium ion batteries in compliance with Section Ⅱ of PI966（锂离子电池，符合 PI966 Section Ⅱ）"字样。

如果包装件中既包括内置于设备中的锂电池，又包括与设备包装在一起的锂电池，这些锂电池符合 SECTION Ⅱ 的要求，在保证符合上述对应的包装说明的情况下，包装件内的锂电池总重量不超过 5 公斤。在货运单"品名和数量"栏填写"Lithium ion batteries in compliance with Section Ⅱ of PI966（锂离子电池，符合 PI966 Section Ⅱ）"

每个包装件必须粘贴锂电池标记。

满足第Ⅱ部分要求的与设备包装在一起的锂离子电池，可以组成集合包装。集合包装内可以含有危险品，也可以含有非危险品，但要保证包装件中的不同物质不会发生危险反应。

2）与设备包装在一起的锂离子电池（第Ⅰ部分）

当超过 PI966 第Ⅱ部分锂离子电池芯或电池的允许量时，按照 PI966 第Ⅰ部分运输。

锂离子电池芯额定能量超过了 20 Wh，锂离子电池额定能量超过了 100 Wh，就要完全按照 9 类危险品运输。

每一包装件中的锂离子电池或电池芯数量，不能超过每一设备运行所需数量并外加两套备用电池/电池芯。一套电池或电池芯是运行设备所需的电池或电池芯数量。

电池和电池芯必须单独装在密封的内包装内，然后装于坚固的外包装内，外包装必须符合包装等级 Ⅱ 级的性能标准。或者，电池和电池芯单独装在符合包装等级 Ⅱ 级性能标准外包装内，然后与设备一起装在坚固的外包装内。

设备必须固定，防止在外包装内移动，并且具有有效防止意外启动的措施。

每一包装件内的锂电池最大净数量，客货机上不能超过 5 kg，仅限货机上不能超过 35 kg。

托运人需要填制托运人危险品申报单，向承运人进行申报。

外包装上必须粘贴 9 类锂电池危险性标签。

5. 安装在设备中的锂离子电池（PI967）

1）安装在设备中的锂离子电池（PI967 第 Ⅱ 部分）

锂离子电池芯额定能量不超过 20 Wh，锂离子电池额定能量不超过 100 Wh，按照 PI967 第 Ⅱ 部分运输。

安装锂电池的设备，必须装于坚固的硬质外包装内，外包装要容量充足或使用强度适合的材料制成；或者设备自身可以为电池芯或电池提供同等保护。

外包装必须使用桶、方形桶和箱这三种包装类型。

不管是客货机还是仅限货机运输，每一包装件允许的最大净数量为 5 kg。

托运人不需要填制危险品申报单向承运人申报，但需要在货运单上进行申报。

在货运单"品名和数量"栏填写"Lithium ion batteries in compliance with Section Ⅱ of PI967（锂离子电池，符合 PI966 Section Ⅱ ）"字样。

在包装件上粘贴锂电池标记，不需要粘贴第 9 类锂电池危险性标签。

下列两种情况，不需要粘贴锂电池标记：

第一种情况：含有安装在设备中的纽扣电池（包括电路板）的包装件；

第二种情况：一票货物只有两件或两件以下的包装件，并且每一包装件中安装在设备里的锂离子电池芯不超过 4 个，或者锂离子电池不超过两块。

一票货物可以是主运单项下的货物也可以是分运单项下的货物。

注：不需要粘贴锂电池标记的货物，也不需要在货运单上标注"Lithium ion batteries in compliance with Section Ⅱ of PI967"字样。

集合包装内可以含有危险品或非危险品，但要保证包装件中的不同物质不发生危险反应。

某些安装有锂电池的设备，如射频识别装置、手表、温度计等，不会产生危险热量，可以在运输中启动。但这些设备必须符合电磁辐射的标准，不会妨害飞机系统。这些设备在运输中一定不能发出干扰信号，（如蜂鸣报警器、闪光灯等）。

2）安装在设备中的锂离子电池（第 Ⅰ 部分）

当超过 PI967 第 Ⅱ 部分锂离子电池芯或电池的允许量时，按照 PI967 第 Ⅰ 部分运输。

锂离子电池芯额定能量超过了 20 Wh，锂电池额定能量超过了 100 Wh，就要完全按照 9 类危险品运输品运输。

含有锂离子电池芯和锂离子电池的设备，必须装于坚固的外包装内，或者设备自身可以为电池芯或电池提供同等保护。

每一包装件的最大净数量：客货机上运输不能超过 5 kg，仅限货机上运输不能超过 35 kg。

托运人需填写托运人危险品申报单，向承运人进行申报。

外包装上必须粘贴 9 类锂电池危险性标签。

交付运输的安装在设备中的锂离子或聚合物电池（芯）都要符合的一般要求：

（1）生产厂家认为存在安全缺陷或已损坏，有放热、短路等危险的电池禁止运输。

（2）电池芯或电池必须防止短路。包括同一包装件内可能引起短路的导电材料的保护措施。

（3）设备必须具备防意外启动的有效措施。

（4）安装锂电池的设备必须使用坚固的外包装。

（5）安装锂电池的设备必须防止在外包装内移动和意外启动。

三、锂金属电池

1. 锂金属电池分类

第一种情况：一个包装件内均为锂金属电池或电池芯（简称"纯电池"）；

第二种情况：一个包装件内的锂金属电池或电池芯与设备包装在一起（简称"合包"）；

第三种情况：一个包装件内的锂金属电池或电池芯内置于设备内（简称"内装"）。

2. 锂金属电池运输一般要求

锂金属电池运输要求见表 7-5。

表 7-5　锂金属电池运输要求

包装方式	电池单独运输			与设备包装在一起的锂金属电池		安装在设备中的锂金属电池	
包装说明	968IA	968IB	968Ⅱ	969I	969Ⅱ	970I	970Ⅱ
在 DGR3.9.2.6（e）规定的质量体系下制造	√	√	√	√	√	√	√
电池或电芯通过 UN38.3 测试	√	√	√	√	√	√	√
包装件通过 1.2 米跌落试验	×	√	√	×	√	×	√
使用 UN 包装	√	×	×	×	×	√	×
需要填制申报单	√	√	×	√	√	√	×
在货运单品名栏进行申报	×	×	√	√	×	×	√

续表

包装方式	电池单独运输			与设备包装在一起的锂金属电池		安装在设备中的锂金属电池	
包装说明	968IA	968IB	968Ⅱ	969I	969Ⅱ	970I	970Ⅱ
粘贴第 9 类锂电池危险性标签	√	√	×	√	×	√	×
粘贴锂电池标记	×	√	√	×	√	×	√备注 2
每个包装件客货机限量	禁运	禁运	禁运	5 kg	5 kg	5 kg	5 kg
每个包装件仅限货机限量	35 kg	2.5 kg	备注 1	35 kg	5 kg	35 kg	5 kg

备注：

（1）一票货物中 PI968Ⅱ的包装件不能超过 1 件，且需要与其他非限制性物品分开交运。

（2）一票货物不超过 2 件，如果包装件内电芯不超过 4 块，或电池不超过 2 块，可以不粘贴锂电池标记。

（3）按包装说明 968IA 和 968IB 包装的锂电池包装件，必须与第 2 类（1.4S 除外）、第 2.1 项、第 3 类、第 4.1 项和 5.1 项危险品包装件进行隔离。

3. 锂金属或锂合金电池（芯）（PI968）

要求同锂离子电池（PI965），只是锂金属含量限制不同。相同部分略述。

1）PI968 第Ⅱ部分

PI968 第Ⅱ部分应满足的条件，见表 7-6。

表 7-6　PI968 第Ⅱ部分的条件

锂含量（g）	每个包装件内的净数量
电池芯/电池≤0.3 g	净重≤2.5 kg
0.3 g<电池芯≤1 g	≤8 个电池芯
0.3 g<电池≤2 g	≤2 块电池

满足锂电池第Ⅱ部分的锂电池货物，托运人不需要填写托运人危险品申报单（DGD）向承运人申报，但需要在航空货运单（AWB）中进行申报。

在货运单品名栏注明 "Lithium metal batteries in comliance with Section Ⅱ of PI968-Cargo Aircraft Only or CAO" 字样。

2）锂金属电池ⅠB 部分

PI968 IB 的条件，见表 7-7。

表 7-7   PI968 IB 的条件

锂含量（g）	每个包装件内的净数量
电池芯/电池≤0.3 g	净重超过 2.5 kg
0.3 g<电池芯≤1 g	超过 8 个电池芯
0.3 g<电池≤2 g	超过 2 块电池

满足锂电池ⅠB 部分的锂金属电池货物，托运人需要填写托运人危险品申报单（DGD）向承运人进行申报。

在包装件上需要粘贴第 9 类锂电池危险性标签，同时也需要粘贴锂电池标记。

3）锂金属电池ⅠA 部分

当超过 PI968ⅠB 锂金属电池芯或电池的允许量时，按照 PI968ⅠA 部分运输。

锂金属或锂合金电池芯，锂含量超过了 1 g；锂金属或锂合金电池，总锂含量超过了 2 g。

外包装为通过 UN 规格包装等级Ⅱ试验的包装。每个包装件内的锂电池芯或锂电池的净重不超过 35 kg，只能仅限货机运输。

托运人需要填写托运人危险品申报单（DGD）向承运人进行申报。

在包装件上需要粘贴第 9 类锂电池危险性标签和仅限货机操作标签。

4. 和设备包装在一起的锂金属或锂合金的电池芯和电池（PI969）

锂电池芯或电池为运行而提供电源的设备或仪器。

1）PI969 第Ⅱ部分

与设备包装在一起的锂金属或锂合金电池芯锂含量不超过 1 g，电池锂含量不超过 2 g；

锂金属电芯内部充电给锂离子电芯的电池：每个电池芯锂含量不超过 1.5 g，锂离子电池芯额定能量不超过 10 Wh。

电池和电池芯必须单独装在密封的内包装内，然后装于坚固的硬质外包装内。或电池和电池芯必须单独装在密封的内包装内，然后与设备装于坚固的硬质外包装内，设备必须固定防止在外包装内移动，并且有有效防止意外启动的措施。

每一包装中的电池/电池芯数量不能超过设备运行所需数量并外加两个备用电池/电池芯。一组电池或电池芯是运行设备所需的电池或电池芯数量。

外包装必须使用桶、方形桶和箱这三种包装类型，并且，每个包装件必须能承受任何取向的 1.2 m 的跌落试验，而不损坏包装件内的电池或电池芯，并没有改变其中电池的位置以致电池与电池（或电池芯与电池芯）互相接触，没有电池自包装件中漏出。

每个包装件必须粘贴锂电池标记。

如果包装件中既包括含在设备中的锂电池又包括与设备包装在一起的锂电池，这些锂电池芯或电池符合第Ⅱ部分的要求，在保证符合上述对应的包装说明的情况下，包装件内的锂电池总重量不超过 5 公斤。在货运单"Nature and Quantity of Goods（品名和数量）"栏填写"Lithium metal batteries in compliance with Section Ⅱ of PI969（锂金属电池，符合

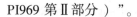

PI969 第Ⅱ部分）"。

在货运单"Nature and Quantity of Goods（品名和数量）"栏填写"Lithium metal batteries in compliance with Section Ⅱ of PI969（锂金属电池，符合 PI969 第Ⅱ部分）"。

每一包装件的锂电池最大净数量：客货机运输：5 kg，仅限货机运输：5 kg。

不需要填写托运人危险品申报单。

2）与设备包装在一起的锂金属电池第Ⅰ部分

当超过 PI969 第Ⅱ部分锂金属电池芯或电池的允许量时，按照 PI969 第Ⅰ部分运输。

锂金属或锂合金电池芯和电池，如果电池芯的锂含量超过 1 g，电池的锂含量超过 2 g，按照 9 类危险品运输品运输。

每一包装中的电池/电池芯数量不能超过设备运行所需数量并外加两个备用电池/电池芯。一组电池或电池芯是运行设备所需的电池或电池芯数量。

单独装在密封的内包装内，然后装于坚固的外包装内，外包装必须符合包装等级Ⅱ级的性能标准。或电池和电池芯必须单独装在密封的内包装内，然后与设备装于坚固的外包装内，内包装必须符合包装等级Ⅱ级的性能标准。

设备必须固定防止在外包装内移动，并且有有效防止意外启动的措施。

在客机上运输时，必须使用坚固的金属中间包装或金属外包装。电池或电池芯使用不燃烧不导电的衬垫物包裹后放入金属的中间包装或金属外包装内。如果不能满足上述条件，包装必须粘贴"仅限货机"标签并且在托运人危险品申报单上注明"仅限货机"。

每一包装件的最大净数量：客货机运输：5 kg，仅限货机运输：35 kg。

外包装粘贴 9 类锂电池危险性标签。

5. 安装在设备中的锂金属或锂合金的电池芯和电池（PI970）

锂电池芯或电池为运行而提供电源的设备或仪器。

1）按照 PI970 第Ⅱ部分运输的锂金属电池

锂金属或锂合金电池/芯，电池芯锂金属含量不超过 1 g，电池锂金属含量不超过 2 g；锂金属电芯内部充电给锂离子电芯的电池：每个电池芯锂含量不超过 1.5 g，锂离子电池芯额定能量不超过 10 Wh。

一些设备如射频识别装置、手表、温度计等不会产生危险热量，可以在运输中启动。但这些设备必须符合电磁辐射的标准，不会妨害飞机系统。这些设备在运输中一定不能发出干扰信号（如蜂鸣报警器、闪光灯等）。

设备必须装于坚固的外包装内，外包装要容量充足或使用强度适合的材料制成；或者设备自身可以为电池芯或电池提供同等保护。

外包装必须使用桶、方形桶和箱这三种包装类型。

每个包装件必须粘贴锂电池标记，但下述情况除外：

A：含有安装在设备中的纽扣电池（包括电路板）的包装件；

B：一票货物只有两件或两件以下的包装件，并且每一包装件中安装在设备里的锂金属电池芯不多于 4 个，或者锂金属电池不多于 2 个。这里的一票货物可以是主运单项下的货物也可以是分运单项下的货物。

不粘贴锂电池标记的货物，不需要在货运单上标注"Lithium metal batteries in compliance with Section Ⅱ of PI970"字样。

在客货机上运输的锂金属电池/芯的净数量为 5 kg，在货机上运输锂金属电池/芯的净数量为 5 kg。

不要需提供托运人危险品申报单。

2) 安装在设备中的锂金属电池第Ⅰ部分

当超过 PI967 第Ⅱ部分锂金属电池芯或电池的允许量时，按照 PI967 第Ⅰ部分运输。

安装在设备中的锂金属或锂合金电池芯和电池，如果电池芯的锂含量超过 1 g，电池的锂含量超过 2 g，按照 9 类危险品运输品运输。

设备必须装于坚固的硬质外包装内，外包装要容量充足或使用强度适合的材料制成；或者设备自身可以为电池芯或电池提供同等保护。

设备中安装的每一块电池芯的锂金属含量不能超过 12 g，每一块电池中的锂金属含量不能超过 500 g。

每一包装件的最大净数量：客货机运输：5 kg，仅限货机运输：35 kg。

外包装粘贴 9 类锂电池危险性标签。

图 7.4 UN3481 包装件标记样例

四、锂电池标记

在满足包装说明 965～970 第Ⅱ部分和包装说明 965IB 和 968IB 的锂电池货物包装上，应粘贴锂电池标记。

第一行横线处填写锂电池货物 UN 编号，第二行横线处填写应急电话。填写字体至少高 12 mm。

如图 7.4 所示。

五、锂电池第Ⅱ部分货运单的填写

锂电池第Ⅱ部分货运单的填写样例如图 7.5 所示。

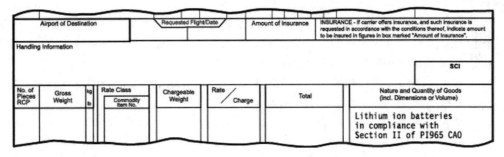

图 7.5 PI9655 第Ⅱ部分填写样例

第三节　锂电池应急措施

一、锂电池机上应急指南

参照中国民用航空局运输司管理文件《锂电池机上应急处置指南》（MD-TR-2017-01）实施。

二、锂离子电池地面事故应急指南

此应急指南摘自北美版应急指南（ERG），在此仅作参考，实际应急操作时应服从当地应急指挥部门的要求。

指南卡 147 内容节选如下：

1. 潜在危险

1）火灾或爆炸

（1）锂离子电池如果损坏或处理不当（物理损伤或电荷过载），其中的易燃液态电解质可能会泄漏、燃烧，而且在温度高于 150℃时会产生火花。

（2）该类物质可能闪燃。

（3）可能会引燃邻近的其他电池。

2）健康

（1）电池的电解液会刺激皮肤、眼睛和体内黏膜。

（2）燃烧可产生刺激性、腐蚀性和/或有毒的气体。

（3）电池燃烧后可能产生有毒的氟化氢气体。

（4）烟气可能导致头晕或窒息。

2. 公众安全

（1）首先拨打货运单或随附应急文件上应急处置电话，如果无法获得电话或无人接听，可以拨打当地应急机构的救援电话。

（2）立即向泄漏区四周至少隔离 25 米。

（3）撤离无关人员。

（4）停留在上风向。

（5）进入密闭空间前必须通风，但必须经过适当的训练和装备。

（6）穿戴防护服，佩戴正压呼吸器。

3. 应急措施

1）火灾

小火：
用干式化学剂、二氧化碳、水或通用泡沫灭火剂。

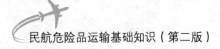
大火：

（1）使用水幕、水雾或通用泡沫灭火剂。

（2）在确保安全的情况下，把容器运出火灾现场。

2）泄漏

（1）消除所有点火源（泄漏区附近，严禁吸烟、火花或任何形式的明火）。

（2）不要接触或穿越泄漏区。

（3）用土、沙或其他不易燃物质吸收泄漏物。

（4）泄漏的电池盒收集泄漏物的材料需要存放在金属容器中。

3）急救

（1）将患者移到空气新鲜处。

（2）呼叫 120 或者其他急救医疗服务中心。

（3）如果患者停止呼吸，应实施人工呼吸。

（4）如果出现呼吸困难要进行吸氧。

（5）脱去并隔离受污染的衣服和鞋子。

（6）若皮肤或眼睛不慎接触到该类物质，要立即用自来水冲洗至少 20 分钟。

（7）确保医护人员知道事故中涉及的有关物质，并采取自我防护措施

二、锂金属电池地面事故应急指南

锂金属电池的应急参照遇湿释放易燃气体危险品的应急措施。

指南卡 138 内容节选如下：

1. 潜在危险性

1）火灾或爆炸

（1）与水接触后可产生易燃气体。

（2）与水或潮湿空气接触可点燃该类物质。

（3）有些物质遇水发生剧烈或爆炸性反应。

（4）受热、火花或明火可引起燃烧。

（5）熄灭后该类物质可复燃。

（6）有些物质按高度易燃的液体进行运输。

（7）泄漏可引起燃烧和（或）爆炸的危险。

2）健康

（1）吸入或接触该类物质的蒸气或分解产物可引起严重伤害甚至死亡。

（2）该类物质与水接触可形成腐蚀性液体。

（3）燃烧可产生刺激性、腐蚀性或有毒的气体。

（4）灭火用水的排放可能造成污染。

2. 公众安全

（1）首先拨打货运单或随附应急文件上应急处置电话，如果无法获得电话或无人接

听，可以拨打当地应急机构的救援电话。

（2）该类液体泄漏后，立即向泄漏区四周至少隔离 50 米；该类固体物质泄漏后，立即向泄漏区四周至少隔离 25 米。

（3）撤离无关人员。

（4）停留在上风向。

（5）进入密闭空间前必须先进行通风。

3. 应急措施

1）火灾

切记不要用水或泡沫灭火。

小火：

用干式化学灭火剂、苏打粉、石灰或沙子灭火。

大火：

（1）用干沙子、干式化学剂、水苏打粉、石灰或沙子灭火。或者，撤离燃烧现场让其自行熄灭。

（2）在确保安全的情况下，可从火灾区运走盛有该类物质的容器。

金属或粉末着火（铝、锂、镁等）。

（3）用干式化学灭火剂、干沙、食盐粉、石墨粉、或 Met-L-X 粉®。对于锂着火，可以使用 Lith-X 粉®或铜粉。

2）急救

（1）将患者移到空气新鲜处。

（2）呼叫 120 或者其他急救医疗服务中心。

（3）如果患者停止呼吸，应实施人工呼吸。

（4）如果出现呼吸困难要进行吸氧。

（5）脱去并隔离受污染的衣服和鞋子。

（6）若皮肤或眼睛不慎接触到该类物质，要立即用自来水冲洗至少 20 分钟。

（7）保持患者温暖和安静。

（8）确保医护人员知道事故中涉及的有关物质，并采取自我防护措施。

章节练习题

1. 锂电池的主要危险性＿＿＿＿＿＿＿＿＿＿＿＿＿＿＿＿＿＿＿＿＿＿＿＿＿＿。

2. 电池芯是由一个正极和一个负极组成且两个电极之间有电位差的＿＿＿＿＿＿装置。

3. 当锂离子电池瓦特小时率不超 100 Wh 时，可以按照＿＿＿＿＿＿＿＿进行运输，但也要满足 DGR6.2.3 表中所列的要求。

4. ＿＿＿＿＿＿＿＿＿＿和＿＿＿＿＿＿＿＿＿＿必须单独装在密封的内包装内，然后装在坚固的硬质外包装内，并能通过 1.2 米跌落试验。

5. 每个包装件内的锂电池芯或锂电池的净重不超过＿＿＿＿＿＿＿公斤，只能仅限货机。

附录 A 危险品表节选

4.2 List of Dangerous Goods

UN/ ID no.	Proper Shipping Name/Description	Class or Div. (Sub Hazard)	Hazard Label(s)	PG	EQ see 2.6	Passenger and Cargo Aircraft Ltd Qty		Passenger and Cargo Aircraft		Cargo Aircraft Only		S.P. see 4.4	ERG Code
						Pkg Inst	Max Net Qty/Pkg	Pkg Inst	Max Net Qty/Pkg	Pkg Inst	Max Net Qty/Pkg		
A	B	C	D	E	F	G	H	I	J	K	L	M	N
	Accellerene, see p-Nitrosodimethylaniline (UN 1369)												
	Accumulators, electric, see Batteries, wet, filled with acid † (UN 2794) or Batteries, wet, filled with alkali † (UN 2795) or Batteries, wet, non-spillable † (UN 2800)												
	Accumulators, pressurized, hydraulic (containing non-flammable gas), see Articles, pressurized, hydraulic (UN 3164)												
	Accumulators, pressurized, pneumatic (containing non-flammable gas), see Articles, pressurized, pneumatic (UN 3164)												
1088	Acetal	3	Flamm. liquid	II	E2	Y341	1 L	353	5 L	364	60 L		3H
1089	Acetaldehyde	3	Flamm. liquid	I	E0	Forbidden		Forbidden		361	30 L	A1	3H
1841	Acetaldehyde ammonia	9	Miscellaneous	III	E1	Forbidden		956	200 kg	956	200 kg		9L
2332	Acetaldehyde oxime	3	Flamm. liquid	III	E1	Y344	10 L	355	60 L	366	220 L		3L
2789	Acetic acid, glacial	8 (3)	Corrosive & Flamm. liquid	II	E2	Y840	0.5 L	851	1 L	855	30 L		8F
2790	Acetic acid solution more than 10% but less than 50% acid, by weight	8	Corrosive	III	E1	Y841	1 L	852	5 L	856	60 L	A803	8L
2789	Acetic acid solution more than 80% acid, by weight	8 (3)	Corrosive & Flamm. liquid	II	E2	Y840	0.5 L	851	1 L	855	30 L		8F
2790	Acetic acid solution not less than 50% but not more than 80% acid, by weight	8	Corrosive	II	E2	Y840	0.5 L	851	1 L	855	30 L		8L
1715	Acetic anhydride	8 (3)	Corrosive & Flamm. liquid	II	E2	Y840	0.5 L	851	1 L	855	30 L		8F
	Acetic oxide, see Acetic anhydride (UN 1715)												
	Acetoin, see Acetyl methyl carbinol (UN 2621)												
1090	Acetone	3	Flamm. liquid	II	E2	Y341	1 L	353	5 L	364	60 L		3H
1541	Acetone cyanohydrin, stabilized	6.1				Forbidden		Forbidden		Forbidden		A2	6L
1091	Acetone oils	3	Flamm. liquid	II	E2	Y341	1 L	353	5 L	364	60 L		3L
1648	Acetonitrile	3	Flamm. liquid	II	E2	Y341	1 L	353	5 L	364	60 L		3L
1716	Acetyl bromide	8	Corrosive	II	E2	Y840	0.5 L	851	1 L	855	30 L		8L
1717	Acetyl chloride	3 (8)	Flamm. liquid & Corrosive	II	E2	Y340	0.5 L	352	1 L	363	5 L		3C
	Acetyl cyclohexanesulphonyl peroxide, more than 82%, wetted with less than 12% water					Forbidden		Forbidden		Forbidden			
	Acetylene dichloride, see 1,2-Dichloroethylene (UN 1150)												
1001	Acetylene, dissolved	2.1	Flamm. gas		E0	Forbidden		Forbidden		200	15 kg	A1	10L
	Acetylene (liquefied)					Forbidden		Forbidden		Forbidden			
	Acetylene silver nitrate					Forbidden		Forbidden		Forbidden			
3374	Acetylene, solvent free	2.1	Flamm. gas		E0	Forbidden		Forbidden		200	15 kg	A1	10L
	Acetylene tetrabromide, see Tetrabromoethane (UN 2504)												

UN/ ID no.	Proper Shipping Name/Description	Class or Div. (Sub Hazard)	Hazard Label(s)	PG	EQ see 2.6	Passenger and Cargo Aircraft Ltd Qty Pkg Inst	Passenger and Cargo Aircraft Max Net Qty/Pkg	Pkg Inst	Max Net Qty/Pkg	Cargo Aircraft Only Pkg Inst	Cargo Aircraft Only Max Net Qty/Pkg	S.P. see 4.4	ERG Code
A	B	C	D	E	F	G	H	I	J	K	L	M	N
	Acetylene tetrachloride, see 1,1,2,2-Tetrachloroethane (UN 1702)												
1898	Acetyl iodide	8	Corrosive	II	E2	Y840	0.5 L	851	1 L	855	30 L		8L
2621	Acetyl methyl carbinol	3	Flamm. liquid	III	E1	Y344	10 L	355	60 L	366	220 L		3L
	Acetyl oxide, see Acetic anhydride (UN 1715)												
	Acid butyl phosphate, see Butyl acid phosphate (UN 1718)												
	Acid, liquid, n.o.s., see Corrosive liquid, acidic, inorganic, n.o.s. ★ (UN 3264) or Corrosive liquid, acidic, organic, n.o.s. ★ (UN 3265)												
	Acid mixture, hydrofluoric and sulphuric, see Hydrofluoric acid and sulphuric acid mixture (UN 1786)												
	Acid mixture, nitrating acid, see Nitrating acid mixture † (UN 1796)												
	Acid mixture, spent, nitrating acid, see Nitrating acid mixture, spent (UN 1826)												
	Acid, picric, see Picric acid (UN 0154) or Trinitrophenol (UN 0154)												
	Acid potassium sulphate, see Potassium hydrogen sulphate (UN 2509)												
	Acid, sludge, see Sludge acid † (UN 1906)												
	Acraldehyde, stabilized, see Acrolein, stabilized (UN 1092)												
2713	Acridine	6.1	Toxic	III	E1	Y645	10 kg	670	100 kg	677	200 kg		6L
2607	Acrolein dimer, stabilized	3	Flamm. liquid	III	E1	Y344	10 L	355	60 L	366	220 L	A209	3L
	Acrolein dimer, unstabilized					Forbidden		Forbidden		Forbidden			
1092	Acrolein, stabilized	6.1 (3)				Forbidden		Forbidden		Forbidden		A209	6H
	Acrolein, unstabilized					Forbidden		Forbidden		Forbidden			
2074	Acrylamide, solid	6.1	Toxic	III	E1	Y645	10 kg	670	100 kg	677	200 kg		6L
3426	Acrylamide solution	6.1	Toxic	III	E1	Y642	2 L	655	60 L	663	220 L	A3	6L
2218	Acrylic acid, stabilized	8 (3)	Corrosive & Flamm. liquid	II	E2	Y840	0.5 L	851	1 L	855	30 L	A209	8F
	Acrylic acid, unstabilized					Forbidden		Forbidden		Forbidden			
1093	Acrylonitrile, stabilized	3 (6.1)	Flamm. liquid & Toxic	I	E0	Forbidden		Forbidden		361	30 L	A209	3P
	Acrylonitrile, unstabilized					Forbidden		Forbidden		Forbidden			
	Actinolite, see Asbestos amphibole † (UN 2212)												
	Activated carbon, see Carbon, activated (UN 1362)												
	Activated charcoal, see Carbon, activated (UN 1362)												
	Actuating cartridge, explosive, see Cartridges, power device † (UN 0275, UN 0276, UN 0323, UN 0381)												
1133	Adhesives containing flammable liquid	3	Flamm. liquid	I	E3	Forbidden		351	1 L	361	30 L	A3	3L
				II	E2	Y341	1 L	353	5 L	364	60 L		3L
				III	E1	Y344	10 L	355	60 L	366	220 L		3L
2205	Adiponitrile	6.1	Toxic	III	E1	Y642	2 L	655	60 L	663	220 L		6L

UN/ ID no.	Proper Shipping Name/Description	Class or Div. (Sub Hazard)	Hazard Label(s)	PG	EQ see 2.6	Passenger and Cargo Aircraft				Cargo Aircraft Only		S.P. see 4.4	ERG Code
						Ltd Qty							
						Pkg Inst	Max Net Qty/Pkg	Pkg Inst	Max Net Qty/Pkg	Pkg Inst	Max Net Qty/Pkg		
A	B	C	D	E	F	G	H	I	J	K	L	M	N
3511	Adsorbed gas, n.o.s. ★	2.2	Non-flamm. gas		E0	Forbidden		219	75 kg	219	150 kg		2L
3510	Adsorbed gas, flammable, n.o.s. ★	2.1	Flamm. gas		E0	Forbidden		Forbidden		219	150 kg		10L
3513	Adsorbed gas, oxidizing, n.o.s. ★	2.2 (5.1)	Non-flamm. gas & Oxidizer		E0	Forbidden		219	75 kg	219	150 kg		2X
3512	Adsorbed gas, toxic, n.o.s. ★	2.3			E0	Forbidden		Forbidden		Forbidden		A2	2P
3516	Adsorbed gas, toxic, corrosive, n.o.s. ★	2.3 (8)			E0	Forbidden		Forbidden		Forbidden		A2	2CP
3514	Adsorbed gas, toxic, flammable, n.o.s. ★	2.3 (2.1)			E0	Forbidden		Forbidden		Forbidden		A2	10P
3517	Adsorbed gas, toxic, flammable, corrosive, n.o.s. ★	2.3 (2.1, 8)			E0	Forbidden		Forbidden		Forbidden		A2	10C
3515	Adsorbed gas, toxic, oxidizing, n.o.s. ★	2.3 (5.1)			E0	Forbidden		Forbidden		Forbidden		A2	2PX
3518	Adsorbed gas, toxic, oxidizing, corrosive, n.o.s. ★	2.3 (5.1, 8)			E0	Forbidden		Forbidden		Forbidden		A2	2PX
	Aeroplane flares, see Flares, aerial † (UN 0093, UN 0403, UN 0404, UN 0420, UN 0421)												
☞ 1950	Aerosols, flammable	2.1	Flamm. gas		E0	Y203	30 kg G	203	75 kg	203	150 kg	A145 A167 A802	10L
☞	Aerosols, flammable, containing substances in Class 8, Packing Group I					Forbidden		Forbidden		Forbidden			
☞ 1950	Aerosols, flammable, containing substances in Class 8, Packing Group II	2.1 (8)				Forbidden		Forbidden		Forbidden			10C
☞ 1950	Aerosols, flammable, containing substances in Class 8, Packing Group III	2.1 (8)	Flamm. gas & Corrosive		E0	Y203	30 kg G	203	75 kg	203	150 kg	A145 A167 A802	10C
☞	Aerosols, flammable, containing substances in Division 6.1, Packing Group I					Forbidden		Forbidden		Forbidden			
☞ 1950	Aerosols, flammable, containing substances in Division 6.1, Packing Group II	2.1 (6.1)				Forbidden		Forbidden		Forbidden			10P
☞ 1950	Aerosols, flammable, containing substances in Division 6.1, Packing Group III	2.1 (6.1)	Flamm. gas & Toxic		E0	Y203	30 kg G	203	75 kg	203	150 kg	A145 A167 A802	10P
☞ 1950	Aerosols, flammable, containing substances in Division 6.1, Packing Group III and substances in Class 8, Packing Group III	2.1 (6.1, 8)	Flamm. gas & Toxic & Corrosive		E0	Y203	30 kg G	203	75 kg	203	150 kg	A145 A167 A802	10C
☞ 1950	Aerosols, flammable, containing toxic gas	2.3 (2.1)				Forbidden		Forbidden		Forbidden			10P
☞ 1950	Aerosols, flammable (engine starting fluid)	2.1	Flamm. gas		E0	Forbidden		Forbidden		203	150 kg	A1 A145 A167 A802	10L
☞ 1950	Aerosols, non-flammable	2.2	Non-flamm. gas		E0	Y203	30 kg G	203	75 kg	203	150 kg	A98 A145 A167 A802	2L
☞ 1950	Aerosols, non-flammable (containing biological products or a medicinal preparation which will be deteriorated by a heat test)	2.2	Non-flamm. gas		E0	Y203	30 kg G	203	75 kg	203	150 kg	A98 A145 A167 A802	2L
☞ 1950	Aerosols, non-flammable (tear gas devices)	2.2 (6.1)	Non-flamm. gas & Toxic		E0	Forbidden		Forbidden		203	50 kg	A1 A145 A167 A802	2P

UN/ID no.	Proper Shipping Name/Description	Class or Div. (Sub Hazard)	Hazard Label(s)	PG	EQ see 2.6	Passenger and Cargo Aircraft Ltd Qty		Passenger and Cargo Aircraft		Cargo Aircraft Only		S.P. see 4.4	ERG Code
						Pkg Inst	Max Net Qty/Pkg	Pkg Inst	Max Net Qty/Pkg	Pkg Inst	Max Net Qty/Pkg		
A	B	C	D	E	F	G	H	I	J	K	L	M	N
	Aerosols, non-flammable, containing substances in Class 8, Packing Group I					Forbidden		Forbidden		Forbidden			
1950	Aerosols, non-flammable, containing substances in Class 8, Packing Group II	2.2 (8)				Forbidden		Forbidden		Forbidden			2C
1950	Aerosols, non-flammable, containing substances in Class 8, Packing Group III	2.2 (8)	Non-flamm. gas & Corrosive		E0	Y203	30 kg G	203	75 kg	203	150 kg	A145 A167 A802	2C
	Aerosols, non-flammable, containing substances in Division 6.1, Packing Group I					Forbidden		Forbidden		Forbidden			
1950	Aerosols, non-flammable, containing substances in Division 6.1, Packing Group II	2.2 (6.1)				Forbidden		Forbidden		Forbidden			2P
1950	Aerosols, non-flammable, containing substances in Division 6.1, Packing Group III	2.2 (6.1)	Non-flamm. gas & Toxic		E0	Y203	30 kg G	203	75 kg	203	150 kg	A145 A167 A802	2P
1950	Aerosols, non-flammable, containing substances in Division 6.1, Packing Group III and substances in Class 8, Packing Group III	2.2 (6.1, 8)	Non-flamm. gas & Toxic & Corrosive		E0	Y203	30 kg G	203	75 kg	203	150 kg	A145 A167 A802	2CP
1950	Aerosols, non-flammable, containing toxic gas	2.3				Forbidden		Forbidden		Forbidden			2P
1950	Aerosols, non-flammable, oxidizing	2.2 (5.1)	Non-flamm. gas & Oxidizer		E0	Forbidden		203	75 kg	203	150 kg	A145 A167 A802	2X
0331	Agent, blasting type B †	1.5D				Forbidden		Forbidden		Forbidden			1L
0332	Agent, blasting type E †	1.5D				Forbidden		Forbidden		Forbidden			1L
	Air bag inflators, see Safety devices, pyrotechnic † (UN 0503) or Safety devices † (UN 3268)												
	Air bag modules, see Safety devices, pyrotechnic † (UN 0503) or Safety devices † (UN 3268)												
1002	Air, compressed	2.2	Non-flamm. gas		E1	Forbidden		200	75 kg	200	150 kg	A302	2L
	Aircraft, see Vehicle, flammable gas powered (UN 3166) or Vehicle, flammable liquid powered (UN 3166)												
	Aircraft engines (including turbines), see Engine, internal combustion, flammable liquid powered † (UN 3528) or Engine, internal combustion, flammable gas powered † (UN 3529) or Engine, internal combustion (UN 3530)												
	Aircraft evacuation slides, see Life-saving appliances, self-inflating (UN 2990)												
3165	Aircraft hydraulic power unit fuel tank (containing a mixture of anhydrous hydrazine and methyl hydrazine) (M86 fuel)	3 (6.1, 8)	Flamm. liquid & Toxic & Corrosive	I	E0	Forbidden		Forbidden		372	42 L	A1 A48	3CP
	Aircraft survival kits, see Life-saving appliances, self-inflating (UN 2990) or Life-saving appliances, not self-inflating (UN 3072)												
1003	Air, refrigerated liquid	2.2 (5.1)	Non-flamm. gas & Oxidizer & Cryogenic liquid		E0	Forbidden		Forbidden		202	150 kg	A1	2X
3274	Alcoholates solution, n.o.s. ★ in alcohol	3 (8)	Flamm. liquid & Corrosive	II	E2	Y340	0.5 L	352	1 L	363	5 L		3C
	Alcohol, denatured, see Alcohols, flammable, toxic, n.o.s. ★ (UN 1986) or Alcohols, n.o.s. ★ (UN 1987)												
3065	Alcoholic beverages containing 70% or less but more than 24% of alcohol by volume, in receptacles, each having capacities of more than 5 Litres	3	Flamm. liquid	III	E1	Y344	10 L	355	60 L	366	220 L	A9 A58	3L

UN/ID no.	Proper Shipping Name/Description	Class or Div. (Sub Hazard)	Hazard Label(s)	PG	EQ see 2.6	Passenger and Cargo Aircraft — Ltd Qty		Passenger and Cargo Aircraft		Cargo Aircraft Only		S.P. see 4.4	ERG Code
						Pkg Inst	Max Net Qty/Pkg	Pkg Inst	Max Net Qty/Pkg	Pkg Inst	Max Net Qty/Pkg		
A	B	C	D	E	F	G	H	I	J	K	L	M	N
3065	Alcoholic beverages containing more than 70% alcohol by volume	3	Flamm. liquid	II	E2	Y341	1 L	353	5 L	364	60 L		3L
	Alcoholic beverages, containing 24% or less alcohol by volume					Not Restricted		Not Restricted		Not Restricted			
	Alcohol, industrial, see Alcohols, flammable, toxic, n.o.s. ★ (UN 1986) or Alcohols, n.o.s. ★ (UN 1987)												
1987	Alcohols, n.o.s. ★	3	Flamm. liquid	II	E2	Y341	1 L	353	5 L	364	60 L	A3	3L
				III	E1	Y344	10 L	355	60 L	366	220 L	A180	3L
1986	Alcohols, flammable, toxic, n.o.s. ★	3 (6.1)	Flamm. liquid & Toxic	I	E0	Forbidden		Forbidden		361	30 L	A3	3HP
				II	E2	Y341	1 L	352	1 L	364	60 L		3HP
				III	E1	Y343	2 L	355	60 L	366	220 L		3P
	Aldehyde, see Aldehydes, n.o.s. ★ (UN 1989)												
	Aldehyde ammonia, see Acetaldehyde ammonia (UN 1841)												
1989	Aldehydes, n.o.s. ★	3	Flamm. liquid	I	E3	Forbidden		351	1 L	361	30 L	A3	3H
				II	E2	Y341	1 L	353	5 L	364	60 L		3H
				III	E1	Y344	10 L	355	60 L	366	220 L		3L
1988	Aldehydes, flammable, toxic, n.o.s. ★	3 (6.1)	Flamm. liquid & Toxic	I	E0	Forbidden		Forbidden		361	30 L	A3	3HP
				II	E2	Y341	1 L	352	1 L	364	60 L		3HP
				III	E1	Y343	2 L	355	60 L	366	220 L		3P
2839	Aldol	6.1	Toxic	II	E4	Y641	1 L	654	5 L	662	60 L		6L
3206	Alkali metal alcoholates, self-heating, corrosive, n.o.s. ★	4.2 (8)	Spont. comb. & Corrosive	II	E2	Forbidden		466	15 kg	470	50 kg	A3 A84 A803	4C
				III	E1	Forbidden		468	25 kg	471	100 kg		4C
1421	Alkali metal alloy, liquid, n.o.s.	4.3	Dang. when wet	I	E0	Forbidden		Forbidden		480	1 L	A84	4W
1389	Alkali metal amalgam, liquid	4.3	Dang. when wet	I	E0	Forbidden		Forbidden		480	1 L	A84	4W
3401	Alkali metal amalgam, solid	4.3	Dang. when wet	I	E0	Forbidden		Forbidden		487	15 kg	A84	4W
1390	Alkali metal amides	4.3	Dang. when wet	II	E2	Y475	5 kg	483	15 kg	489	50 kg	A84	4W
1391	Alkali metal dispersion	4.3	Dang. when wet	I	E0	Forbidden		Forbidden		480	1 L	A84	4W
3482	Alkali metal dispersion, flammable	4.3 (3)	Dang. when wet & Flamm. liquid	I	E0	Forbidden		Forbidden		480	1 L	A84	4W
	Alkaline corrosive battery fluid, see Battery fluid, alkali (UN 2797)												
	Alkaline corrosive liquid, n.o.s., see Caustic alkali liquid, n.o.s. ★ (UN 1719)												
	Alkaline corrosive solid, n.o.s., see Corrosive solid, basic, inorganic, n.o.s. ★ (UN 3262) or Corrosive solid, basic, organic, n.o.s. ★ (UN 3263)												
3205	Alkaline earth metal alcoholates, n.o.s. ★	4.2	Spont. comb.	II	E2	Forbidden		467	15 kg	470	50 kg	A3 A85 A803	4L
				III	E1	Forbidden		469	25 kg	471	100 kg		4L
1393	Alkaline earth metal alloy, n.o.s.	4.3	Dang. when wet	II	E2	Y475	5 kg	484	15 kg	490	50 kg	A85	4W
1392	Alkaline earth metal amalgam, liquid	4.3	Dang. when wet	I	E0	Forbidden		Forbidden		480	1 L	A85	4W
3402	Alkaline earth metal amalgam, solid	4.3	Dang. when wet	I	E0	Forbidden		Forbidden		487	15 kg	A85	4W
1391	Alkaline earth metal dispersion	4.3	Dang. when wet	I	E0	Forbidden		Forbidden		480	1 L	A85	4W
3482	Alkaline earth metal dispersion, flammable	4.3 (3)	Dang. when wet & Flamm. liquid	I	E0	Forbidden		Forbidden		480	1 L	A85	4W

UN/ ID no.	Proper Shipping Name/Description	Class or Div. (Sub Hazard)	Hazard Label(s)	PG	EQ see 2.6	Passenger and Cargo Aircraft				Cargo Aircraft Only		S.P. see 4.4	ERG Code
						Ltd Qty							
						Pkg Inst	Max Net Qty/Pkg	Pkg Inst	Max Net Qty/Pkg	Pkg Inst	Max Net Qty/Pkg		
A	B	C	D	E	F	G	H	I	J	K	L	M	N
	Ballistite, see Powder, smokeless † (UN 0160, UN 0161)												
	Bangalore torpedoes, see Mines † (UN 0136, UN 0137, UN 0138, UN 0294)												
1400	Barium	4.3	Dang. when wet	II	E2	Y475	5 kg	484	15 kg	490	50 kg		4W
	Barium alloys, see Alkaline earth metal alloy, n.o.s. (UN 1393)												
1854	Barium alloys, pyrophoric	4.2				Forbidden		Forbidden		Forbidden			4W
0224	Barium azide dry or wetted with less than 50% water, by weight	1.1A (6.1)				Forbidden		Forbidden		Forbidden			1P
1571	Barium azide, wetted with 50% or more water, by weight	4.1 (6.1)	Flamm. solid & Toxic	I	E0	Forbidden		Forbidden		451	0.5 kg	A40	3EP
	Barium binoxide, see Barium peroxide (UN 1449)												
2719	Barium bromate	5.1 (6.1)	Oxidizer & Toxic	II	E2	Y543	1 kg	558	5 kg	562	25 kg		5P
1445	Barium chlorate, solid	5.1 (6.1)	Oxidizer & Toxic	II	E2	Y543	1 kg	558	5 kg	562	25 kg		5P
3405	Barium chlorate solution	5.1 (6.1)	Oxidizer & Toxic	II III	E2 E1	Y540 Y541	0.5 L 1 L	550 551	1 L 2.5 L	554 555	5 L 30 L	A3 A803	5P 5P
1564	Barium compound, n.o.s. ★	6.1	Toxic	II III	E4 E1	Y644 Y645	1 kg 10 kg	669 670	25 kg 100 kg	676 677	100 kg 200 kg	A3 A82	6L 6L
1565	Barium cyanide	6.1	Toxic	I	E5	Forbidden		666	5 kg	673	50 kg		6L
	Barium dioxide, see Barium peroxide (UN 1449)												
2741	Barium hypochlorite with more than 22% available chlorine	5.1 (6.1)	Oxidizer & Toxic	II	E2	Y543	1 kg	558	5 kg	562	25 kg		5P
1446	Barium nitrate	5.1 (6.1)	Oxidizer & Toxic	II	E2	Y543	1 kg	558	5 kg	562	25 kg		5P
1884	Barium oxide	6.1	Toxic	III	E1	Y645	10 kg	670	100 kg	677	200 kg		6L
1447	Barium perchlorate, solid	5.1 (6.1)	Oxidizer & Toxic	II	E2	Y543	1 kg	558	5 kg	562	25 kg		5P
3406	Barium perchlorate solution	5.1 (6.1)	Oxidizer & Toxic	II III	E2 E1	Y540 Y541	0.5 L 1 L	550 551	1 L 2.5 L	554 555	5 L 30 L	A3 A803	5P 5P
1448	Barium permanganate	5.1 (6.1)	Oxidizer & Toxic	II	E2	Y543	1 kg	558	5 kg	562	25 kg		5P
1449	Barium peroxide	5.1 (6.1)	Oxidizer & Toxic	II	E2	Y543	1 kg	558	5 kg	562	25 kg		5P
	Barium selenate, see Selenates ★ (UN 2630)												
	Barium selenite, see Selenites ★ (UN 2630)												
	Barium sulphate					Not Restricted		Not Restricted		Not Restricted			
	Barium superoxide, see Barium peroxide (UN 1449)												
3292	Batteries, containing sodium †	4.3	Dang. when wet		E0	Forbidden		Forbidden		492	No limit	A94 A183	4W
	Batteries, dry †					Not Restricted		Not Restricted		Not Restricted		A123	

UN/ID no.	Proper Shipping Name/Description	Class or Div. (Sub Hazard)	Hazard Label(s)	PG	EQ see 2.6	Passenger and Cargo Aircraft Ltd Qty Pkg Inst	Max Net Qty/Pkg	Passenger and Cargo Aircraft Pkg Inst	Max Net Qty/Pkg	Cargo Aircraft Only Pkg Inst	Max Net Qty/Pkg	S.P. see 4.4	ERG Code
A	B	C	D	E	F	G	H	I	J	K	L	M	N
3028	Batteries, dry, containing potassium hydroxide, solid † electric storage	8	Corrosive		E0	Forbidden		871	25 kg	871	230 kg	A183 A184 A802	8L
	Batteries, lithium, see Lithium metal batteries † (UN 3090) or Lithium ion batteries † (UN 3480)												
3496	Batteries, nickel-metal hydride	9				Forbidden		See A199		See A199		A199	9L
2794	Batteries, wet, filled with acid † electric storage	8	Corrosive		E0	Forbidden		870	30 kg	870	No limit	A51 A164 A183 A802	8L
2795	Batteries, wet, filled with alkali † electric storage	8	Corrosive		E0	Forbidden		870	30 kg	870	No limit	A51 A164 A183 A802	8L
2800	Batteries, wet, non-spillable † electric storage	8	Corrosive		E0	Forbidden		872	No limit	872	No limit	A48 A67 A164 A183	8L
	Batteries, wet, without electrolyte, and fully discharged †					Not Restricted		Not Restricted		Not Restricted			
2796	Battery fluid, acid	8	Corrosive	II	E2	Y840	0.5 L	851	1 L	855	30 L		8L
2797	Battery fluid, alkali	8	Corrosive	II	E2	Y840	0.5 L	851	1 L	855	30 L		8L
3171	Battery-powered equipment	9	Miscellaneous		E0	Forbidden		952	No limit	952	No limit	A67 A87 A94 A164 A182 A214	9L
3171	Battery-powered vehicle	9	Miscellaneous		E0	Forbidden		952	No limit	952	No limit	A67 A87 A94 A164 A214	9L
	Benzal chloride, see Benzylidene chloride (UN 1886)												
1990	Benzaldehyde	9	Miscellaneous	III	E1	Y964	30 kg G	964	100 L	964	220 L		9N
1114	Benzene	3	Flamm. liquid	II	E2	Y341	1 L	353	5 L	364	60 L		3H
	Benzene diazonium chloride (dry)					Forbidden		Forbidden		Forbidden			
	Benzene diazonium nitrate (dry)					Forbidden		Forbidden		Forbidden			
	Benzene-1,3-disulphonyl hydrazide, less than 52% as a paste, see Self-reactive solid type D ★ (UN 3226)												
	Benzene-1,3-disulphonyl hydrazide, more than 52% as a paste					Forbidden		Forbidden		Forbidden			
	Benzene phosphorus dichloride, see Phenylphosphorus dichloride (UN 2798)												
	Benzene phosphorus thiodichloride, see Phenylphosphorus thiodichloride (UN 2799)												
2225	Benzenesulphonyl chloride	8	Corrosive	III	E1	Y841	1 L	852	5 L	856	60 L	A803	8L
	Benzenesulphonyl hydrazide, see Self-reactive solid type D ★ (UN 3226)												
	Benzenethiol, see Phenyl mercaptan (UN 2337)												
	Benzene triozonide					Forbidden		Forbidden		Forbidden			

UN/ID no.	Proper Shipping Name/Description	Class or Div. (Sub Hazard)	Hazard Label(s)	PG	Passenger and Cargo Aircraft						Cargo Aircraft Only		S.P. see 4.4	ERG Code
						Ltd Qty								
					EQ see 2.6	Pkg Inst	Max Net Qty/Pkg	Pkg Inst	Max Net Qty/Pkg		Pkg Inst	Max Net Qty/Pkg		
A	B	C	D	E	F	G	H	I	J		K	L	M	N
	Biological products † known or reasonably believed to contain infectious substances and which meet the criteria for inclusion in Category A or Category B and which do not meet the criteria of 3.6.2.3.1(a), see Infectious substance, affecting humans ★ (UN 2814) or Infectious substance, affecting animals ★ (UN 2900) or Biological substance, Category B (UN 3373)													
	Biological products † manufactured and packaged in accordance with the requirements of national governmental health authorities and transported for the purposes of final packaging or distribution, and use for personal health care by medical professionals or individuals.					Not Restricted		Not Restricted			Not Restricted			
3373	Biological substance, Category B	6.2			E0	Forbidden		See 650			See 650			11L
3291	Biomedical waste, n.o.s.	6.2	Infectious subst.		E0	Forbidden		621	No limit		621	No limit	A117	11L
	Biphenyl triozonide					Forbidden		Forbidden			Forbidden			
2782	Bipyridilium pesticide, liquid, flammable, toxic, ★ flash point less than 23°C	3 (6.1)	Flamm. liquid & Toxic	I	E0	Forbidden		Forbidden			361	30 L	A4	3P
				II	E2	Y341	1 L	352	1 L		364	60 L		3P
3016	Bipyridilium pesticide, liquid, toxic ★	6.1	Toxic	I	E5	Forbidden		652	1 L		658	30 L	A3	6L
				II	E4	Y641	1 L	654	5 L		662	60 L	A4	6L
				III	E1	Y642	2 L	655	60 L		663	220 L		6L
3015	Bipyridilium pesticide, liquid, toxic, flammable, ★ flash point 23°C or more	6.1 (3)	Toxic & Flamm. liquid	I	E5	Forbidden		652	1 L		658	30 L	A3	6F
				II	E4	Y641	1 L	654	5 L		662	60 L	A4	6F
				III	E1	Y642	2 L	655	60 L		663	220 L		6F
2781	Bipyridilium pesticide, solid, toxic ★	6.1	Toxic	I	E5	Forbidden		666	5 kg		673	50 kg	A3	6L
				II	E4	Y644	1 kg	669	25 kg		676	100 kg	A5	6L
				III	E1	Y645	10 kg	670	100 kg		677	200 kg		6L
2837	Bisulphates, aqueous solution	8	Corrosive	II	E2	Y840	0.5 L	851	1 L		855	30 L	A3	8L
				III	E1	Y841	1 L	852	5 L		856	60 L	A803	8L
2693	Bisulphites, aqueous solution, n.o.s. ★	8	Corrosive	III	E1	Y841	1 L	852	5 L		856	60 L	A803	8L
0027	Black powder † granular or as a meal	1.1D				Forbidden		Forbidden			Forbidden			1L
0028	Black powder, compressed †	1.1D				Forbidden		Forbidden			Forbidden			1L
0028	Black powder in pellets †	1.1D				Forbidden		Forbidden			Forbidden			1L
	Blasting cap assemblies, see Detonator assemblies, non-electric † (UN 0360, UN 0361, UN 0500)													
	Blasting caps, electric, see Detonators, electric † (UN 0030, UN 0255, UN 0456)													
	Blasting caps, non-electric, see Detonators, non-electric † (UN 0029, UN 0267, UN 0455)													
	Bleach, Bleach liquor, or Bleach solutions, see Hypochlorite solution † (UN 1791)													
	Bleaching powder, see Calcium hypochlorite mixture, dry (UN 1748, UN 2208)													
0034	Bombs † with bursting charge	1.1D				Forbidden		Forbidden			Forbidden			1L
0033	Bombs † with bursting charge	1.1F				Forbidden		Forbidden			Forbidden			1L
0035	Bombs † with bursting charge	1.2D				Forbidden		Forbidden			Forbidden			1L

UN/ID no.	Proper Shipping Name/Description	Class or Div. (Sub Hazard)	Hazard Label(s)	PG	EQ see 2.6	Passenger and Cargo Aircraft Ltd Qty		Passenger and Cargo Aircraft		Cargo Aircraft Only		S.P. see 4.4	ERG Code
						Pkg Inst	Max Net Qty/Pkg	Pkg Inst	Max Net Qty/Pkg	Pkg Inst	Max Net Qty/Pkg		
A	B	C	D	E	F	G	H	I	J	K	L	M	N
	Compound, anti-freeze liquid, see Flammable liquid, n.o.s. ★ (UN 1993)												
	Compound, cleaning liquid, corrosive, see Corrosive liquid, n.o.s. ★ (UN 1760)												
	Compound, cleaning liquid, flammable, see Flammable liquid, n.o.s. ★ (UN 1993)												
	Compound, enamel, see Paint (UN 1263)												
1956	Compressed gas, n.o.s. ★	2.2	Non-flamm. gas		E1	Forbidden		200	75 kg	200	150 kg	A202	2L
	Compressed gas and hexaethyl tetraphosphate mixture, see Hexaethyl tetraphosphate and compressed gas mixture (UN 1612)												
1954	Compressed gas, flammable, n.o.s. ★	2.1	Flamm. gas		E0	Forbidden		Forbidden		200	150 kg	A1 A807	10L
3156	Compressed gas, oxidizing, n.o.s. ★	2.2 (5.1)	Non-flamm. gas & Oxidizer		E0	Forbidden		200	75 kg	200	150 kg		2X
1955	Compressed gas, toxic, n.o.s. ★	2.3				Forbidden		Forbidden		Forbidden		A2	2P
3304	Compressed gas, toxic, corrosive, n.o.s. ★	2.3 (8)				Forbidden		Forbidden		Forbidden		A2	2CP
1953	Compressed gas, toxic, flammable, n.o.s. ★	2.3 (2.1)				Forbidden		Forbidden		Forbidden		A2	10P
3305	Compressed gas, toxic, flammable, corrosive, n.o.s. ★	2.3 (2.1, 8)				Forbidden		Forbidden		Forbidden		A2	10C
3303	Compressed gas, toxic, oxidizing, n.o.s. ★	2.3 (5.1)				Forbidden		Forbidden		Forbidden		A2	2X
3306	Compressed gas, toxic, oxidizing, corrosive, n.o.s. ★	2.3 (5.1, 8)				Forbidden		Forbidden		Forbidden		A2	2CX
8000	Consumer commodity †	9	Miscellaneous		E0	Y963	30 kg G	Y963	30 kg G	Y963	30 kg G	A112	9L
	Containers, empty or re-used, not containing dangerous goods residue					Not Restricted		Not Restricted		Not Restricted			
0248	Contrivances, water-activated ★† with burster, expelling charge or propelling charge	1.2L				Forbidden		Forbidden		Forbidden			1L
0249	Contrivances, water-activated ★† with burster, expelling charge or propelling charge	1.3L				Forbidden		Forbidden		Forbidden			1L
1585	Copper acetoarsenite	6.1	Toxic	II	E4	Y644	1 kg	669	25 kg	676	100 kg		6L
	Copper acetylide					Forbidden		Forbidden		Forbidden			
	Copper amine azide					Forbidden		Forbidden		Forbidden			
1588	Copper arsenite	6.1	Toxic	II	E4	Y644	1 kg	669	25 kg	676	100 kg		6L
2776	Copper based pesticide, liquid, flammable, toxic, ★ flash point less than 23°C	3 (6.1)	Flamm. liquid & Toxic	I	E0	Forbidden		Forbidden		361	30 L	A4	3P
				II	E2	Y341	1 L	352	1 L	364	60 L		3P
3010	Copper based pesticide, liquid, toxic ★	6.1	Toxic	I	E5	Forbidden		652	1 L	658	30 L	A3	6L
				II	E4	Y641	1 L	654	5 L	662	60 L	A4	6L
				III	E1	Y642	2 L	655	60 L	663	220 L		6L
3009	Copper based pesticide, liquid, toxic, flammable, ★ flash point 23°C or more	6.1 (3)	Toxic & Flamm. liquid	I	E5	Forbidden		652	1 L	658	30 L	A3	6F
				II	E4	Y641	1 L	654	5 L	662	60 L	A4	6F
				III	E1	Y642	2 L	655	60 L	663	220 L		6F
2775	Copper based pesticide, solid, toxic ★	6.1	Toxic	I	E5	Forbidden		666	5 kg	673	50 kg	A3	6L
				II	E4	Y644	1 kg	669	25 kg	676	100 kg	A5	6L
				III	E1	Y645	10 kg	870	100 kg	677	200 kg		6L
2721	Copper chlorate	5.1	Oxidizer	II	E2	Y544	2.5 kg	558	5 kg	562	25 kg		5L

UN/ ID no.	Proper Shipping Name/Description	Class or Div. (Sub Hazard)	Hazard Label(s)	PG	EQ see 2.6	Passenger and Cargo Aircraft Ltd Qty				Cargo Aircraft Only		S.P. see 4.4	ERG Code
						Pkg Inst	Max Net Qty/Pkg	Pkg Inst	Max Net Qty/Pkg	Pkg Inst	Max Net Qty/Pkg		
A	B	C	D	E	F	G	H	I	J	K	L	M	N
3212	Hypochlorites, inorganic, n.o.s. ★	5.1	Oxidizer	II	E2	Y544	2.5 kg	558	5 kg	562	25 kg	A169	5L
1791	Hypochlorite solution †	8	Corrosive	II	E2	Y840	0.5 L	851	1 L	855	30 L	A3	8L
				III	E1	Y841	1 L	852	5 L	856	60 L	A803	8L
	Hyponitrous acid					Forbidden		Forbidden		Forbidden			
	Igniter fuse, metal clad, see Fuse, igniter † (UN 0103)												
0121	Igniters †	1.1G				Forbidden		Forbidden		Forbidden			1L
0314	Igniters †	1.2G				Forbidden		Forbidden		Forbidden			1L
0315	Igniters †	1.3G				Forbidden		Forbidden		Forbidden			1L
0325	Igniters †	1.4G	Explosive 1.4		E0	Forbidden		Forbidden		142	75 kg	A802	1L
0454	Igniters †	1.4S	Explosive 1.4		E0	Forbidden		142	25 kg	142	100 kg	A802	3L
	Ignition element for lighter, containing pyrophoric liquid					Forbidden		Forbidden		Forbidden			
2269	3,3'-Iminodipropylamine	8	Corrosive	III	E1	Y841	1 L	852	5 L	856	60 L	A803	8L
	Indiarubber, see Rubber solution (UN 1287)												
2900	Infectious substance, affecting animals ★ only (liquid)	6.2	Infectious subst.		E0	Forbidden		620	50 mL	620	4 L	A81 A140	11Y
2900	Infectious substance, affecting animals ★ only (solid)	6.2	Infectious subst.		E0	Forbidden		620	50 g	620	4 kg	A81 A140	11Y
2814	Infectious substance, affecting humans ★ (liquid)	6.2	Infectious subst.		E0	Forbidden		620	50 mL	620	4 L	A81 A140	11Y
2814	Infectious substance, affecting humans ★ (solid)	6.2	Infectious subst.		E0	Forbidden		620	50 g	620	4 kg	A81 A140	11Y
	Inflammable, see Flammable, etc.												
	Ink, printer's, flammable, see Printing ink (UN 1210)												
	Inositol hexanitrate (dry)					Forbidden		Forbidden		Forbidden			
1968	Insecticide gas, n.o.s. ★	2.2	Non-flamm. gas		E1	Forbidden		200	75 kg	200	150 kg		2L
3354	Insecticide gas, flammable, n.o.s. ★	2.1	Flamm. gas		E0	Forbidden		Forbidden		200	150 kg	A1	10L
1967	Insecticide gas, toxic, n.o.s. ★	2.3				Forbidden		Forbidden		Forbidden		A2	2P
3355	Insecticide gas, toxic, flammable, n.o.s. ★	2.3 (2.1)				Forbidden		Forbidden		Forbidden		A2	10P
	Insecticide, solid or liquid, see 3.6.1.8												
	Inulin trinitrate (dry)					Forbidden		Forbidden		Forbidden			
3495	Iodine	8 (6.1)	Corrosive & Toxic	III	E1	Y845	5 kg	860	25 kg	864	100 kg	A113 A803	8P
	Iodine azide (dry)					Forbidden		Forbidden		Forbidden			
3498	Iodine monochloride, liquid	8	Corrosive	II	E0	Forbidden		Forbidden		855	30 L	A1	8L
1792	Iodine monochloride, solid	8	Corrosive	II	E0	Forbidden		Forbidden		863	50 kg	A1	8L
2495	Iodine pentafluoride	5.1 (6.1, 8)				Forbidden		Forbidden		Forbidden			5CP
2390	2-Iodobutane	3	Flamm. liquid	II	E2	Y341	1 L	353	5 L	364	60 L		3L
	Iodomethane, see Methyl iodide (UN 2644)												

附录 B　危险品收运检查单

2021
非放射性危险品收运检查单

下列推荐的检查单用于始发站核实托运货物。检查单副本可从下列网址获得:

网址:http://www.iata.org/whatwedo/cargo/dgr/Pages/download.aspx

在所有项目检查之前不得收运或拒收托运货物。

下列各项内容是否正确?

托运人危险品申报单(DGD)

航空运单号:	始发地:	目的地:

	是	否*	不适用
1. 英文申报单一式两份按 IATA 格式填写并包括空运认证声明,只有当托运人申报单以电子 　数据方式获得时,此问题可以显示为不适用(N/A)。[8.0.2.1,8.1.1,8.1.2,8.1.6.12] …………	☐	☐	☐
2. 托运人和收货人名称及地址全称[8.1.6.1,8.1.6.2] ………………………………………	☐	☐	
3. 如无航空货运单号,填上[8.1.6.3] ………………………………………………………	☐		
4. 页数,只有当托运人申报单以电子数据方式获得时,此问题可以显示为不适用(N/A)[8.1.6.4] …	☐	☐	☐
5. 删除或不显示不适用的飞机机型[8.1.2.5.2,8.1.6.5] …………………………………	☐	☐	
6. 如无起飞/目的地机场或所在城市的全称,填上[8.1.6.6 和 8.1.6.7] ……………………	☐		
7. 删除或不显示"放射性"字样[8.1.2.5.2,8.1.6.8] ………………………………………	☐	☐	
识别			
8. UN 或 ID 编号,编号前冠以 UN 或 ID 字样[8.1.6.9.1,步骤 1] ………………………	☐	☐	
9. 运输专用名称及有 ★ 时写在括号内的技术名称[8.1.6.9.1,步骤 2] ……………………	☐	☐	
10. 类别或项别,对于第 1 类,配装组代号[8.1.6.9.1,步骤 3] …………………………	☐	☐	
11. 次要危险性,紧跟于类别/项别后的括号内[8.1.6.9.1,步骤 4] ………………………	☐	☐	☐
12. 包装等级[8.1.6.9.1,步骤 5] ………………………………………………………	☐	☐	☐
包装数量及类型			
13. 包装件的数量及类型[8.1.6.9.2,步骤 6] ……………………………………………	☐	☐	
14. 每一包装件的含量及计量单位(净重或适用时"G"后的毛重)符合相关限制[8.1.6.9.2,步骤 6] …	☐	☐	
15. 对于第 1 类,净数量后附加净爆炸质量且紧接度量单位[8.1.6.9.2,步骤 6] …………	☐	☐	
16. 当不同种类危险品包装在同一外包装中时,符合以下规定:			
16.1—根据表 9.3.A 是性质相容的[8.1.6.9.2,步骤 6] ……………………………	☐	☐	☐
16.2—装有 6.2 项危险品的 UN 包装件[5.0.2.11(c)] …………………………	☐	☐	☐
16.3—"All packed in one(type of packaging)"字样[8.1.6.9.2,步骤 6(f)] ……	☐	☐	☐
16.4—计算的"Q"值不得超过 1[5.0.2.11(g)&(h);2.7.5.6;8.1.6.9.2,步骤 6(g)] …	☐	☐	☐
17. Overpack			
17.1—根据表 9.3.A 是性质相容的[5.0.1.5.1] …………………………………	☐	☐	☐
17.2—"Overpack Used"字样[8.1.6.9.2,步骤 7] ……………………………	☐	☐	☐
17.3—当使用 1 个以上 Overpack 时,标注识别标记及危险品的总量[8.1.6.9.2,步骤 7] …	☐	☐	☐
包装说明			
18. 包装说明编号[8.1.6.9.3,步骤 8] …………………………………………………	☐	☐	
19. 对于符合 IB 部分的锂电池,"IB"跟随在包装说明后面[8.1.6.9.3,步骤 8] …………	☐	☐	☐
批准			
20. 检查所有可确认的特殊规定。如使用,相关特殊规定代号 A1, A2, A4, A5, A51, A81, 　A88,A99, A130, A190, A191, A201, A202, A212, A331[8.1.6.9.4,步骤 9] ……	☐	☐	☐
21. 指明随附政府批准证书,包括英文副本及其他项目下的额外批准[8.1.6.9.4,步骤 9] …	☐	☐	☐
附加操作信息			
22. 对于 4.1 项中的自反应及相关物质、5.2 项的有机过氧化物、或其样品、PBE、感染性物质及 　受管制物质、烟火(UN0336 和 UN0337)以及易燃粘稠液体的附加操作信息[8.1.6.11] …	☐	☐	☐
23. 签署者姓名,日期,托运人签字[8.1.6.13,8.1.6.14 和 8.1.6.15] …………………	☐	☐	
24. 更改或修订时有托运人签字[8.1.2.6] ………………………………………………	☐	☐	☐

航空货运单

25. 在操作信息栏显示"Dangerous Goods as per associated Shipper's Declaration"或
"Dangerous Goods as per associated DGD"[8.2.1(a)] ················· ☐ ☐ ☐

26. "Cargo Aircraft Only"或"CAO"字样,若适用[8.2.1(b)] ················· ☐ ☐ ☐

27. 包含非危险品时,标明危险品的件数[8.2.2] ················· ☐ ☐ ☐

包装件和 Overpack

28. 包装无破损和泄漏[9.1.3(i)] ················· ☐ ☐

29. 包装符合包装说明 ················· ☐ ☐ ☐

30. 交付的包装件及 Overpack 的数量及类型与托运人申报单中所注明的相同[9.1.3] ··· ☐ ☐

标记

31. UN 规格包装,否按6.0.4和6.0.5的要求做标记:

31.1—符号和规格代号[6.0.4.2.1(a),(b)] ················· ☐ ☐ ☐

31.2—X、Y、Z,与包装等级/包装说明一致[6.0.4.2.1(c)] ················· ☐ ☐ ☐

31.3—不超过最大毛重(固体、内包装或 IBCs[SP A179,6.0.4.2.1(d)]) ··· ☐ ☐ ☐

31.4—塑料的桶、方形桶及 IBCs 在使用期限内[5.0.2.15] ················· ☐ ☐ ☐

31.5—感染性物质的包装标记[6.5.3.1] ················· ☐ ☐ ☐

32. UN/ID 编号[7.1.4.1(a)] ················· ☐ ☐

33. 运输专用名称包括必要时的技术名称[7.1.4.1(a)] ················· ☐ ☐

34. 托运人及收货人的姓名和地址全称[7.1.4.1(b)] ················· ☐ ☐

35. 所有类别的货物(除 ID8000 和第7类),在多于一个包装件时,包装件上标注净数量或必要时
后跟"G"所表示的毛重,除非内容相同[7.1.4.1(c)] ················· ☐ ☐

36. 固体二氧化碳(干冰),包装上标注净重[7.1.4.1(d)] ················· ☐ ☐

37. 对6.2项感染性物质,负责人的姓名及电话[7.1.4.1(e)] ················· ☐ ☐

38. 包装说明202所要求的特殊标记[7.1.4.1(f)] ················· ☐ ☐

39. 有限数量包装件标记[7.1.4.2] ················· ☐ ☐

40. 环境危害物质标记[7.1.5.3] ················· ☐ ☐

41. 锂电池标记[7.1.5.5] ················· ☐ ☐

标签

42. 正确粘贴主要危险性标签,依据4.2节 D 栏[7.2.3.1;7.2.6] ················· ☐ ☐

43. 正确粘贴次要危险性标签,依据4.2节 D 栏[7.2.3.1;7.2.6.2.3] ················· ☐ ☐

44. 仅限货机标签[7.2.4.2;7.2.6.3] ················· ☐ ☐

45. "方向"标签,如适用粘贴在相对的两个侧面上[7.2.4.4] ················· ☐ ☐

46. "冷冻液体"标签,如适用依据4.2节 D 栏[7.2.4.3] ················· ☐ ☐

47. "远离热源"标签,如适用依据4.2节 D 栏[7.2.4.5] ················· ☐ ☐

48. 除去或覆盖无关的标记及标签[7.1.1;7.2.1] ················· ☐ ☐

关于 Overpack

49. 包装使用的标记、危险性标签及操作标签必须清晰可见,否则需复制在
Overpack 的外表面[7.1.7.1,7.1.7.2,7.2.7] ················· ☐ ☐ ☐

50. 如果所有标记和标签不可见,则需有"Overpack"字样[7.1.7.1] ················· ☐ ☐ ☐

51. 当交运的 Overpack 超过一个时,识别标记和危险品的总量[7.1.7.3] ················· ☐ ☐ ☐

一般情况

52. 国家及经营人差异均符合[2.8] ················· ☐ ☐ ☐

53. 仅限货机的货物,所有航段均由货运飞机运输 ················· ☐ ☐ ☐

意见:_____

检查人:_____

地点:_____ 签字:_____

日期:_____ 时间:_____

如果任何一项检查为"否",工作人员将不得收运该货物,并将一份填写好的检查单的副本交给托运人。

2021
☢ 放射性物品收运检查单

下列推荐的检查单用于始发站核实托运货物。检查单可从下列网址获得：

网址：http://www.iata.org/whatwedo/cargo/dgr/Pages/download.aspx

在所有项目检查之前不得收运或拒收托运货物。

下列各项内容是否正确？

托运人危险品申报单（DGD）

航空运单号：	始发地：	目的地：

	是	否*	不适用
1. 英文申报单一式两份，按 IATA 格式填写并包括空运认证声明，只有当托运人申报单以电子数据方式获得时，此问题可以显示为不适用（N/A）。[10.8.1.2,10.8.1.4,8.1.1,10.8.3.12.2] ………	☐	☐	☐
2. 托运人及收货人姓名和地址全称[10.8.3.1,10.8.3.2] ………	☐	☐	
3. 如无航空货运单号，填上[10.8.3.3] ………	☐		
4. 页数，只有当托运人申报单以电子数据方式获得时，此问题可以显示为不适用（N/A）。[10.8.3.4] …	☐	☐	
5. 删除或不显示不适用的机型[10.8.3.5] ………	☐	☐	
6. 如无起飞/目的地机场或所在城市的全称，填上[10.8.3.6 和 10.8.3.7] ………	☐	☐	
7. 删除或不显示"非放射性"字样[10.8.1.6.1,10.8.3.8] ………	☐	☐	
识别			
8. UN 编号，编号前应冠以 UN 字样[10.8.3.9.1,步骤 1] ………	☐	☐	
9. 运输专用名称并在适用时，在括号中加入特殊规定 A78 要求的补充信息。[10.8.3.9.1,步骤 2] ………	☐	☐	
10. 第 7 类[10.8.3.9.1,步骤 3] ………	☐	☐	
11. 次要危险性写入紧跟于类别 7 后的括号内[10.8.3.9.1,步骤 4]，及次要危险性的包装等级，如适用[10.8.3.9.1,步骤 5] ………	☐	☐	☐
包装数量及类型			
12. 放射性核素名称或符号[10.8.3.9.2,步骤 6(a)] ………	☐	☐	
13. 对于其他形式，物理和化学形态描述[10.8.3.9.2,步骤 6(b)] ………	☐	☐	☐
14. "Special Form"（UN3332 或 UN3333 不需要）或"Low dispersible material"字样[10.8.3.9.2,步骤 6(b)]	☐	☐	☐
15. 包装件数量和类型，及每个包装件的活度值，以 Bq 或其倍数表示，对于裂变物质，可用总质量（g 或 kg）代替活度值[10.8.3.9.2,步骤 7] ………	☐	☐	
16. 不同的单个放射性核素，注明每一放射性核素的活度值及"All packed in one"的字样[10.8.3.9.2,步骤 7] ………	☐	☐	☐
17. A 型包装件[表 10.3.A]、B 型或 C 型包装件（参见主管当局证明）的活度值位于允许的限值内 ………	☐	☐	☐
18. 托运人申报单中注明"Overpack Used"字样[10.8.3.9.2,步骤 8] ………	☐	☐	
包装说明			
19. 包装件或 Overpack 的放射级别，如适用[10.5.15.1(a)，10.8.3.9.3,步骤 9(a)和表 10.5.C] ………	☐	☐	
20. 对于 II 级或 III 级，包装件的运输指数和尺寸（按照长×宽×高的顺序为佳）[10.8.3.9.3,步骤 9(b)和(c)] ………	☐	☐	☐
21. 裂变物质，应根据 10.6.2.8.1.3(a)至(c)或 10.6.2.8.1.4 的内容，注明临界安全指数（另请参阅本检查单第 22 项中相关 * 内容），或注明"裂变例外（Fissile Excepted）"字样。"Fissile Excepted"[10.8.3.9.3,步骤 9] ………	☐	☐	☐
批准			
22. 对于下列情况，显示识别标记以及随附 DGD 的一份英文文件[10.5.7.2.3;10.8.3.9.4,步骤 10;10.8.7]：	☐		
22.1—特殊形式批准证书 ………	☐	☐	☐
22.2—B 型包装件设计批准证书 ………	☐	☐	☐
22.3—要求的其他批准证书 ………	☐	☐	☐
23. 附加操作说明[10.8.3.11] ………	☐	☐	☐
24. 签署者姓名和日期[10.8.3.13 和 10.8.3.14]，及托运人的签名[10.8.3.15] ………	☐	☐	
25. 更改或修订处有托运人签字[10.8.1.7] ………	☐	☐	☐

航空货运单–操作信息

26. 在操作信息栏显示"Dangerous Goods as per associated Shipper's Declaration"或
"Dangerous Goods as per associated DGD"[10.8.8.1(a)] ············· ☐ ☐

27. "Cargo Aircraft Only"或"CAO"字样,若适用[10.8.8.1(b)] ············· ☐ ☐ ☐

28. 包含非危险品时,标明危险品的件数[10.8.8.2] ············· ☐ ☐ ☐

包装件和 Overpack

29. 交付的包装件及 Overpack 的数量及类型与托运人申报单中所注明的相同 ············· ☐ ☐

30. 运输包装封志未破损[10.6.2.4.1.2]并且包装件处于适合运输的状态[9.1.3;9.1.4] ············· ☐ ☐

标记

31. 以 UN 前缀开头的 UN 编号[10.7.1.3.1] ············· ☐ ☐

32. 运输专用名称并在适用时,在括号中加入特殊规定 A78 要求的补充信息。[10.7.1.3.1] ············· ☐ ☐

33. 托运人和收货人的全名及地址全称[10.7.1.3.1] ············· ☐ ☐

34. 在包装件的毛重超过50kg时,显示允许的毛重(Permissible gross weight)[10.7.1.3.1] ············· ☐ ☐ ☐

35. A 型包装件,根据 10.7.1.3.4 标记 ············· ☐ ☐ ☐

36. B 型包装件,根据 10.7.1.3.5 标记 ············· ☐ ☐ ☐

37. C 型包装件、工业包装和含有裂变物质的包装件,分别根据10.7.1.3.6,10.7.1.3.3 或
10.7.1.3.7 标记 ············· ☐ ☐ ☐

标签

38. 在包装件的相对两面按 DGD 贴有相同级别的标签[10.7.4] ············· ☐ ☐

38.1—根据要求,标注核素符号或 LSA/SCO[10.7.3.3.1] ············· ☐ ☐

38.2—活度,以 Bq(或其倍数)表示。对于裂变物质,用克表示的总质量(可能会替代使用)
[10.7.3.3.2] ············· ☐ ☐

38.3—对于 II 级、III 级,与 DGD 一致的运输指数 TI,并进位到小数点后一位[10.7.3.3.3] ············· ☐ ☐ ☐

39. 适用的次要危险性的标签[10.7.3.2;10.7.4.3] ············· ☐ ☐ ☐

40. 如适用,两个仅限货机标签,分别在危险性标签的同一侧面粘贴,并毗邻危险性标签
[10.7.4.2.4;10.7.4.3.1;10.7.4.4.1] ············· ☐ ☐ ☐

41. 对于裂变物质,粘贴两个正确填写了临界安全指数(CSI)的标签,与危险性标签位于同一侧面上
[10.7.3.3.4;10.7.4.3.1] ············· ☐ ☐ ☐

42. 除去或覆盖无关的标记和标签[10.7.1.1;10.7.2.1] ············· ☐ ☐

关于 Overpack

43. 包装件使用标记和标签必须清晰可见或复制在 Overpack 的外表面[10.7.1.4.1;10.7.4.4] ············· ☐ ☐ ☐

44. 如果 Overpack 内的包装件的标记,标签不可见,标明"Overpack"字样[10.7.1.4.1] ············· ☐ ☐ ☐

45. 当交运的 Overpack 超过一个时,显示识别标记[10.7.1.4.3] ············· ☐ ☐ ☐

46. 危险性标签显示 Overpack 内装的核素、每单个核素的活度及运输指数[10.7.3.4] ············· ☐ ☐ ☐

一般情况

47. 符合国家和经营人的差异[2.8] ············· ☐ ☐ ☐

48. 仅限货机的货物,所有航段均由货运飞机运输 ············· ☐ ☐

49. 内装固体二氧化碳(干冰)的包装件,要符合相应的标记、标签和文件的要求
[包装说明 954;7.1.4.1(d);7.2.3.9.1] ············· ☐ ☐ ☐

意见:_____

_____

检查人:_____

地点:_____ 签字:_____

日期:_____ 时间:_____

" 如果任何一项检查为"否",工作人员将不得收运该货物,并将一份填写好的检查单的副本交给托运人。

2021
干冰（固体二氧化碳）收运检查单
（在不需要托运人危险品申报单时使用）

运输所有的危险品都应当使用检查单(9.1.3)，以确保进行正确的收运检查。当单独包装干冰或干冰与其它非危险品一起运输时，托运人和经营人可使用以下的检查单来收运干冰。

下列各项内容是否正确？

文件

航空运单号：	始发地：	目的地：

<table>
<tr><td></td><td>是</td><td>否*</td><td>不适用</td></tr>
</table>

在航空货运单的"货物性质和数量"栏中应包含以下信息[8.2.3]：

1. "UN1845" ··· □ □
2. "固体二氧化碳"或"干冰"的字样 ································· □ □
3. 包装件数量（除非此票货物中仅有干冰包装件） ··········· □ □
4. 以千克为单位的干冰的净重 ······································· □ □

国家和经营人差异

5. 符合国家和经营人差异[2.8] ······································ □ □ □

注：下列问题不适用当干冰或含干冰的包装件在 ULD 中交运。

数量

6. 每个包装件中的干冰在 200 千克以下[4.2] ··················· □ □

包装件及 Overpack

7. 包装件数与货运单所示相同 ······································· □ □
8. 包装件无破损和泄漏 ·· □ □
9. 包装件应符合包装说明 954，且包装件可以允许气体释放 ··· □ □

标记和标签

10. 标记"UN1845"[7.1.4.1(a)] ······································· □ □
11. "固体二氧化碳"或"干冰"的字样[7.1.4.1(a)] ··············· □ □
12. 托运人和收货人的全称和地址[7.1.4.1(b)] ··················· □ □

注：包装件上显示的托运人及收货人名称及地址可以与货运单上的不一致

13. 每个包装件中干冰的净重[7.1.4.1(d)] ························· □ □
14. 正确粘贴第 9 类标签[7.2.3.9,7.2.6] ·························· □ □
15. 除去或覆盖无关的标记和标签[7.1.1(b);7.2.1(a)] ·········· □ □ □

注：标记与标签的要求不适用于含有干冰的集装器（ULDs）。

关于 Overpack

16. 包装使用标记、危险性标签及操作标签必须清晰可见
    或复制在 Overpack 的外表面[7.1.7.1,7.2.7] ··············· □ □ □
17. 如果所有标记和标签不可见，则需有"Overpack"字样[7.1.7.1] ··· □ □ □
18. 固体二氧化碳（干冰）的总净重标注在 Overpack 上[7.1.7.1] ··· □ □ □

注：标记与标签的要求不适用于含有干冰的集装器（ULDs）。

意见：_____

_____

检查人：_____

地点：_____ 签字：_____

日期：_____ 时间：_____

---

* 如果任何一项检查为"否"，工作人员将不得收运该货物，并将一份填写好的检查单的副本交给托运人。

参考文献

[1] ICAO. 2021. 危险物品安全航空运输技术细则. 2021—2022 年版

[2] IATA. 2021. 危险品规则. 62 版

[3] 交通运输部令. 民用航空危险品运输管理规定. 2016 年第 42 号

[4] 中国民用航空局运输司. 咨询通告. 危险品航空运输事件判定和报告管理办法. AC-276-TR-2016-05. 2016 年 10 月 10 日

[5] 中国民用航空局运输司. 咨询通告. 危险品货物航空运输存储管理办法. AC-276-TR-2018-01. 2018 年 10 月 8 日

[6] 中国国际货运航空有限公司. 危险品运输手册. 2008. R8

[7] 本书编译工作委员会. 危险货物运输应急救援指南. 北京：人民交通出版社. 2010